GEORG MELLINGHOFF

Fragestellung, Abstimmungsverfahren und Abstimmungsgeheimnis im Strafverfahren

Münsterische Beiträge zur Rechtswissenschaft

Herausgegeben im Auftrag der Rechtswissenschaftlichen Fakultät
der Westfälischen Wilhelms-Universität in Münster durch die Professoren
Dr. Hans-Uwe Erichsen Dr. Helmut Kollhosser Dr. Jürgen Welp

Band 31

Fragestellung, Abstimmungsverfahren und Abstimmungsgeheimnis im Strafverfahren

Von

Dr. Georg Mellinghoff

Duncker & Humblot · Berlin

CIP-Titelaufnahme der Deutschen Bibliothek

Mellinghoff, Georg:
Fragestellung, Abstimmungsverfahren und Abstimmungsgeheimnis im Strafverfahren / von Georg Mellinghoff. – Berlin: Duncker u. Humblot, 1988
(Münsterische Beiträge zur Rechtswissenschaft; Bd. 31)
Zugl.: Münster (Westfalen), Univ., Diss., 1987
ISBN 3-428-06503-4
NE: GT

D 6

Druck: Werner Hildebrand, Berlin 65
Printed in Germany

ISBN 3-428-06503-4

Inhaltsverzeichnis

„Die entscheidenden Riten der Rechtsprechung werden im Beratungszimmer zelebriert."

Calamandrei (Lob der Richter)

Einleitung

Die Vorschriften über „Beratung und Abstimmung" im gerichtlichen Verfahren (§§ 192 – 197 GVG) führen selbst bei den praktisch tätigen Juristen heute mehr denn je ein Schattendasein.[1] Dies ist umso erstaunlicher, als es sich bei diesem Prozeßabschnitt um den verfahrensmäßigen Höhepunkt der Entscheidungsfindung handelt.

Vom Gesetzgeber weder im GVG noch in den einzelnen speziellen Verfahrensordnungen ausdrücklich geregelt ist die Art der Fragestellung, der Gegenstand der zur Abstimmung zu stellenden Fragen. Obwohl die Fragestellung auch nach Ansicht der Verfasser des Entwurfs des Gerichtsverfassungsgesetzes in die Sachentscheidung selbst hineingreife, für diese präjudizierlich sein könne, welche Fragen gestellt, wie dieselben gefaßt und in welcher Reihenfolge sie zur Abstimmung gebracht werden,[2] hat sich der Gesetzgeber insoweit einer ausdrücklichen Bestimmung enthalten: Einesteils wurde ein praktisches Bedürfnis für entsprechende Normen verneint; andernteils wollte der Gesetzgeber nicht durch definitive Bestimmungen in den damals offenen Streit über „Abstimmung nach Gründen" oder „Abstimmung nach dem Resultat" eingreifen.[3] In der *zivilprozeß*rechtlichen Literatur setzte sich rasch und ohne größere Diskussion die Auffassung durch, daß bei Meinungsverschiedenheiten innerhalb eines Kollegiums über jede Prozeßvoraussetzung, über alles, was Gegenstand einer gesonderten (Zwischen-)Entscheidung nach außen werden könne,[4] über jede zur Begründung oder Abwehr eines Anspruchs geltend gemachte Tatsache (gegebenenfalls auch über ihre Erheblichkeit und darüber, ob sie bewiesen sei) getrennt abgestimmt werden müsse.[5] Diese Art

---

[1] Daß dies für das Gerichtsverfassungsrecht insgesamt gilt, beklagt zu Recht: Kissel S.V.

[2] Hahn GVG Bd. I S. 179.

[3] Hahn GVG Bd. I S. 179, 180; ein in der Ersten Lesung eingebrachter Antrag zur Normierung entspr. Grundsätze wurde abgelehnt; vgl. Hahn GVG Bd. I S. 351 ff. Eine zusammenfassende Darstellung des Streitstandes vor Inkrafttreten der RStPO gibt Heinemann ZStW 15 (1895), S. 1 (3 ff.)

[4] unabhängig davon, ob vor demselben oder einem anderen Gericht; vgl. Planck § 36 B S. 158 ff.; Schmidt § 36 II S. 219; Struckmann/Koch Anm. 3 zu § 196 GVG.

der Fragestellung wird in der zivilprozessualen Literatur heute als selbstverständlich angesehen.[6]

Mit Gegenstand und Inhalt der im *Strafverfahren* zur Abstimmung zu stellenden Fragen hingegen befaßten sich Judikatur und Literatur nach Einführung der Geschworenengerichte in Deutschland Anfang des 19. Jahrhunderts recht ausführlich: Mußte der Gesetzgeber nämlich entscheiden, worüber die Berufsrichter auf der einen und worüber die Geschworenen auf der anderen Seite zu entscheiden hatten, so lag es immerhin nahe, (auch) Inhalt und Umfang der an die Geschworenen zu richtenden Fragen wenigstens in groben Umrissen näher zu bestimmen, wie dies auf der Grundlage zahlreicher landesrechtlicher Regelungen[7] dann für das schwurgerichtliche Verfahren in den §§ 290 – 298 RStPO geschehen ist. Etliche Entscheidungen des Reichsgerichts befaßten sich mit diesen Vorschriften, da die Revision gegen Schwurgerichtsurteile nur auf Verfahrensfehler, mithin in erster Linie auf eine fehlerhafte Anwendung der (Verfahrens-)Bestimmungen über die Fragestellung gestützt werden konnte.[8] In der Literatur wurden Inhalt, Umfang und Gegenstand der an die Geschworenen zu richtenden Fragen kontrovers diskutiert.[9] Eine den §§ 290ff. RStPO entsprechende Regelung auch für die übrigen Strafrichterkollegien (oder eine Verweisung auf die Vorschriften über die Fragestellung an die Geschworenen) enthielt die RStPO zwar nicht. Gleichwohl herrschte in der Literatur ein nicht minder heftig geführter Streit über die richtige Abstimmungsmethode in diesen Kollegien.[10] Die sehr rege geführte Diskussion ver-

---

5 v. Bülow Anm. zu § 196 GVG; Planck § 36 B S. 159; Engelmann § 115 S. 139 f.; Pfizer ZZP 15 (1891) S. 365 ff.; grds. (wenn auch nicht widerspruchsfrei) ebenso: Bolgiano ZZP 15 (1891) S. 387 ff. und ders. AcP 78 (1892) S. 145 ff.; Lang ZZP 26 (1899) S. 63 ff.; Hellwig § 33 b S. 83 f.; Kleinfeller § 67 VI S. 222 ff.; vgl. auch Hahn GVG Bd. I S. 351 ff. und § 257 Hannöverscher Entwurf der Allgemeinen Deutschen Civilprozeßordnung von 1864 bei Zacke S. 76.

6 Stein-Jonas § 309 Anm. 3; Rosenberg/Schwab § 22 S. 108; Wieczorek § 194 GVG Anm. 4; Zöller-Gummer Anm. zu § 196; Albers in B/L/A/H § 194 GVG Anm. 1; Breetzke DRiZ 1962, S. 5 ff.

Zur Abstimmung im Verwaltungsprozeß (nur) Martens S. 163; zur Fragestellung beim Bundesverfassungsgericht: Brox in FS für Gebh. Müller, S. 1 ff. und Maunz § 15 BVerfGG Rdn. 13 ff.; für die Finanzgerichte vgl. Jahn ZStW 53 (1934) S. 490 ff; zu den Kollegialakten der Verwaltung: Dagtoglou S. 31 ff. u. S. 83 ff.; Wolff/Bachof II § 75 III S. 73 ff. und Wolff/Bachof III § 157 II S. 350 ff.

7 Die landesrechtlichen Regelungen sind dargestellt in Anlage 5 zu den Motiven des Entwurfs der RStPO bei Hahn StPO Bd. I S. 444 (463 ff.) und bei Meyer S. 113 ff.; an diese Bestimmungen sollte die RStPO anknüpfen, Hahn StPO Bd. I S. 223.

8 Ausf. Nachweise bei Dalcke S. 15 ff.; Meerscheidt-Hüllessem S. 1 ff.; Feddersen S. 125 ff.; Oetker DJZ 1905 Sp. 1083 (zu den Tötungsdelikten).

9 Oetker S. 117 ff.; ders. GS 64 (1904) S. 55 ff.; Meyer S. 173 ff.; v. Bar S. 21 ff.; Glaser, Erörterungen S. 51 ff.; Dalcke S. 13 ff.; Geyer S. 746 ff.; Hücking GA 34 (1886) S. 216 ff.; Bischoff GA 42 (1894) S. 349 ff.; Feddersen S. 125 ff.

10 Vgl. insb. Binding S. 171 ff.; ders. Abh. II S. 141 ff. und Beling ZStW 37 (1916) S. 365 ff.; ders. ZStW 42 (1921) S. 599 ff.; ders. GA 67 (1919) S. 141 ff.; Oetker GS 65

stummte, als durch die Emminger'sche Verordnung vom 4. 1. 1924 die Geschworenengerichte abgeschafft und zugleich die §§ 290 ff. RStPO aufgehoben wurden.

Die heutige Strafprozeßrechtsliteratur nimmt lediglich auf die damals vertretenen, jedoch keineswegs ausdiskutierten Meinungen Bezug. Daß die wesentlichen Fragen heute als gelöst gelten können,[11] dürfte daher kaum zutreffen. Die Tatsache, daß für die verschiedenen gerichtlichen Verfahren unterschiedliche Grundsätze gelten sollen, ja sogar innerhalb des Strafverfahrens zum Teil „nach dem Ergebnis", zum Teil „nach Gründen" abgestimmt werden soll (wobei über die terminologischen Unsicherheiten[12] hinaus insbesondere in der Sache selbst erhebliche Unterschiede bestehen), belegt vielmehr, daß die eigentlichen Probleme kollegialer Rechtsfindung noch weitgehend ungeklärt sind. Ein einheitliches Prinzip, wie aus den in einem Richterkollegium vorhandenen Einzelvoten eine Entscheidung zu gewinnen ist, ist – obwohl bereits vor mehr als achtzig Jahren gefordert – bisher nicht erkennbar geworden.[13]

Die vorliegende Untersuchung will daher den der Wissenschaft und Rechtsprechung überlassenen Problembereich erneut in das Bewußtsein des praktischen und/oder wissenschaftlich tätigen Strafrechtlers rücken und versuchen, allgemeine Grundsätze über die Art der Abstimmung, die Methode der Fragestellung zu entwickeln. Das Problem, worauf die vom Vorsitzenden gestellten Fragen zu richten sind, welchen Gegenstand sie haben, wie sie zu fassen und in welcher Reihenfolge über sie abzustimmen ist, wird dabei den Hauptteil der Untersuchung bilden. Grundlinien sollen anhand einiger typischer Konstellationen aufgezeigt werden. Weiter ist zu prüfen, welche Fragen mit welcher Mehrheit zu entscheiden sind. Vorangestellt seien einige Bemerkungen zum äußeren Hergang bei der Abstimmung. Abschließend wird darauf einzugehen sein, ob die Verfahrensbeteiligten de lege lata von fehlerhafter Fragestellung und unrichtiger Feststellung des Stimmenverhältnisses aus den Urteilsgründen erfahren dürfen und damit die Möglichkeit der Verfahrensrüge haben oder ob Abstimmungsmethode und -ergebnis uneingeschränkt von der richterlichen Schweigepflicht (§ 43 DRiG) umfaßt werden.[14]

(1905) S. 431 ff.; Zacke S. 41 ff.; v. Bar KVJR 1868, S. 467 ff.; Zeiler ZStW 41 (1920) S. 528 ff.

[11] LR-Schäfer § 194 GVG Rdn. 2 a. E.; a. A. zu Recht Eb. Schmidt III § 194 Rdn. 7.

[12] Vgl. nur Eb. Schmidt III § 194 Rdn. 10: „Total- oder Tenorabstimmung"; Gössel S. 277: „Stufenabstimmung"; Schlüchter Rdn. 582 S. 624: „punktuelles Abstimmen"; Gerland S. 285: „Abstimmung nach Teilen".

[13] Bennecke/Beling S. 389 Fn. 9.

[14] Zu den hier nicht erörterten psychologischen Problemen mehrpersonaler richterlicher Entscheidungen vgl.: Weimar S. 149 (193 ff.); Schreiber ZStW 88 (1976), S. 117 (157 ff.); Benz, S. 88 ff.; empirische Untersuchungen zur Häufigkeit von Meinungsunterschieden im strafrichterlichen Kollegium bei Casper/Zeisel S. 41 ff.

Erster Teil

Der äußere Ablauf von Beratungs- und Abstimmungsverfahren

Die den äußeren Hergang kollegialgerichtlicher Entscheidungsfindung betreffenden Fragen haben weitgehend im 16. Titel des GVG eine ausdrückliche gesetzliche Normierung erfahren: § 194 I GVG bestimmt, daß der Vorsitzende die Fragen stellt und die Stimmen sammelt; wer abstimmungsberechtigt ist, ist in § 192 I GVG geregelt, wobei sich – als notwendiges Korrelat hierzu – aus § 195 GVG eine Abstimmungspflicht ergibt; in § 197 GVG ist die Reihenfolge der Stimmabgabe zwingend vorgeschrieben.[1]

Nicht ausdrücklich geregelt sind *Form, Zeit* sowie *Ort* von Beratung und Abstimmung.[2] Zu den in diesem Zusammenhang auftauchenden Fragen sollen unter Zugrundelegung der herrschenden Meinung einige kurze Ausführungen vorangestellt werden.[3]

I. Entscheidungsfindung im „Umlaufverfahren"?

Weder den §§ 192 ff. GVG noch den speziellen Verfahrensordnungen ist eindeutig zu entnehmen, in welcher Form der Vorsitzende die Fragen zu stellen hat und in welcher Form die einzelnen Votanten ihre Stimme abgeben müssen.[4] Ausgeschlossen ist jedenfalls nach ganz h. M. eine telefonische

---

1 Vgl. hierzu allg.: Kissel § 197 Rdn. 2 ff.; Wacke JA 1981 S. 176. Daß der Vorsitzende zuletzt stimmt, sofern er Berichterstatter ist, ist h. M.; vgl.: BVerwG BayVBl 1980 S. 305; Kissel § 197 Rdn. 2. Das (unmittelbar) nur für die Abstimmung geltende „aufsteigende Stimmfolgeprinzip" sollte auch bei der im Ermessen des Vorsitzenden liegenden Reihenfolge bei der Beratung berücksichtigt werden; vgl. hierzu KK-Mayr Anm. zu § 197 GVG; Kissel § 197 Rdn. 6; Eb. Schmidt III § 197 Rdn. 2; Kleinknecht § 197 GVG Rdn. 1; LR-Schäfer § 197 GVG Rdn. 1; Wacke JA 1981 S. 176.

2 Zu der umstrittenen Frage, ob ihr Gerichtspraktikum ableistenden Studenten oder wiss. Mitarbeitern der obersten Gerichte die Anwesenheit im Beratungszimmer gestattet werden darf, vgl.: Arndt NJW 1963, S. 848; LR-Schäfer § 193 Rdn. 8 ff.; Eb. Schmidt III § 193 Rdn. 9 ff.; Schlüchter Rdn. 581 S. 621 ff.; Kissel § 193 Rdn. 22 ff.

3 Eine ausführliche Begründung der folgenden Thesen muß einer gesonderten Abhandlung vorbehalten bleiben.

4 In den Geschworenengerichten waren die Fragen schriftlich zu entwerfen, zu verlesen und (auf Antrag) den Prozeßbeteiligten eine Abschrift zu übergeben (§ 290 RStPO). Die mit Unterzeichnung durch den Vorsitzenden festgestellten Fragen wurden sodann den Geschworenen übergeben. Die Antwort auf die jeweilige Frage war von

Beratung und Abstimmung.[5] Umstritten ist hingegen, ob ein schriftliches Beratungs- und Abstimmungsverfahren (sog. „Umlaufverfahren“) zulässig ist, bei dem der fertige Entscheidungsentwurf den Kollegiumsmitgliedern zugeleitet wird, ohne daß vorher Beratung und Abstimmung stattgefunden hätten.[6] Von praktischer Bedeutung ist diese Frage in erster Linie für Entscheidungen, die außerhalb der Hauptverhandlung zu fällen sind.

Schon nach dem Wortsinn bedeutet „Beratung“ Aussprache zwischen mehreren Personen, mündliche Erörterung eines Problems.[7] Zwar ist nach dem Wortlaut des § 194 I GVG eine schriftliche Stimmensammlung nicht von vornherein ausgeschlossen; die Vorschrift besagt aber, daß der Vorsitzende bestimmte Fragen stellen muß und die übrigen Mitglieder des Kollegiums gem. § 194 II GVG auf Gegenstand, Fassung und Reihenfolge der Fragen Einfluß nehmen können müssen. Der in aller Regel nicht vom Vorsitzenden ausgearbeitete Entscheidungsentwurf stellt aber weder die unten näher zu umschreibenden Fragen zur Abstimmung, noch hat der Empfänger die Möglichkeit, auf die Formulierung der „Fragen“ Einfluß zu nehmen. Wenn der Gesetzgeber in § 193 GVG weiterhin bestimmt hat, welche Personen außer den zur Entscheidung berufenen Richtern „zugegen“ sein dürfen, soweit ihnen die „Anwesenheit“ gestattet wird, so hat er damit zugleich als offenbar selbstverständlich vorausgesetzt, daß sich jedenfalls die Richter zum Zwecke der Entscheidungsfindung versammeln würden, räumlich beieinander seien.[8] Auch die Funktion der Entscheidungsunterschrift würde sich wesentlich ändern: Die Unterschrift unter den Entwurf würde nicht die korrekte Wiedergabe der Abstimmungsergebnisse bestätigen,[9] sondern selbst erst die Stimmabgabe des Unterzeichners beinhalten.

Aus alledem folgt, daß allein eine mündliche Beratung und eine Abstimmung in Anwesenheit aller mitwirkungsberechtigten (und -verpflichteten) Richter der gesetzlichen Konzeption entspricht, die Sammlung der Stimmen unter Abwesenden im sogenannten „Umlaufverfahren“ auch bei „einfach liegenden Sachen“ – was immer das sei – ausgeschlossen sein soll.[10] Das Gesetz

---

dem Obmann neben derselben niederzuschreiben und zu unterschreiben (§§ 301, 307 I RStPO).

[5] Albers in B/L/A/H § 194 GVG Anm. 1 und Kissel § 193 Rdn. 3 im Anschluß an BSG NJW 1971, S. 2096.

[6] Bejahend die h. M.; vgl. LR-Schäfer § 194 GVG Rdn. 20; Kleinknecht § 194 GVG Rdn. 5; Kissel § 193 Rdn. 3; Albers a.a.O.; Zöller-Gummer § 194 GVG Anm. 1 c; verneinend: Papsthart DRiZ 1971, S. 18 ff.; Binding S. 170; Rosenfeld S. 95; Struckmann-Koch § 195 GVG Anm. 3; wohl auch: KK-Mayr § 194 GVG Rdn. 3; RAG 12, 163 (167); offengelassen: OLG Bamberg NStZ 1981, S. 191 (192).

[7] LR-Schäfer § 193 GVG Rdn. 2,3; Eb. Schmidt III § 193 Rdn. 5; RG HRR 1940 Nr. 5 („... wenn das Gericht als solches zur Aussprache zusammentritt ...“).

[8] So schon: Kleinfeller § 67 I S. 220.

[9] Zur Bedeutung der Unterschrift vgl.: BGHSt 12, 374 (376); 26, 92 (93); 26, 247 (248); 27, 334 (335); 31, 212 (213); OLG Düsseldorf MDR 1985, S. 866.

verlangt keine Zustimmung zu einem Votum/Entscheidungsentwurf, sondern Abstimmung über einzelne Fragen und Mitwirkung aller Kollegiumsmitglieder bei der Erörterung der entscheidungserheblichen Gesichtspunkte sowie bei dem systematischen und – insbesondere – sukzessiven Erfragen der Entscheidung.

II. Ort von Beratung und Abstimmung

Im Rahmen des äußeren Hergangs von Beratung und Abstimmung stellt sich weiterhin die Frage, wo der verfahrensmäßige Höhepunkt der Entscheidungsfindung stattfinden soll.

Über den Ort von Beratung und Abstimmung sagt das Gesetz ausdrücklich nichts. Aus §§ 43, 45 I 2 DRiG (Beratungsgeheimnis) und aus § 193 GVG ergibt sich jedoch, daß die zur Entscheidung berufenen Richter bei diesem „Prozeß im Prozeß" allein unter sich sein sollen. Regelmäßig haben daher Beratung und Abstimmung in einem besonderen Beratungszimmer stattzufinden; steht ein gesonderter Raum nicht zur Verfügung, so ist der Sitzungssaal für die Dauer von Beratung und Abstimmung von allen nicht mitwirkungsberechtigten Personen zu räumen.[11]

Nach überwiegender Ansicht soll es aber ausnahmsweise auch zulässig sein, in Form einer kurzen Verständigung zwischen den Richtern ohne Verlassen des Sitzungssaales in Gegenwart des Publikums zu beraten und abzustimmen, insbesondere, wenn es sich um einfache, keiner näheren Erörterung bedürfende Fragen handelt.[12] Aus dem Gesetzeswortlaut des § 193 GVG („... zugegen ... Anwesenheit gestattet") ergibt sich jedoch, daß Dritte überhaupt nicht anwesend sein dürfen. Auch Sinn und Zweck des § 193 GVG sprechen gegen eine Entscheidungsfindung im Sitzungssaal in Gegenwart des Publikums. Durch diese Vorschrift soll nämlich sichergestellt werden, daß andere Personen schon durch ihre bloß passive Gegenwart beeinträchtigend auf die Unab-

---

[10] So schon Planck § 36 B S. 159; Kleinfeller § 67 I S. 220; Binding S. 170; Rosenfeld S. 95; Struckmann-Koch § 195 GVG Anm. 3; wie hier insbes. Papsthart DRiZ 1971 S. 18 ff., der nachweist, daß auch prozeßökonomische Gründe das Umlaufverfahren nicht zu rechtfertigen vermögen; ebenso für Kollegialakte der Verwaltung: Dagtoglou S. 60 f.

[11] Eb. Schmidt III § 193 Rdn. 6 f.; unstreitig darf die Beratung nicht am Tatort durchgeführt werden; vgl.: OLG Hamm NJW 1959, S. 1192; Koeniger S. 429; Kleinknecht § 260 Rdn. 3.

[12] RGSt 22, 396 (397 f.); 30, 226 (230); 42, 85(86); 43, 51; 46, 373 (374 f.); RG HRR 1939 Nr. 361; OGHSt 2, 193 (196 f.); BGHSt 19, 156 (157); 24, 170 (171); (ohne Beschränkung auf „einfache Fragen":) OLG Karlsruhe Die Justiz 1985, S. 173; KK-Mayr § 193 GVG Rdn. 3; LR-Schäfer § 193 GVG Rdn. 4; Kissel § 193 Rdn. 29; Kleinknecht § 193 GVG Rdn. 4; Peters Lb. S. 484; Schlüchter Rdn. 583 S. 625; Eyermann/Fröhler § 55 Rdn. 21; Redeker/von Oertzen § 55 Rdn. 16; Albers in B/L/A/H § 193 GVG Anm. 1.

hängigkeit und freie Entschließung der Richter einwirken.[13] Daß die Anwesenheit Unbefugter im Beratungszimmer als schwerer Verstoß gegen § 193 GVG angesehen wird, der durchweg die Aufhebung des Urteils zur Folge haben muß,[14] andererseits aber § 193 GVG bei ebenso passiver Anwesenheit Dritter im Sitzungssaal nicht verletzt sein soll, ist ein weder durch den Wortlaut noch durch den Sinn und Zweck der Vorschrift zu rechtfertigender Widerspruch.[15] Zudem: Wann eine „einfache, keiner näheren Erörterung bedürfende Frage" vorliegt, ist alles andere als sicher und wird auch von der h. M. nicht weiter konkretisiert. Nahezu unlösbare praktische Schwierigkeiten treten hinzu: Auf der einen Seite ist nämlich erforderlich, daß äußerlich erkennbar eine Beratung und Abstimmung stattgefunden hat;[16] auf der anderen Seite darf aber das Abstimmungsverhalten des einzelnen Richters für Dritte nicht wahrnehmbar sein.[17] Beiden Forderungen gleichzeitig gerecht zu werden, dürfte aber bei Beratung und Abstimmung unter den Augen der Öffentlichkeit kaum möglich sein.

Eine Beratung und Abstimmung im Sitzungssaal in Gegenwart Dritter verstößt daher – auch in sog. einfachen Fällen – gegen § 193 GVG und stellt regelmäßig einen revisiblen Verfahrensfehler dar.

III. Zeitpunkt von Beratung und Abstimmung

Nicht ausdrücklich geregelt ist schließlich die Frage, „wann" zu beraten und abzustimmen ist. Über sogenannte laufende Entscheidungen während des Verfahrens (etwa: Vereidigung eines Zeugen; Ablehnung eines Vertagungsantrages) ist dann zu beraten und abzustimmen, wenn es nach dem Verfahrensstand und der Sachlage erforderlich ist.[18] Sachleitende Anordnungen des Vorsitzenden iSd § 238 II StPO werden dann zur Abstimmung zu stellen sein, wenn sie von einem anderen Prozeßbeteiligten beanstandet werden; über Beweisanträge kann alsbald, muß jedoch spätestens vor Schließung der Beweisaufnahme beraten und abgestimmt werden. Hinsichtlich der sogenann-

---

[13] LR-Schäfer § 193 GVG Rdn. 1; Kissel § 193 Rdn. 1; Eb. Schmidt III § 193 Rdn. 6; Heyde S. 118 m.w.N.; Albers in B/L/A/H § 193 GVG Anm. 2; Zöller-Gummer § 193 GVG Anm. 1a; Koeniger S. 431 f.; so bereits die Motive bei Hahn GVG Bd. I S. 358 ff. u. 848 ff.

[14] VGH Kassel NJW 1981, S. 599 f.; Redeker/von Oertzen § 55 Rdn. 16; Kopp VwGO § 55 Rdn. 12; Zöller-Gummer § 193 GVG Anm. 2; KMR-Müller (6.) § 193 GVG Anm. 2; Kissel § 193 Rdn. 30; Kleinknecht § 193 GVG Rdn. 5; Koeniger S. 431 f.

[15] Insbesondere, wenn es sich jeweils um dieselbe Person (etwa den Staatsanwalt) handelt.

[16] Vgl. Kissel § 193 Rdn. 2; RGSt 42, 85 (86 f.); 43, 51; OGHSt 2, 193 (197); zur Beurkundung im Sitzungsprotokoll: LR-Schäfer § 193 GVG Rdn. 7 m.w.N.

[17] Kissel § 193 Rdn. 29; LR-Schäfer § 193 Rdn. 4; Koeniger S. 430.

[18] Eb. Schmidt III § 193 Rdn. 4.

ten „laufenden Entscheidungen“ läßt sich also ein bestimmter Zeitpunkt nicht von vornherein zwingend festlegen. Daß im Falle eines Urteils der endgültige Entscheidungsfindungsprozeß innerhalb des Kollegiums am Schluß der Hauptverhandlung, d. h. nach den Schlußvorträgen und dem Schlußwort des Angeklagten (unmittelbar) vor Verkündung der Entscheidung stattfinden muß, ist unstreitig und ergibt sich ausdrücklich aus den gesetzlichen Bestimmungen der §§ 260 I, 261 StPO.[19]

1. „Vorberatung“

Gleichwohl ist auch eine sog. „Vorberatung“ zulässig, in der das Gericht schon vor den Schlußworten des Angeklagten die bisherigen Ergebnisse der Hauptverhandlung ordnen, vorbereitend besprechen und für die abschließende Beratung und Abstimmung gegebenenfalls schriftlich festhalten darf.[20, 21] Diese Verständigung über das weitere Procedere und die vorläufige Erörterung der bis dahin aus der Hauptverhandlung gewonnenen Erkenntnisse haben nämlich keine bindende Wirkung für die spätere, den gesamten Verhandlungsstoff umfassende Abstimmung, die in jedem Falle noch nach dem letzten Wort des Angeklagten stattfinden muß.[22] Wird anläßlich der „Vorberatung“ auf die fehlende Bindungswirkung von Seiten des Vorsitzenden hingewiesen – ein nobile officium –, so dürfte gegen die Vorberatung nichts einzuwenden sein.

2. „Nachberatung“

Nach vollständiger Verkündung des Urteils ist ein erneuter Entscheidungsfindungsprozeß von vornherein ausgeschlossen. Insbesondere kann über die einmal verkündete Entscheidung nicht nachträglich noch einmal abgestimmt werden, um Lücken in dem früheren Abstimmungsverfahren zu schließen, die

---

[19] BGHSt 17, 337 (340) = NJW 1962, S. 1873 (nur LS); BGHSt 24, 170 (171) = NJW 1971, S. 2082 (2083); so bereits RGSt 42, 85 (86); RGSt 43, 51; RGSt 46, 373 (375); Kissel § 193 Rdn. 1; LR-Schäfer § 194 GVG Rdn. 5; Sarstedt S. 283; Eb. Schmidt III § 193 Rdn. 3.

[20] So die ganz h. M.: BGHSt 17, 337 (339 f.); BGH bei Holtz MDR 1976, S. 989; OLG Bamberg NStZ 1981, S. 191 (192); KMR-Paulus § 263 Rdn. 8; Peters Lb. S. 483; KK-Mayr § 194 GVG Rdn. 4; LR-Schäfer § 194 GVG Rdn. 5 f. u. § 195 GVG Rdn. 4; Koeniger S. 429; Kleinknecht § 193 GVG Rdn. 1; anders nur: Arndt NJW 1963, S. 484 und Croissant NJW 1963, S. 1711.

[21] Die davon zu trennende Vorbereitung der mündlichen Verhandlung (hierzu: Albers in B/L/A/H § 194 GVG Anm. 1 m.w.N.) spielt im Strafprozeß keine Rolle.

[22] Vgl. LR-Schäfer § 193 GVG Rdn. 5 mit ausf. Nachw. zur Rspr. sowie die in Fn. 20 Zitierten. Bei Unterlassen einer endgültigen Abstimmung liegt ein revisibler Verfahrensfehler vor; vgl.: OLG Bamberg NStZ 1981, S. 191 (192); so schon RGSt 42, 85 (86); 46, 373 (374 f.).

Entscheidung auf andere tragfähige Gründe zu stützen oder um (erst später erkannte) Abstimmungsfehler zu beheben.[23]

Stellt sich indes bereits bei der Entscheidungsfindung selbst heraus, daß noch einzelne Punkte weiterer Aufklärung oder Erörterung bedürfen (etwa die Vermögensverhältnisse des Angeklagten), so ist nach erneutem Eintritt in die Hauptverhandlung noch einmal – gegebenenfalls nur über diesen Teilaspekt – zu beraten und abzustimmen. Die Unterlassung einer Nachberatung in diesen Fällen stellt einen Verfahrensverstoß dar, auf dem das Urteil nur ausnahmsweise nicht beruhen kann.[24]

Umstritten ist hingegen, ob eine Änderung oder ein Widerruf der abgegebenen Stimmen von Seiten eines Kollegiumsmitgliedes vor vollständiger Verkündung der Entscheidung zu erneuter Beratung und Abstimmung über die Sache führen muß,[25] oder ob eine Nachberatung hier nur dann zulässig ist, wenn die Mehrheit des Kollegiums einem entsprechenden Antrag auf erneute Abstimmung stattgibt.[26] Bei der Lösung dieser Frage ist zunächst davon auszugehen, daß die noch nicht vollständig verkündete Entscheidung nur einen Entwurf darstellt, an den das Gericht noch nicht gebunden ist.[27] Auch enthalten weder das GVG noch die speziellen Verfahrensordnungen eine gesetzliche Bestimmung, die den Richter an sein einmal abgegebenes Votum bindet.[28] Weiterhin ist zu berücksichtigen, daß ein Widerruf des abgegebenen Votums – ohnehin ein Ausnahmefall – nur dann in Betracht kommt, wenn nach Ansicht des jeweiligen Kollegiumsmitglieds die Entscheidungsgewinnung fehlerhaft war. Auf diese Weise aber können möglicherweise unterlaufene Abstimmungsfehler behoben werden, bevor das Votum endgültig wird. Hierfür spricht auch, daß sich aus einer fehlerhaften Stimmabgabe haftungsrechtliche Konsequenzen für den einzelnen Richter des Spruchkollegiums ergeben können.[29] Daß die Arbeit des Kollegiums dann mit steter Unsicherheit behaftet wäre, die einmal erfolgte Stimmabgabe aus diesem Grunde endgültig sein müsse,[30] verschlägt demgegenüber nicht: Die Endgültigkeit der bereits erfolgten Abstimmung steht stets unter dem Vorbehalt, daß nicht vor vollständiger Verkündigung der Entscheidung neue Gesichtspunkte zutage treten (etwa

---

[23] LR-Gollwitzer § 267 Rdn. 7; Beling ZStW 37 (1916), S. 365 (383 ff.); Gerland FG für Ri. Schmidt, S. 201 (210 ff.); Jung JW 1927, S. 363 (364).

[24] Koeniger S. 429 f.; LR-Schäfer § 193 GVG Rdn. 6; BGH NJW 1951, S. 206; BGHSt 24, 170 (171 f.); OGHSt 2, 193 (196).

[25] Zur Vereinbarung eines solchen Vorbehalts: OLG Bamberg NStZ 1981, S. 191 f.

[26] So z. B.: KK-Mayr § 194 GVG Rdn. 5; Kissel § 194 Rdn. 5.

[27] RGSt 3, 116 (117); 27, 116 (118); Eb. Schmidt II § 33 Rdn. 13 und III § 194 Rdn. 6; LR-Schäfer § 194 GVG Rdn. 19; KMR-Müller (6.) § 194 GVG Anm. 2; Kleinknecht § 194 GVG Rdn. 4.

[28] So bereits ausdrücklich: RGSt 3, 116 (117); 27, 116 (118); eine Bindung folgt auch nicht aus § 195 GVG.

[29] Nicht in allen Fällen schützt § 839 II 1 BGB; vgl. etwa BGHZ 36, 144 ff.

[30] So aber Kissel § 194 Rdn. 5; KK-Mayr § 194 GVG Rdn. 5.

noch weitere Beweisanträge gestellt werden).[31] Danach ist der Widerruf der abgegebenen Stimme bei nachträglich erkannten oder vermuteten Abstimmungsfehlern bis zur (vollständigen) Verkündigung der Entscheidung zuzulassen und eine Nachberatung, d. h. erneute Abstimmung, nicht von einem Mehrheitsbeschluß des Kollegiums abhängig zu machen.

Demgegenüber rechtfertigt ein „unmotiviertes" Verlangen[32] der Minderheit des Kollegiums die (teilweise) Wiederholung des internen Entscheidungsfindungsprozesses ebensowenig, wie die nachträgliche Bezeichnung der Entscheidungsfindung als unverbindliche Probeabstimmung durch den Vorsitzenden: In diesen Fällen soll die erneute Abstimmung (Nachberatung) lediglich dazu dienen, der eigenen (mehrheitlich bereits verworfenen) Ansicht in einer bestimmten Frage zum Sieg zu verhelfen. Dieses ad infinitum wiederholbare Verlangen nach erneuter Abstimmung zuzulassen aber ist, sind alle maßgeblichen Gesichtspunkte bei der Entscheidungsfindung einmal berücksichtigt, mit Sinn und Zweck der Abstimmung, eine bestimmte Kollegialentscheidung zu treffen, nicht vereinbar.

Eine „Nachberatung" kann aber auch in anderen Fällen, in denen die Hauptverhandlung nicht wiedereröffnet wurde, erforderlich sein. Die Rechtsprechung hatte sich wiederholt mit Fällen zu befassen, in denen die schriftlich niedergelegten Entscheidungsgründe nach Ansicht zumindest eines Richters nicht dem Ergebnis des Abstimmungsverfahrens entsprachen.[33] Die Urteilsgründe müssen die Ergebnisse der Hauptverhandlung, wie sie bei der Beratung und Abstimmung gesehen und gewürdigt wurden, vollständig und wahrheitsgetreu wiedergeben, d. h. die Ansichten der Mehrheit (oder der siegreichen Minderheit) in loyaler Weise darstellen.[34] Bestehen unterschiedliche Meinungen darüber, ob die Urteilsgründe diesem Erfordernis genügen, so bestehen zugleich Meinungsverschiedenheiten darüber, wie das Abstimmungsergebnis ausgefallen sei. Da nach § 194 II GVG Meinungsverschiedenheiten über das Ergebnis der Abstimmung vom Gericht entschieden werden, hat eine erneute Beratung und Abstimmung darüber stattzufinden, ob Entscheidungsentwurf und Beratungs-/Abstimmungsergebnis übereinstimmen.[35]

---

[31] Darauf weist auch hin: Eb. Schmidt III § 194 Rdn. 6.

[32] Daß keine neuen Gesichtspunkte/Abstimmungsfehler oder Irrtümer geltend gemacht werden, rechtfertigt es, von einem „unmotivierten" Abstimmungsverlangen zu sprechen.

[33] BGH VRS 48, 362 ff. = BGHSt 26, 92 ff. = MDR 1975, S. 504 f. = NJW 1975, S. 1177f. m.w.N.; OLG Celle MDR 1958, S. 182; OLG Düsseldorf MDR 1985, S. 866; zu dem Fall, daß der Entwurf Änderungen inhaltlicher Art erfährt, vgl. BGHSt 27, 334 ff. = MDR 1978, S. 416; BGH StV 1984, S. 144.

[34] BGHSt 12, 374 (376); 26, 92 (93); Beling ZStW 37 (1916), S. 365 (383 ff.); Kissel § 195 Rdn. 3 und 5; Rosenfeld S. 99; LR-Schäfer § 195 GVG Rdn. 6; Peters Lb. S. 489 f.

[35] H.M. vgl.: Kissel § 195 Rdn. 5; ausf. Sachse GA 70 (1926), S. 161 ff. und (speziell zum erweiterten Schöffengericht) Sachs DRiZ 1925, S. 154 f. sowie Kroschel/Doerner S. 78 f.

Zweiter Teil

Fragestellung im strafrichterlichen Kollegium

Aus §§ 192 ff. GVG folgt, daß jeder von einem Richterkollegium zu fällenden Entscheidung Beratung und insbesondere auch Abstimmung vorausgehen müssen,[1] da sich anders als durch Fragestellung und Stimmenzählung (die gesetzlich ausnahmslos vorgesehen sind) eine Entscheidung des Kollegiums nicht konstituieren läßt. Bewußt ausgespart[2] hat der Gesetzgeber die für Verlauf und Ausgang des Verfahrens wesentlichere Frage, nach welchen inhaltlichen Gesichtspunkten die Abstimmung gestaltet werden muß, damit die Entscheidung als in prozeßrechtlicher und materiell-rechtlicher Weise ordnungsgemäß zustandegekommen gelten kann. Aus einzelnen Vorschriften ergibt sich zwar, daß regelmäßig eine Mehrzahl von Fragen auftauchen wird („... die Fragen", § 194 GVG; „... vorangehende Frage ...", § 195 GVG), im hier zu erörternden Strafverfahren insbesondere die „Schuldfrage" (§ 263 StPO) und die „Straffrage" (§ 196 III GVG). Welchen Inhalt diese Fragen haben müssen und in welcher Reihenfolge sie zur Abstimmung zu stellen sind,[3] hat der Gesetzgeber jedoch ausdrücklich offengelassen.

In praxi wird in den Kollegien zwar häufig eine in Begründung und Ergebnis einstimmige Entscheidung gefällt. Dies entbindet allerdings nicht von einer genaueren Analyse der zur Abstimmung zu stellenden Fragen, läßt sich doch keineswegs sagen, daß dies stets der Fall wäre[4] und (insbesondere) wieviele Entscheidungen bei einer systematisch korrekten Fragestellung anders ausgefallen wären. Die Annahme des Gesetzgebers, daß das Problem der richtigen Fragestellung in der Praxis fast immer ohne Schwierigkeiten nach der besonderen Lage des Falles seine Erledigung finden werde,[5] hat sich nur scheinbar

---

[1] Die gelegentlich vertretene Auffassung, daß es einer förmlichen Abstimmung nicht bedürfe, wenn schon bei der Beratung Übereinstimmung herrsche, (so etwa: Glaser Hdb. S. 268; Zeiler ZStW 41 (1920), S. 528 (529); Peters Lb. S. 485; Koeniger S. 432 f.; BVerwG BayVbl. 1980, S. 305 f.) muß als contra legem angesehen werden; wie hier: KMR-Müller (6.) § 193 GVG Anm. 1a.

[2] Vgl. bereits oben S. 1 f.

[3] Die jeweils erforderlichen Mehrheiten ergeben sich aus §§ 263 I StPO, 196 GVG. Ausführlich dazu unten Teil 2, F.

[4] Vgl. die empirischen Untersuchungen von Casper/Zeisel S. 41 ff.

[5] Hahn GVG Bd. I, S. 179 f. Dies steht im Widerspruch zu § 194 II GVG (sofern man hierin nicht eine reine Kompetenzvorschrift sieht); §§ 290 ff. RStPO waren zudem

bestätigt: Soweit ersichtlich, hat sich der Bundesgerichtshof zwar nur einmal mit dem Abstimmungsverfahren befaßt,[6] und auch aus der Rechtsprechung der Oberlandesgerichte ist nur eine Entscheidung bekannt, die die Abstimmungsmethode im Strafverfahren berührt.[7] Daß aber Inhalt, Umfang und Reihenfolge der Fragestellung in der Praxis der Geschworenengerichte zu erheblichen Schwierigkeiten geführt haben – davon legen die zahlreichen Entscheidungen des Reichsgerichts Zeugnis ab.[8] Daß sich dieselben Schwierigkeiten – wenn auch bisher unbeachtet[9] – ebenso in Schöffengerichten, Strafkammern und -senaten ergeben (können), liegt auf der Hand.[10] Inhalt und Reihenfolge der Fragen „nach der besonderen Lage des Falles" (allein) in die Hände des jeweiligen Vorsitzenden zu legen,[11] dürfte zudem mit dem Gebot der Rechtsgleichheit[12] und der materiellen Rechtssicherheit nicht zu vereinbaren sein, könnten dann doch in völlig gleichgelagerten Fällen aufgrund unterschiedlicher Fragestellung auch verschiedene Abstimmungsergebnisse, d. h. Entscheidungen zustandekommen. Das Verfahren der Entscheidungsfindung kann aber auch nur ein für alle (Straf-) Gerichte einheitliches sein – die Regeln für die richtige Gewinnung kollegialgerichtlicher Entscheidungen sind insoweit dem richterlichen Ermessen entzogen. Vielmehr „muß unbedingt ein allgemeines Prinzip aufgesucht werden",[13] liegen hier doch die entscheidenden Probleme kollegialer Rechtsfindung.[14]

A. Die bisher vorgeschlagenen Abstimmungsthemata

Zur Gewinnung eines einheitlichen Prinzips für die zur Abstimmung zu stellenden Fragen sollen zunächst einige der in Rechtsprechung und Literatur bisher vorgeschlagenen Abstimmungsthemata dargestellt und analysiert werden. Lassen sich diese nämlich (trotz unterschiedlicher Terminologie) auf einen allgemeinen Grundsatz zurückführen, wird es ausreichen, die entscheidenden Kriterien dieser Fragestellungsart herauszuarbeiten, um die noch offenen Pro-

---

in den Kommissionsberatungen (ebenda S. 352 ff. und Hahn StPO Bd. I, S. 224 ff. 910 ff.; Bd. II, S. 1591 ff., 1660 ff. und 1909 ff.) durchaus umstritten.

[6] BGH bei Holtz MDR 1976, S. 989.

[7] OLG Hamm JMBL NRW 1964, S. 7.

[8] Ausf. Darstellung der Rspr. bei Dalcke S. 15 ff.; Feddersen S. 125 ff.; Meerscheidt-Hüllessem S. 1 f.; Seidlmayer S. 14 ff.

[9] Vgl. hierzu Glaser, Erörterungen S. 126 ff., 152 f. und Stenglein § 262 Anm. 2.

[10] Einschränkend: Eb. Schmidt III § 194 Rdn. 16 a. E. wie hier: Stenglein § 262 Anm. 2.

[11] Besonders deutlich: Hellweg S. 305: Es müsse „vernünftiges Ermessen entscheiden und (es) kann hiernach im Einzelfall bald die eine, bald die andere Art als die angemessene erscheinen".

[12] So auch Wittern S. 8.

[13] So bereits Bennecke/Beling S. 389 Fn. 9.

[14] Eb. Schmidt III § 194 Rdn. 1.

blemfälle zu lösen. Zuvor ist jedoch darauf einzugehen, was – im allgemeinen – überhaupt Bezugspunkt der Fragestellung sein kann.

I. Mögliche Bezugspunkte der Abstimmung

Im Laufe eines Strafverfahrens sind von dem Richterkollegium in aller Regel aus prozeßrechtlichen oder aus materiell-rechtlichen Gründen sehr zahlreiche Zwischenentscheidungen zu treffen: Vor Erlaß eines Sachurteils (sei es Freispruch, sei es Verurteilung) kann erforderlich sein, zu klären, ob Prozeßhindernisse bestehen, ob einem Aussetzungsantrag stattgegeben werden soll, ob Beweisanträge abzulehnen sind, ob von der Vereidigung eines Zeugen abzusehen ist und vieles mehr. Daß jedenfalls hinsichtlich jeder dieser potentiellen Zwischenentscheidungen ebenso eine selbständige Beratung und Abstimmung erforderlich ist wie hinsichtlich der Endentscheidung, versteht sich von selbst und folgt mit Notwendigkeit aus den jeweils einschlägigen prozeßrechtlichen bzw. materiell-rechtlichen Vorschriften. So ist etwa unbestritten, daß über einen Beweisantrag zu entscheiden ist, bevor das Gericht die Endentscheidung erläßt; die Frage nach Prozeßhindernissen ist von der Frage der Verurteilung schon wegen der unterschiedlichen Mehrheitserfordernisse zu trennen.

Jede Zwischen-(End-)Entscheidung kann nunmehr von einer mehr oder weniger großen Anzahl von Vorfragen abhängen, auf eine oder mehrere Rechtsnormen gestützt werden, die die ins Auge gefaßte Rechtsfolge gleichermaßen legitimieren würden. So kann ein Beweisantrag abgelehnt werden, wenn die Beweiserhebung unzulässig ist (§ 244 III 1 StPO) und ebenso, wenn eine erhebliche Behauptung, die zur Entlastung des Angeklagten bewiesen werden soll, so behandelt werden kann, als wäre die behauptete Tatsache wahr (§ 244 III 2 a. E. StPO). Das Absehen von der Vereidigung eines Zeugen kann auf einem der Vereidigungsverbote beruhen (§ 60 StPO) oder auf einem Verzicht der Staatsanwaltschaft, des Verteidigers und des Angeklagten (§ 61 Ziff. 5 StPO). Ein Haftbefehl kann zur Weiterführung und Beendigung eines begonnenen Strafverfahrens bei nicht genügend entschuldigtem Ausbleiben des Angeklagten erlassen werden (§ 230 II StPO), aber auch um eine ordnungsgemäße Durchführung des Verfahrens überhaupt zu ermöglichen unter den Voraussetzungen der §§ 112, a StPO.[15] Ebenso kommt eine Verurteilung des Angeklagten aufgrund verschiedener Straftatbestände in Betracht. Entsprechend unterschiedlich kann auch der Gegenstand der Abstimmung im Richterkollegium sein: Denkbar ist nämlich einmal, daß die zur Abstimmung zu stellende Frage nur die (potentiell selbständige Zwischen-/End-)Entscheidung als solche umfaßt; ebenso ist es aber auch möglich, daß jede einzelne, eine bestimmte Rechtsfolge legitimierende Rechtsnorm Inhalt und Umfang

[15] Ähnlich Eb. Schmidt III § 194 Rdn. 2.

der Fragen bestimmt. In die jeweilige Frage wäre dann entweder nur die Rechtsfolge als solche aufzunehmen (z. B. also Ablehnung des Beweisantrags, Absehen von Vereidigung, Haftbefehl) oder aber, ob die in einer bestimmten gesetzlichen Regelung enthaltenen normativen Voraussetzungen für den Ausspruch einer bestimmten Rechtsfolge in ihrer Gesamtheit (soweit gesetzlich vorgesehen zumindest alternativ) bejaht werden können (z. B. also: Ist die Beweiserhebung unzulässig und deshalb der Beweisantrag gemäß § 244 III 1 StPO abzulehnen? Kann die erhebliche Behauptung, die zur Entlastung des Angeklagten bewiesen werden soll, so behandelt werden, als wäre sie wahr, und darf deshalb der Beweisantrag gemäß § 244 III 2 letzter HS StPO abgelehnt werden?). Die Fragestellung im strafrichterlichen Kollegium kann allerdings noch weiter differenziert werden, dahingehend nämlich, ob jede einzelne Voraussetzung einer bestimmten Rechtsnorm für sich betrachtet bejaht werden kann, ob eine bestimmte einzelne (für die Rechtsfolgenanordnung erforderliche) Tatbestandsvoraussetzung gegeben ist. Vor Erlaß eines Haftbefehls gem. § 112 I, II StPO wäre dann jeweils getrennt zu fragen, ob dringender Tatverdacht besteht, ob der Beschuldigte flüchtig ist, ob bestimmte Tatsachen Fluchtgefahr begründen, ob die Untersuchungshaft verhältnismäßig ist etc. Vor einer Verurteilung wegen Diebstahl wäre je eine gesonderte Abstimmung darüber herbeizuführen, ob der Angeklagte etwas weggenommen, ob es sich dabei um eine fremde bewegliche Sache gehandelt habe und ob bei ihm Zueignungsabsicht bejaht werden könne. Werden die erforderlichen Tatbestandselemente (einschließlich der jeweiligen Rechtsfrage) einzeln von der gesetzlich geforderten Mehrheit jeweils bejaht, so läßt sich hieraus die in dem konkreten Tatbestand vorgesehene Rechtsfolge ableiten. Schließlich kann die Abstimmung auch noch weiter darauf gerichtet sein, warum ein bestimmtes Tatbestandsmerkmal der endgültigen Entscheidung zugrunde gelegt werden könne sowie endlich auf eine Vielzahl denkbarer Gründe, die bei dem einzelnen Richter für seine Entscheidung maßgebend sein können. So könnte etwa danach gefragt werden, warum die vom Angeklagten entwendete Sache nicht „fremd" gewesen sei, ob der die Wegnahme bekundende Zeuge glaubwürdig sei und warum dem Zeugen geglaubt werde, aufgrund einzelner Beweismittel und Indizien (§ 267 I 2 StPO) die Täterschaft des Angeklagten erwiesen sei, ob der Beschuldigte einen festen Wohnsitz habe, ob er – außerdem – über einen gesicherten Arbeitsplatz verfüge und ob aus einem oder aus beiden Gründen zusammen Fluchtgefahr iSd § 112 II Ziff. 2 StPO zu verneinen sei etc. Dabei könnte die Fragestellung und Abstimmung isoliert die einzelnen tatsächlichen oder rechtlichen Aspekte des Falles zum Gegenstand haben, sowohl also sich auf die einzelnen für erwiesen erachteten Tatsachen iSd § 267 I 1 StPO (in ihrer Gesamtheit oder getrennt), die einzelnen Beweismittel und Indizien (§ 267 I 2 StPO) beziehen, aber auch (nur) einzelne abstrakte Rechtsfragen umfassen. Denkbar ist also, zu fragen, ob der Genötigte dem Täter das Geld ausgehändigt, um wieviel es sich gehandelt habe, ob dies aufgrund der Aussage des Zeugen A und/oder des B erwiesen sei; hieran könnte sich anschließen die Frage, ob § 253 StGB eine Vermögensverfügung voraussetze und (bejahendenfalls) ob die Handlung des Genötigten (und warum) die Kriterien einer solchen Verfügung erfülle. Regelmäßig handelt es sich hierbei um die einzelnen in den (schriftlichen) Entscheidungsgründen auftauchenden, zur Legitimierung der Entscheidung dargelegten Motive, die einzelnen für erwiesen erachteten Tatsachen und die subjektiven Beweisgründe des einzelnen Kollegiumsmitgliedes.

Diese unterschiedlichen Bezugspunkte der Fragestellung – potentieller Entscheidungstenor der Zwischen- oder Endentscheidung; die einzelne einen bestimmten Rechtsfolgenausspruch legitimierende Rechtsnorm einschließlich aller erforderlichen Merkmale; die einzelnen Tatbestandsmomente isoliert betrachtet; die einzelnen (objektiven oder subjektiven) Entscheidungsgründe[16] – sind in der bisherigen Literatur keineswegs deutlich genug herausgearbeitet worden.[17] Nicht zuletzt auch dieser Umstand hat zu den erheblichen terminologischen Unsicherheiten beigetragen. Es ist daher nicht verwunderlich, daß sich hinter den einzelnen identischen Bezeichnungen oft unterschiedliche Sachverhalte verbergen und (umgekehrt) für ein und dasselbe Abstimmungsthema, dieselbe Fragestellungsart unterschiedliche Begriffe verwendet werden.[18] Bevor daher die bisher vorgeschlagenen Abstimmungsthemata daraufhin analysiert werden, ob und gegebenenfalls welchen gemeinsamen Bezugspunkt sie aufweisen, ist es erforderlich, die für die folgende Darstellung verwendeten Begriffe entsprechend den oben dargelegten möglichen Bezugspunkten der Abstimmung festzulegen.

Der Begriff „*Tenorabstimmung*" soll im folgenden nur gebraucht werden, soweit die jeweilige Frage unmittelbar auf die jeweils in Betracht kommende potentielle Entscheidungsformel als solche gerichtet ist, beispielsweise also darauf, ob das Verfahren einzustellen ist, ob Haftbefehl erlassen werden soll. Dabei ist allerdings ohne Bedeutung, ob die potentielle Zwischenentscheidung (z. B. die Ablehnung eines Antrags) im Tenor der instanzbeendenden Entscheidung oder in deren Gründen ausdrücklich enthalten ist. Von *Totalabstimmmung* soll demgegenüber die Rede sein, wenn die Frage „alle diejenigen Merkmale, deren Gesamtheit die Anwendung des (Straf-)Gesetzes begrün-

[16] Außer Betracht bleiben soll zunächst die Sonderregelung in § 194 II GVG bei innerkollegialen Meinungsverschiedenheiten sowie die Bestimmung von Strafart und Strafgröße, da es hierbei in erster Linie um quantitative, nicht qualitative Fragen geht.

[17] Ansätze bei Eb. Schmidt III § 194 Rdn. 2; v. Kries S. 440 f.; Beling ZStW 37 (1916) S. 365 (373 f.) u. Sachse ZStW 49 (1929) S. 306 ff. Üblicherweise wird nur nach „Ergebnis" und „Gründen" differenziert und von Teilen oder (präjudiziellen) „Vorfragen" gesprochen. Vgl. etwa: Zacke S. 51; Haymann FG Stammler S. 395 (409 ff., 426); Breetzke DRiZ 1962, S. 5 ff.; KK-Mayr § 194 GVG Rdn. 2; LR-Schäfer § 194 GVG Rdn. 3 ff.

[18] Beling S. 245 etwa verwendet die Begriffe „Total-" und „Tenorabstimmung" synonym.

det",[19] umfaßt, mithin die in einer bestimmten Rechtsnorm für die Anordnung einer Rechtsfolge insgesamt enthaltenen Voraussetzungen zum einheitlichen Gegenstand der Frage gemacht werden. Gegenstand der alle Rechtsfolgenvoraussetzungen kumulativ umfassenden Frage wäre hier also beispielsweise, ob der Angeklagte durch Fahrlässigkeit die Körperverletzung eines anderen verursacht hat und deshalb zu bestrafen ist (§ 230 StGB), ob die beantragte Beweiserhebung unzulässig, der Antrag daher abzulehnen ist (§ 244 III 1 StPO). Von *Abstimmung nach Elementen* soll im folgenden gesprochen werden, wenn die Frage isoliert auf einzelne (Tatbestands-)Voraussetzungen einer Rechtsnorm Bezug nimmt, die erst im Zusammenspiel mit weiteren getrennt zu erfragenden Merkmalen eine eventuell in der Entscheidung auszusprechende Rechtsfolge legitimieren. Gegenstand einer Abstimmung nach Elementen wäre etwa bei fahrlässiger Tötung (§ 222 StGB) der Eintritt des Todes bei einem anderen und – getrennt davon – ob dies durch eine Handlung des Angeklagten verursacht worden sei und – wiederum gesondert – ob dem Angeklagten Fahrlässigkeit zur Last gelegt werden könne; bei Erlaß eines Haftbefehls gem. § 112 StPO, ob dringender Tatverdacht gegeben ist, ob Fluchtgefahr besteht, ob Kollusionsverdacht gerechtfertigt ist, ob schließlich die Verhängung der Untersuchungshaft verhältnismäßig ist. Die Frage umfaßt dabei jeweils sowohl die tatsächliche wie die rechtliche Seite des jeweiligen Tatbestandsmomentes.[20] *Abstimmung nach Gründen* – dieser Ausdruck soll im folgenden nur dann verwendet werden, wenn Bezugspunkt der Abstimmung die einzelnen – nicht notwendig stets auch schriftlich auszuformulierenden – Entscheidungsgründe sind, die Frage etwa, warum der Strafantrag rechtzeitig gestellt wurde, warum der Zeuge (un-)glaubwürdig erscheint, ob der feste Wohnsitz Fluchtgefahr iSd § 112 II Ziff. 2 StPO ausschließt, ob der Angeklagte eine bestimmte Äußerung gemacht hat, ob dies eine Beleidigung iSd § 185 StGB darstellt, ob er dabei in Wahrnehmung berechtigter Interessen gehandelt hat (§ 193 StGB) etc. Lassen sich die in Rechtsprechung und Literatur bisher vorgeschlagenen Fragen einer dieser Abstimmungsarten zuordnen, weisen sie also einen gemeinsamen Bezugspunkt auf, so ist ein erster Schritt zur Gewinnung eines allgemeinen Prinzips für die Fragestellung getan, müssen doch dann zur Lösung der noch offenen Fragen (lediglich) die Kriterien dieser Abstimmungsmethode genauer herausgearbeitet werden.

---

[19] So § 317 preußische StPO v. 1867 für die Schuldfrage.

[20] Die für diesen Sachverhalt sonst häufige Formulierung „Abstimmung nach Gründen" erscheint wenig glücklich, weil dies zu der Annahme verleiten könnte, es sei über die einzelnen Entscheidungsgründe, die einzelnen Momente der Urteilsbegründung abzustimmen, die „objektiven Gründe" iSv Sachse ZStW 49 (1929), S. 306 ff. oder die subjektiven Gründe.

II. Für die Tatsacheninstanz vorgeschlagene Fragen

Rechtsprechung und Literatur haben sich fast ausschließlich mit der Fragestellung im erstinstanzlichen Verfahren und auch hier ganz überwiegend mit der Abstimmung über die „Schuldfrage" iSd § 263 StPO befaßt.[21] Auch wenn bei der Entscheidungsfindung selbst eine andere Reihenfolge geboten ist, insbesondere prozessuale Fragen im Hinblick auf die Zulässigkeit einer Sachentscheidung regelmäßig vor der Schuldfrage zur Abstimmung zu stellen sind,[22] werden daher auch bei der folgenden Analyse die auf die Schuldfrage bezüglichen Fragestellungen an erster Stelle erörtert, da sie am ehesten geeignet erscheinen, ein allgemeines Prinzip erkennen zu lassen.

1. Abstimmung über die Schuldfrage iSd § 263 StPO

a) Fragestellung im Schwurgericht

Die die Fragestellung an die Geschworenen regelnde RStPO kannte zwei verschiedene Arten von Fragen:[23] Haupt- bzw. Hilfsfrage einerseits (§§ 293, 294 RStPO) und Nebenfragen (§§ 295, 297, 298 RStPO) andererseits.[24] „Die *Hauptfrage* beginnt mit den Worten: ‚Ist der Angeklagte schuldig?'. Sie muß die dem Angeklagten zur Last gelegte Tat nach ihren gesetzlichen Merkmalen und unter Hervorhebung der zu ihrer Unterscheidung erforderlichen Umstände bezeichnen", § 293 RStPO. Die nach § 81 GVG (i.d.F. vom 27. 1. 1877) über die Schuldfrage entscheidenden Geschworenen sollten uneingeschränkt „Herren der Tat- und Rechtsfrage"[25] und in der Subsumtion völlig frei sein.[26] Eine Sonderung zwischen Tat- und Rechtsfrage wurde als undurchführbar verworfen.[27] Auch sollte es unzulässig sein, einzelne im Tatbestand enthaltene Rechtsbegriffe durch allgemeine Wendungen zu umschreiben oder einzelne Tatbestandsmerkmale durch entsprechende konkrete Tatsachen zu ersetzen; in tatsächlicher Hinsicht sollten nur diejenigen Umstände in die Frage aufgenommen werden, die zur Feststellung der Identi-

[21] „... zum Schaden der Abstimmungslehre ...", wie Beling ZStW 42 (1921) S. 599 (616) treffend feststellt.

[22] Zur Reihenfolge der Fragen vgl. unten Teil 2 E.

[23] Beide waren so zu stellen, daß sie sich mit Ja oder Nein beantworten ließen, § 292 RStPO.

[24] Zu dieser Einteilung vgl.: Dalcke S. 13 ff.; Oetker S. 117 f. und Feddersen S. 135 ff.; da die Hilfsfrage ihrem Wesen nach ebenfalls Hauptfrage war und nach denselben Grundsätzen zu formulieren war (Hahn StPO Bd. I S. 225; Feddersen S. 145 ff. und S. 158 ff.; Oetker S. 159 ff.), wird sie im folgenden nicht gesondert dargestellt.

[25] RGSt 3, 250; RG RR 3, 819 (820 f.).

[26] Feddersen S. 146 ff.; (kritisch) Dalcke S. 5 ff. und S. 61 ff.; Meyer S. 173 ff.; Schwarze § 293 Anm. 5 f.; Hahn StPO Bd. I S. 912 ff.

[27] Hahn StPO Bd. I S. 224 und S. 910 ff.

tät der Tat, des historischen Vorgangs erforderlich waren.[28] Eine darüber hinausgehende Spezialisierung, eine Aufnahme weiterer konkreter Tatsachen in die Frage sollte ausgeschlossen sein, da die Fragestellung sich jeglicher Subsumtion zu enthalten habe.[29] Eine alternative Fragestellung sollte durch die gesetzlichen Regelungen nicht ausgeschlossen werden.[30] *Nebenfragen* iSd § 295 I RStPO umfaßten nur einzelne für die Anwendung eines Strafgesetzes erhebliche Umstände, welche die Strafbarkeit verminderten oder erhöhten.[31] Auch sie sollten nur mit den Ausdrücken des Gesetzes gestellt werden. Ob die vom Strafgesetz besonders vorgesehenen Umstände, welche die Strafbarkeit vermindern oder erhöhen, insbesondere also Privilegierungs- oder Qualifizierungsmerkmale, unmittelbar mit in die Hauptfrage aufgenommen oder ob sie in eine gesondert zu beantwortende Nebenfrage verwiesen wurden, stand ausschließlich im Ermessen des Gerichts („geeignetenfalls"): Die Verweisung solcher Umstände empfehle sich als zweckmäßig, weil dadurch das Verständnis der Hauptfrage erleichtert werden könne.[32] Obwohl der Entwurf damit die grundsätzliche Zugehörigkeit der besonderen strafschärfenden bzw. strafmildernden Umstände zur Hauptfrage anerkannte, hat er hier – prinzipwidrig – eine Teilung der Hauptfrage im Interesse eines besseren Verständnisses zugelassen, obwohl er sonst eine Zerlegung der Hauptfrage als nicht statthaft angesehen hat.[33] Daß eine solche Teilung auch das Entscheidungsergebnis beeinflussen konnte (wenn z. B. drei Geschworene nur den Grundtatbestand des Totschlags verneinten, während sie im übrigen aufgrund der Umstände annahmen, daß die Tat mit Überlegung ausgeführt worden sei, drei andere Geschworene aber nur letzteres Merkmal verneinten), wurde zunächst nicht gesehen[34] und hat erst später im Zusammenhang mit der Kontroverse, ob bei sukzessiver Abstimmung die unterlegenen Richter sich insoweit gem. § 195 GVG auf den Standpunkt der Mehrheit stellen mußten, eine gewisse Rolle gespielt.[35] Der Entwurf zur RStPO hatte indes Nebenfragen nicht nur bezüg-

---

[28] Hahn StPO Bd. I S. 224 f. und (zu den Partikulargesetzen) S. 465 ff.; ausf. Dalcke S. 57 ff. und Meyer S. 173 ff.

[29] Vor Erlaß der RStPO anders: Meyer S. 175 ff. und v. Bar S. 58 ff. und 153 ff.

[30] Hahn StPO Bd. I S. 223; Geyer S. 748 f.; Oetker S. 270 ff.; ausf.: Ostern S. 34 ff. und 113 ff.

[31] Zu den Nebenfragen und ihrer Fassung vgl.: Dalcke S. 19 ff.; Feddersen S. 168 ff.; Oetker S. 182 ff.; Stenglein § 295 Anm. 3.

[32] Hahn StPO Bd. I S. 226; RGR 1, 759 (761); dies nach h. M. entgegen Oetker S. 191, auch dann, wenn gem. § 296 RStPO die Vorlegung einer Nebenfrage beantragt worden war – vgl. Feddersen S. 169.

[33] So ausdrücklich Hahn StPO Bd. I S. 224; vgl. auch Anm. zu RG GA 38 (1891), S. 399 f.; ebenda S. 340 f. Dieser Gesichtspunkt wurde auch bei den Beratungen nicht erwogen.

[34] Auch RGR 1, 759 (761) übersieht, daß die Verneinenden jeweils unterschiedliche Personen sein können.

[35] Soweit ersichtlich nur angesprochen von Oetker S. 122 (anders noch ders. DJZ 1905, Sp. 1083 f.) und Altvater DJZ 1906, Sp. 70; die Ausführungen v. Bar's KVJR

lich strafschärfender bzw. strafmindernder Umstände als zweckentsprechend angesehen, sondern darüber hinaus auch Nebenfragen über Umstände, welche die Strafbarkeit ausschließen, zulassen wollen. Zweck der Zulassung diesbezüglicher Nebenfragen war, Gewißheit darüber zu erlangen, daß die Geschworenen bei der Entscheidung der Schuldfrage die behaupteten, in der Verhandlung hervorgehobenen Strafausschließungsgründe einer eingehenden Beratung unterzögen.[36] Die Zulässigkeit einer Nebenfrage über Umstände, welche die Strafbarkeit ausschließen,[37] war in den folgenden Beratungen heftig umstritten: Eine Minderheit war der Ansicht, daß im Richterkollegium, den Gesetzen der Logik folgend, eine schrittweise vorangehende Einigung der Votanten bei sich bedingenden Fragen erforderlich sei. Der bei einem einzelnen Teil der Schuldfrage unterliegende Richter repräsentiere nur einen Zweifelsgrund, der mehrheitlich verworfen werde; ungerechtfertigte Freisprüche seien die Folge, addiere man verschiedene Zweifelsgründe zu einem verneinenden Gesamtresultat. Schließlich sei es nur bei einer Teilung der Hauptfrage möglich, Entscheidungsgründe zu geben. Kommissions- wie Plenumsmehrheit waren demgegenüber der Meinung, daß in Strafsachen die Abstimmung über das („nicht-")„schuldig" in toto erfolgen müsse. Eine Abstimmung nach Gründen widerspreche der Natur der Schuldfrage. Eine Ausklammerung der die Strafbarkeit ausschließenden Umstände führe nicht nur zur Verwirrung und berge die Gefahr widersprüchlicher Verdikte der Geschworenen in sich, sondern könne insbesondere ein Gesamtresultat ergeben, das mit den Ansichten sämtlicher Abstimmender in Widerspruch stehe. Auf die einzelnen Strafausschließungsgründe besonders hinzuweisen, sei Aufgabe der Plädoyers und der Rechtsbelehrung, nicht aber Zweck der Fragestellung. Nur bezüglich der Strafaufhebungsgründe (Rücktritt vom Versuch, tätige Reue) sei die Stellung einer Nebenfrage nicht zu umgehen.[38] Entsprechend der Kommissionsvorlage wurde § 295 II RStPO dahin gefaßt, daß eine Nebenfrage auch auf solche vom Strafgesetz besonders vorgesehenen Umstände gerichtet werden *könne,* durch welche die Strafbarkeit wieder aufgehoben werde. Nach Auffassung der Mehrheit der am Gesetzgebungsverfahren Beteiligten sollte eine Nebenfrage auf Strafausschließungsgründe absolut unzulässig,[39] aber auch im

---

1868, S. 467 (499 f.) wurden im Gesetzgebungsverfahren offenbar übersehen. Zur Bindungswirkung ausführlich unten.

36 Hahn StPO Bd. I S. 226 f.; in einem solchen Falle sollte eine andere Fassung der Hauptfrage möglich sein; zu den unterschiedlichen Landesgesetzen vgl. Hahn StPO Bd. I S. 463 f.

37 Nach den Motiven umfaßte die Vorschrift sowohl Straf- und Schuldausschließungsgründe wie Schuld- und Strafaufhebungsgründe; vgl. die Zusammenstellung bei Hücking GA 34 (1886), S. 216 (219); unzutreffend daher Oetker S. 195 ff. (Schuldnebenfrage auf Strafausschließungsgründe wie z. B. Notwehrexzeß).

38 Hahn StPO Bd. I S. 921 ff. und Bd. II S. 1660 f. und 1909 f.

39 Eine Ausnahme bildete nur die „Einsichtsnebenfrage" (Oetker S. 200 ff.) bei Angeklagten, die zur Zeit der Tat noch nicht das 18. Lebensjahr vollendet hatten oder bei taubstummen Angeklagten (§ 298 RStPO), da das materielle Strafrecht (§§ 56, 58

übrigen eine Teilung der Schuldfrage nach einzelnen Elementen wie z. B. Täterschaft, Notwehr(exzeß) oder Unzurechungsfähigkeit nicht statthaft sein. Die die einzelnen Merkmale eines Tatbestandes umfassende Schuldfrage war vielmehr ungeteilt zur Abstimmung zu bringen, durch Totalabstimmung zu erledigen.[40]

b) Abstimmung über die Schuldfrage in Schöffengerichten und Strafkammern

Aus den Motiven ergibt sich mit aller Deutlichkeit, daß die Verfasser der RStPO die Totalabstimmung über die Schuldfrage in allen strafrichterlichen Kollegien – also nicht nur im Geschworenengericht – als einzig richtige Abstimmungsmethode ansahen.[41] Insbesondere v. Kries wies darauf hin, daß kraft Sachzusammenhangs eine an sich selbständig zu beurteilende Strafsache bald vom Geschworenengericht, bald von anderen kollegial besetzten Spruchkörpern zu entscheiden (gewesen) sei und – da das Resultat jeweils das gleiche (gewesen) sein müsse – eine je andere Abstimmungsmethode als ausgeschlossen anzusehen sei.[42] Dementsprechend hat sich auch sehr bald die Ansicht durchgesetzt, daß die Schuldfrage in allen Strafgerichten ungeteilt zur Abstimmung zu stellen sei; daß Totalabstimmung über die Schuldfrage erforderlich ist, kann heute als gesichert angesehen werden.[43] Ob die ungeteilte Abstimmung über die Schuldfrage eine Ausnahme von dem Grundsatz darstellt, daß „über einzelne Teilfragen" getrennt abzustimmen ist[44] oder ob es sich hierbei um eine für alle Fragen gleichermaßen geltende Regel handelt,[45] ist umstritten.

RStGB) an die Feststellung fehlender Einsichtsfähigkeit besondere Rechtsfolgen knüpfte.

[40] So später auch ausdrücklich das Reichsgericht; vgl. nur: RGR 3, 797; 4, 86 (89); RGSt 8, 218 (219 f.); 11, 277 f. Im einzelnen bestanden jedoch zahlreiche (auch durch das materielle Recht bedingte) Zweifelsfragen, etwa zur Fragestellung bei Ideal-/Realkonkurrenz, das Verhältnis der Neben- zu den Hilfsfragen, die Zulässigkeit alternativer Fragen etc.; vgl. ausf. Oetker S. 117 ff.; Dalcke S. 13 ff.; Feddersen S. 125 ff.

[41] Vgl. insb. Hahn StPO Bd. I S. 921 ff.

[42] v. Kries S. 440; Heinemann ZStW 15 (1895) S. 1 (54 ff.); Wittern S. 8; Stenglein § 262 Anm. 1 f.; a. A. nur Jahn ZStW 53 (1934) S. 490 (502 f.).

[43] KK-Mayr § 194 GVG Rdn. 2; KK-Hürxthal § 263 Rdn. 3; Peters Lb. S. 488 f.; Schlüchter Rdn. 582 S. 624; Koeniger S. 433; Kern/Roxin § 47 C III 2, S. 259; Gössel S. 277; Eb. Schmidt II § 263 Rdn. 12; ders. III § 194 Rdn. 10 ff.; LR-Gollwitzer § 263 Rdn. 5; KMR-Müller (6.) § 194 GVG Anm. 1b. bb (1); Henkel S. 254; Hippel S. 355 f.; Birkmeyer S. 472; Wittern S. 7 ff.; Rosenfeld S. 96 f.; v. Kries S. 439 ff.; ausf. Heinemann ZStW 15 (1895) S. 1 (18 ff.); Zacke S. 46 ff.; Beling ZStW 42 (1921), S. 599 ff. und ders ZStW 37 (1916), S. 365 ff.; sowie Beling S. 245 ff.; für *zusätzliche* Abstimmung nach „objektiven Entscheidungsgründen" Sachse ZStW 49 (1929) S. 306 ff.; Abstimmung nur nach „Gründen" verlangen Jahn ZStW 53 (1934) S. 490 (497 ff.); Breetzke DRiZ 1962 S. 5 ff.

[44] So LR-Schäfer § 194 GVG Rdn. 6; Lucas-Dürr S. 233, Binding Abh. II S. 141 (148), die jedoch den Begriff der „Teilfrage" nicht definieren; ebenso Gerland S. 284 f.

[45] So insbes. KMR-Müller (6.) § 194 GVG Anm. 1b und bereits Beling S. 245 f.

aa) Unbestrittener Kern der (einheitlichen) Schuldfrage

Über den Kernbestand der allgemein gebräuchlichen Formel, daß hinsichtlich der Schuldfrage „Totalabstimmung" erforderlich sei, besteht in Rechtsprechung und Literatur Einigkeit: Nicht Gegenstand gesonderter Abstimmung mit bindender Wirkung kann danach sein, ob der Angeklagte (und eventuell aufgrund welcher jeweils getrennt zu erfragender Beweiswürdigungen) einen bestimmten Tatumstand verwirklicht, ob er vorsätzlich oder fahrlässig gehandelt hat, ob Rechtfertigungsgründe, ob Schuld- oder Strafausschließungsgründe vorliegen. Das Vorliegen der einzelnen objektiven oder subjektiven Tatbestandsmerkmale, der Rechtswidrigkeit und der Schuld können nicht getrennt erfragt werden, um aus den jeweiligen Antworten dann automatisch das Entscheidungsergebnis abzuleiten.[46] – Nur der Klarstellung halber sei jedoch darauf hingewiesen, daß über diese Teile der Schuldfrage neben der Vorberatung[47] eine zusätzliche, rein *informatorische* Abstimmung zulässig ist, d. h. eine Fragestellung lediglich um die Begründungselemente der siegreichen Mehrheit/Minderheit sowie das Stimmenverhältnis bzgl. der einzelnen Punkte sicher feststellen zu können.[48] – Entschieden wird die Schuldfrage also durch Totalabstimmung. Wird daher z. B. aufgrund unterschiedlicher Beweiswürdigung im Schöffengericht von R1 nur die Wegnahme, von R2 hingegen nur die Zueignungsabsicht verneint, während R3 verurteilen will, so muß die einheitlich zur Abstimmung zu stellende Frage: „Ist der Angeklagte schuldig, am ... zu ... eine fremde bewegliche Sache einem anderen in der Absicht weggenommen zu haben, dieselbe sich rechtswidrig zuzueignen?" verneint, insoweit also freigesprochen werden.[49] Unstreitig ist weiterhin, daß Totalabstimmung über jeden einzelnen in Betracht kommenden *Straftatbestand* erforderlich ist, insbesondere bei mehreren Handlungen jeweils getrennt eine ungeteilte Schuldfrage zu stellen ist.[50] Was über diesen Kernbestand hin-

---

[46] Aus der Rspr. z. B.: RGR 3, 797; 4, 86 (89); RGSt 2, 379 (380 f.); 8, 218 (220); jüngst BGH bei Holtz MDR 1976, S. 989 f.

[47] Dazu oben Teil 1, III.1.

[48] So bereits Beling ZStW 37 (1916), S. 365 (379); LR-Schäfer § 194 GVG Rdn. 13; unklar Kleinknecht § 263 Rdn. 1; KK-Hürxthal § 263 Rdn. 8 und Koeniger S. 435, die obwohl Vertreter der Totalabstimmung, auch über diese Einzelpunkte abstimmen lassen wollen, z. B. die Glaubwürdigkeit eines Zeugen. Soweit im folgenden von Abstimmung die Rede ist, soll damit jedoch nicht die bloß informatorische gemeint sein, die zudem oft entbehrlich ist, da sich bei gründlicher Beratung die verschiedenen Ansichten und Mehrheiten ohnehin deutlich zeigen. Zur „negativen Abstimmung nach Gründen" vgl. Zacke S. 46 ff.

[49] Werden Rechtfertigungsgründe ausdrücklich behauptet, so könnte zur Verdeutlichung angefügt werden: „... ohne daß die Tat durch Notwehr geboten war?"; bei ausdrücklich hervorgehobenen Schuldausschließungsgründen könnte auch gefragt werden: „Ist der Angeklagte überführt, am ... zu ..., ohne daß er bei Begehung der Tat wegen einer krankhaften seelischen Störung ... unfähig war, das Unrecht der Tat einzusehen ...?". Vgl. Hücking GA 34 (1886) S. 216 (225 ff.).

[50] Koeniger S. 433; KMR-Paulus § 263 Rdn. 8; KMR-Müller (6.) § 194 GVG Anm. 1b, bb (2); Gössel S. 277; Hellweg S. 322; Stenglein § 293 Anm. 14.

aus zu der ungeteilt zur Abstimmung zu stellenden Schuldfrage gehört, ist indes alles andere als sicher.

bb) „Abstrakte Rechtsfrage"

Nicht abschließend geklärt ist zunächst, ob vorweg über „abstrakte Rechtsfragen" abgestimmt werden darf oder gar muß,[51] also etwa über die Frage, ob für die Erpressung iSd § 253 StGB eine Vermögensverfügung erforderlich ist, oder ob etwa eine Nötigung mit Unterlassen nur dann von § 240 StGB erfaßt wird, wenn den potentiellen Täter eine Rechtspflicht zum Handeln trifft. Insbesondere auch Vertreter der „Totalabstimmung" wollen die Frage nach der Auslegung einer Rechtsnorm, die „abstrakte Rechtsfrage", nicht mit in die einheitlich zu stellende Schuldfrage einbeziehen.[52]

cc) Objektive Bedingungen der Strafbarkeit

Unklar ist weiterhin, ob zur „Schuldfrage" iSd § 263 I StPO auch die „objektiven Bedingungen der Strafbarkeit" gehören. Nach einer Meinung haben nämlich die objektiven Strafbarkeitsbedingungen weder mit der Schuldfrage (§ 263 I, II StPO) etwas zu tun, noch können sie zur Straffrage gerechnet werden; über sie soll daher (mit einfacher Mehrheit) gesondert abgestimmt werden.[53] Nach anderer Auffassung gehören zur „Schuldfrage", d. h. zu der Frage, „ob ein bestimmt gearteter staatlicher Strafanspruch zur Entstehung gelangt sei ...", sämtliche Voraussetzungen eines Strafausspruches überhaupt, einschließlich der objektiven Strafbarkeitsbedingungen,[54] so beispielsweise die Frage nach der Zahlungseinstellung bei den Konkursdelikten.

---

[51] So etwa: Binding Abh. II S. 141 (153); ders. S. 173; v. Kries S. 450 ff.; Lucas-Dürr S. 233; Rosenfeld S. 96, 98 Fn. 8; Oetker S. 24; ders. GerS 65 (1905), S. 431 (439); dagegen die heute ganz h. M.: vgl. bereits Heinemann ZStW 15 (1895) S. 1 (78 ff.) Bennecke/Beling S. 389; Beling S. 246 Fn. 2; ders. ZStW 37 (1916) S. 365 (372 ff.); Eb. Schmidt III § 194 Rdn. 9; Koeniger S. 433, 436; Haymann FG für Stammler, S. 395 (427).

[52] v. Kries S. 450 ff.; Lucas-Dürr S. 233; Rosenfeld S. 96, 98 Fn. 8.

[53] Eb. Schmidt II § 263 Rdn. 7; LR-Gollwitzer § 263 Rdn. 15; KMR-Paulus § 263 Rdn. 3; KK-Hürxthal § 263 Rdn. 8.

[54] Bennecke/Beling S. 389; Gerland S. 285; Rosenfeld S. 95; v. Kries S. 442; Schlüchter Rdn. 582 S. 624; Kern/Roxin § 47 C III b S. 258; ausf. bereits: Heinemann ZStW 15 (1895), S. 217 (224 ff.); zur systematischen Einordnung vgl. die Übersicht bei Wessels AT § 5 IV 1 S. 39 f. m.w.N.

dd) Besondere Umstände iSd § 263 II StPO

Nahezu völlig ungeklärt ist weiterhin, ob sich die auf die Schuldfrage bezügliche „Totalabstimmung" ohne weiteres und immer auch auf die in § 263 II StPO zur Schuldfrage geschlagenen „besonderen Umstände" zu beziehen hat, „die die Strafbarkeit ausschließen, vermindern oder erhöhen."[55] Hier stellen sich zwei in der bisherigen Auseinandersetzung nicht mit der wünschenswerten Deutlichkeit getrennte Problemkreise: zunächst, was unter „besonderen Umständen" im Sinne des § 263 II StPO genau zu verstehen ist, alsdann, ob alle oder zumindest ein Teil dieser Umstände in die einheitlich zu stellende Schuldfrage mit einzubeziehen sind.

Trotz des scheinbar eindeutigen Wortlauts des § 263 II StPO ist zunächst nicht abschließend geklärt, was unter „besonderen Umständen" im Sinne dieser Vorschrift überhaupt zu verstehen ist. Zu den „besonderen Umständen, welche die Strafbarkeit *vermindern (erhöhen)*" sollen nach einer Mindermeinung neben den tatbestandlichen Privilegierungen (Qualifizierungen) *alle* Milderungen (Schärfungen) gehören, die nach dem Allgemeinen Teil des StGB oder für „minder schwere Fälle" („besonders schwere Fälle") zugelassen sind, auch soweit sie keinen Einfluß auf die Deliktsnatur haben (vgl. § 12 III StGB).[56] Die ganz überwiegende Meinung geht demgegenüber davon aus, daß die unbenannten Strafänderungsgründe („minder schwerer" und „besonders schwerer Fall") im Sinne des § 12 III StGB zur Straffrage zu rechnen sind;[57] „besondere" Umstände im Sinne des § 263 II StPO sind danach nur die einen Grundtatbestand privilegierenden (qualifizierenden) Tatbestandsmerkmale sowie die Vorschriften, die Strafmilderung bzw. fakultatives Absehen von Strafe (Strafschärfung) vom Vorliegen bestimmter, normativ abschließend umschriebener Merkmale abhängig machen.[58] Über die Verwirklichung eines Regelbeispiels (z. B. des sog. „Nachschlüsseldiebstahls" im Sinne des § 243 I Nr. 1 StGB) ist dementsprechend mangels tatbestandsmäßiger, abschließender Regelung nicht schon im Zusammenhang mit der Schuldfrage abzustimmen.[59]

---

[55] Eb. Schmidt III § 194 Rdn. 15.

[56] So insbes. Schlüchter Rdn. 582 S. 624 (allerdings ohne weitere Begründung) und v. Kries S. 444 f. Fn. 1.

[57] LR-Schäfer § 194 GVG Rdn. 16; LR-Gollwitzer § 263 Rdn. 10; Hellweg S. 307 Fn. 26 und S. 308; Stenglein § 262 Anm. 3 f. und § 297 Anm. 3; Eb. Schmidt II § 263 Rdn. 9; KMR-Paulus § 263 Rdn. 10 a. E.; KK-Hürxthal § 263 Rdn. 5 ff.

[58] LR-Gollwitzer § 263 Rdn. 8 f.; Eb. Schmidt II, § 263 Rdn. 5 f.; Rosenfeld S. 96; KK-Hürxthal § 263 Rdn. 5,6. Nach OLG Hamm MDR 1954, S. 631 f. soll § 157 StGB für § 263 StPO zur Schuldfrage, für die Rechtsmittelbeschränkung aber zur Straffrage zu rechnen sein; kritisch hierzu Eb. Schmidt II § 263 Rdn. 8; nach OLG Braunschweig Nds Rpfl. 1953, S. 166 (167) ist § 157 StGB zur Schuldfrage zu rechnen, die auch insoweit nicht teilbar sei.

[59] LR-Gollwitzer § 263 Rdn. 10.

Weitgehend ungeklärt ist auch, was unter „besonderen Umständen, die die Strafbarkeit *ausschließen*" (§ 263 II StPO), zu verstehen ist. Hierher sollen – ohne daß dies im einzelnen begründet würde – in erster Linie die der gesamten Rechtsordnung zu entnehmenden Rechtfertigungsgründe gehören, neben §§ 32, 34 StGB also insbesondere auch § 127 I StPO und §§ 228, 904 BGB; zu diesen besonderen Umständen sollen auch zu rechnen sein die Schuldausschließungsgründe, insbesondere Schuldunfähigkeit im Sinne des § 20 StGB sowie entschuldigender Notstand, § 35 StGB[60]. Von § 263 II 1. Alt. StPO werden schließlich die persönlichen Strafausschließungsgründe wie Indemnität (§ 36 StGB), Angehörigenprivileg (§§ 173 III, 258 VI StGB) umfaßt. Auch die persönlichen Strafaufhebungsgründe wie Rücktritt (§ 24 StGB) und tätige Reue (§§ 310, 311 c III StGB) werden – ebenfalls ohne weitere Begründung – zu den besonderen „strafausschließenden" Umständen im Sinne des § 263 II 1. Alt. StPO gerechnet.[61]

Unabhängig davon, welche Merkmale im einzelnen zur Schuldfrage im Sinne des § 263 I, II StPO gerechnet werden, ist aber auch keineswege gesichert, ob alle diese „besonderen Umstände" (§ 263 II StPO) mit in die (Total-) Abstimmung über die eine Frage, ob sich der Angeklagte nach einer bestimmten Norm strafbar gemacht hat („Schuldfrage"), mit einzubeziehen sind oder ob über einzelne oder alle in § 263 II StPO erwähnten Umstände eine gesonderte Abstimmung erforderlich ist.[62]

So soll etwa nach Schäfer[63] eine gesonderte Abstimmung über die Strafaufhebungsgründe stets zwingend sein, da erst nach der bejahenden Abstimmung über die Entstehung des Strafausspruchs der Weg frei sei für die Frage, ob ein (ebenfalls zur Schuldfrage zu rechnender, § 263 II StPO) Aufhebungsgrund vorliege. Die Feststellung von im Strafgesetz besonders hervorgehobenen Umständen, die die Strafbarkeit erhöhen oder vermindern (§ 263 II 2. und 3. Alt. StPO), sei zwar ebenfalls erst erforderlich, wenn das Gericht beschlossen habe, „die Schuldfrage (den Grundtatbestand)"[64] zu bejahen; zulässig sei

---

[60] LR-Gollwitzer § 263 Rdn. 7; Kern/Roxin § 47 c III b S. 258; Kohlrausch § 263 Anm. 5; Eb. Schmidt II § 263 Rdn. 4; KMR-Paulus § 263 Rdn. 7; Kleinknecht § 263 Rdn. 2; KK-Hürxthal § 263 Rdn. 4.

[61] KK-Hürxthal § 263 Rdn. 4; Beling ZStW 42 (1921) S. 599 (614 Fn. 8); LR-Gollwitzer § 263 Rdn. 7; Kern/Roxin § 47 c III b S. 258. Hellweg S. 307 Fn. 25; Stenglein § 262 Anm. 3 a. E. u. § 295 Anm. 6; Dohna S. 83; Kohlrausch § 263 Anm. 5; Peters Lb. (3.) S. 461; Eb. Schmidt II § 263 Rdn. 4; KMR-Paulus § 263 Rdn. 7; Rosenfeld S. 96; v. Kries S. 453; Kleinknecht § 263 Rdn. 2.

[62] Vgl. Eb. Schmidt III § 194 Rdn. 15 f; § 295 RStPO ließ insoweit „Nebenfragen" zu; hierzu Schwarze § 295 Anm. 4 ff.

[63] LR-Schäfer § 194 GVG Rdn. 15; ebenso v. Kries S. 444; Binding S. 175; ders. Abh. II S. 141 (164); Oetker S. 208 ff.; mit zahlreichen Beispielen, der allerdings den Rücktritt nach § 46 StGB a.F. insoweit ausnimmt. Feisenberger § 194 Anm. 4 b; Stenglein § 295 Anm. 1 a. E. und Anm. 6 a. E.; Lucas-Dürr S. 233 f.; Wittern S. 24 ff.

[64] LR-Schäfer § 194 GVG Rdn. 16; ebenso Rosenfeld S. 98 (unter Hinweis auf die „Übersichtlichkeit"); Kleinknecht § 194 GVG Rdn. 1.

in diesen Fällen aber sowohl eine Gesamtabstimmung als auch eine Teilabstimmung. „Entscheidend ist der Gesichtspunkt der Zweckmäßigkeit.“[65]

Demgegenüber lehnt Eb. Schmidt[66] eine gesonderte Abstimmung über Strafaufhebungs- oder Strafausschließungsgründe ab; „Totalabstimmung dürfte hier das richtige sein ...“, da es für ein vom Mehrheitswillen getragenes Ergebnis belanglos sei, aus welchem Grunde der einzelne Richter das „Schuldig“ verneine. Die Unzulässigkeit einer gesonderten Abstimmung über Strafaufhebungsgründe folgt nach Heinemann[67] aus der „engen Beziehung zur Schuldfrage“; das vom Gesetzgeber „zwischen der verbrecherischen Tat und dem freiwilligen Rücktritt geschaffene enge Band muß auch bei der Abstimmung berücksichtigt werden.“ Hinsichtlich der besonderen die Strafbarkeit erhöhenden oder vermindernden Umstände im Sinne des § 263 II 2. und 3. Alt. StPO will Eb. Schmidt demgegenüber differenzieren: soweit es sich um Umstände handelt, die nicht zur Bildung eines bestimmten Tatbestandes verwendet wurden, die vielmehr nur eine (tatbestandlich abschließend umschriebene) Modifikation der Schuldfrage darstellen (wie etwa der Aussagennotstand, § 157 StGB), dürfe es sich „immer empfehlen“, zunächst über die „tatbestandsbezogene Schuldfrage“, dann über die Modifikation abzustimmen.[68] Soweit es sich dagegen um eine qualifizierende Abwandlung (z. B. Diebstahl mit Waffen, § 244 StGB) oder um ein den Grundtatbestand umfassendes Sonderdelikt (etwa Raub, § 249 StGB, im Verhältnis zu Diebstahl, § 242 StGB) handele, sei die einheitliche (Total-)Abstimmung über die Schuldfrage sofort auf den „Mehr- Tatbestand“ (also auf § 244 bzw. § 249 StGB) zu richten und erst wenn dieser verneint sei, eine neue Abstimmung über den Grundtatbestand (hier also § 242 StGB) zulässig, aber auch erforderlich.[69] Wieder anders soll bei Vorliegen eines Privilegierungstatbestandes abgestimmt werden: zunächst sei über den Grundtatbestand und sodann zwingend über die Privilegierung abzustimmen, da erst bei dessen Verneinung die Verurteilung aus dem Grundtatbestand feststehe.[70] Andere Autoren halten schließlich eine gesonderte Abstimmung über alle in § 263 II StPO genannten besonderen Umstände stets für erforderlich.[71]

---

[65] LR-Schäfer § 194 GVG Rdn. 16; ebenso Stenglein § 295 Anm. 6 und Lilienthal S. 53.

[66] Eb. Schmidt III § 194 Rdn. 21; ebenso Beling ZStW 42 (1921), S. 599 (614 Fn. 8); Bennecke/Beling S. 389; Rosenfeld S. 96; Henkel S. 254; KMR-Müller (6.) § 194 GVG Anm. 1 b, bb (3); Gerland S. 285; Haymann, FG für Stammler S. 395 (427).

[67] Heinemann ZStW 15 (1895), S. 1 (69 ff.) insbes. S. 75 f.

[68] Eb. Schmidt III § 194 Rdn. 20.

[69] Eb. Schmidt III § 194 Rdn. 18; wohl auch LR-Schäfer § 194 GVG Rdn. 10; ebenso Bennecke/Beling S. 390, 392; v. Kries S. 444 f.

[70] Eb. Schmidt III § 194 Rdn. 19; Oetker S. 125 ff.; Beling S. 250; umgekehrte Reihenfolge verlangen: Binding, Abh. II, S. 141 (146 f.) u. Oetker S. 175 für § 217 StGB.

[71] Insbesondere Feisenberger § 194 GVG Anm. 4 b; wohl auch Kleinknecht § 194 GVG Rdn. 1.

Bereits an dieser Stelle sei darauf hingewiesen, daß die unterschiedlichen Auffassungen über die Art der Fragestellung bzw. über Inhalt und Umfang „der Schuldfrage" oftmals ihren Grund in einer nicht abgeschlossenen dogmatischen Klärung der Funktionen der „besonderen Umstände" im Sinne des § 263 II StPO haben:[72] wer etwa den Rücktritt nach § 24 StGB auch de lege lata als Rechtsfolgenbestimmung ansieht,[73] wird ihn schwerlich in die Abstimmung über die Schuldfrage mit einbeziehen können, muß über diesen Umstand vielmehr im Zusammenhang mit den Rechtsfolgen der Tat abstimmen; wer (umgekehrt) davon ausgeht, daß mit der freiwilligen Aufgabe der Tatausführung die Handlung den Charakter des Versuchs verliere,[74] muß, soweit er dem Grundsatz der Totalabstimmung folgt, die Strafaufhebungsgründe notwendigerweise mit in die einheitliche Schuldfrage einbeziehen.[75] Werden objektive Bedingungen der Strafbarkeit als strafbegründende Tatumstände angesehen, auf die sich lediglich der Vorsatz des Täters nicht zu beziehen braucht,[76] so werden diese dann zu den materiellen Voraussetzungen der Strafbarkeit gehörenden Umstände nicht von der Schuldfrage im Sinne des § 263 I StPO getrennt werden können. Das Problem, ob über die Qualifizierungs- bzw. Privilegierungstatbestände oder über die „besonderen Umstände" im Sinne des § 263 II StPO überhaupt getrennt abgestimmt werden darf, kann schließlich nicht losgelöst von dem Problem der Reihenfolge der Fragen und (insbesondere) der „Bindungswirkung" hinsichtlich vorangegangener Fragen (§ 195 GVG) gesehen werden. Auf diese Zusammenhänge wird bei der Entwicklung der eigenen Lösung ausführlicher einzugehen sein.

ee) Konkurrenzen und Wahlfeststellung

Weniger umstritten ist die Konstellation, in der zwar ein Abhängigkeitsverhältnis der oben erörterten Art (Qualifizierung/Privilegierung) zwischen den verschiedenen in Betracht kommenden Deliktstatbeständen nicht besteht, gleichwohl aber unklar ist, welchen von mehreren Tatbeständen der Angeklagte verwirklicht hat. Insoweit ist nämlich zunächst völlig unbestritten, daß über die verschiedenen materiell-strafrechtlichen „Schuldspruchmöglichkeiten" (Tatbestände) stets gesondert abzustimmen ist,[77, 78] da Schuldspruch und

[72] So wohl auch Eb. Schmidt III § 194 Rdn. 8 u. 15.

[73] So Burkhardt insbes. S. 116 ff.; wohl auch Wittern S. 14 ff., und von Bar KVJR 1868, S. 467 (489 f.). Zum Grundgedanken des § 24 StGB vgl. die Nachweise bei Wessels AT § 14 IV 1 S. 140 f.; Lackner § 24 Rdn. 1.

[74] Vgl. die Nachweise bei Heinemann ZStW 15 (1895), S. 1 (72 f.); Geyer S. 750 Fn. 1; sowie in RGSt 16, 347 ff.

[75] Vgl. Wittern S. 13, Oetker S. 208.

[76] So etwa Wessels AT § 5 IV 1 S. 40 m.w.N. und Stratenwerth Rdn. 196 f. S. 78 f.; Schlüchter Rdn. 582 S. 625.

[77] KMR-Müller (6.) § 194 GVG Anm. 1 b, bb (2); KMR-Paulus § 263 Rdn. 9; LR-Schäfer § 194 GVG Rdn. 9; LR-Gollwitzer § 263 Rdn. 5; Gössel S. 277; Dohna S. 82; Eb. Schmidt § 263 Rdn. 12; Beling S. 248; Gerland S. 284; Koeniger S. 433.

damit auch Schuldfrage sich immer auf einzelne, bestimmte Delikte beziehen müssen. Bei einer Trunkenheitsfahrt mit tödlichem Unfall eines Passanten und anschließender Unfallflucht ist daher für jedes der in Betracht kommenden Delikte (§§ 315 c, 212, 222, 226, 323 a, 142 I StGB) eine gesonderte Schuldfrage zu stellen. So gut wie überhaupt nicht erörtert ist allerdings die Problematik, ob hinsichtlich der verschiedenen möglichen Konkurrenzen eine gesonderte Frage zu stellen ist, oder ob das Konkurrenzverhältnis mit in die Schuldfrage selbst aufzunehmen ist, etwa durch den Zusatz „... durch dieselbe Handlung ...", soweit Tateinheit in Betracht kommt.[79] Ob es sich hierbei überhaupt um ein zur Schuldfrage zu rechnendes Merkmal handelt, dürfte allerdings fraglich sein. Auch soweit man aber diesen Umstand mit in die Abstimmung über die Schuldfrage einbezieht, ändert sich nichts an dem Grundsatz, daß über jeden Deliktstatbestand eine getrennte (Total-)Abstimmung erforderlich ist.

Umstritten ist hingegen, wie die Frage bei einer möglichen „Wahlfeststellung" zu fassen ist.[80] Für die Abstimmungsmethode und den Inhalt der zu stellenden Fragen wird dabei überwiegend von folgenden Grundsätzen ausgegangen[81]: handelt es sich um mehrere in demselben Tatbestand alternativ zur Verfügung gestellte (gleichartige) Begehungsformen (z. B. § 123 StGB: „Wohnung" oder „befriedetes Besitztum"), so ist nur *eine* auf die „tatbestandsmäßige Schuld" gerichtete Abstimmung erforderlich.[82] Entsprechend soll auch dann nur einmal abgestimmt werden, wenn der gesetzliche Tatbestand neben einzelnen, nur beispielhaft genannten Merkmalen einen Oberbegriff enthält, wie dies etwa bei der „gefährlichen Körperverletzung", § 223 a StGB, der Fall ist, wo in der ersten Alternative das „gefährliche Werkzeug" den Oberbegriff bildet, „Waffe" und „Messer" nur Beispiele hierfür sind. Insbesondere in Fällen, in denen Ausführungsmodalitäten, Tatmittel oder Tatobjekte durch ein „oder" alternativ in einen Tatbestand zusammengefaßt sind, ist danach eine von vornherein allein auf die Verwirklichung des Tatbestands gerichtete Schuldfrage ausreichend.[83] Kommt demgegenüber Wahlfeststellung zwischen verschiedenen, psychologisch und rechtsethisch vergleichbaren (gleichwertigen) oder in ihrem Unrechtskern identischen Delikten in Betracht,[84] so muß

[78] Zur Reihenfolge der Fragen in einem solchen Fall Eb. Schmidt III § 194 Rdn. 22; KMR-Müller (6.) § 194 GVG Anm. 1 b, bb (1); Beling S. 248; Gerland S. 285.

[79] Hierzu Stenglein § 293 Anm. 13 f.; ähnlich wohl KMR-Paulus § 263 Rdn. 7 und Beling S. 248 f.; vgl. auch RGSt 4, 287 (289 f.); kritisch Hücking GA 34 (1886) S. 216 (230 ff.).

[80] Zur alternativen Fragestellung vgl. insbesondere Rubo GA 14 (1866), S. 377 ff.; Tippelskirch GA 15 (1867) S. 449 ff. und S. 505 ff. sowie Ostern S. 34 ff.

[81] Ausf. hierzu Eb. Schmidt III § 194 Rdn. 23 f.

[82] Eb. Schmidt III § 194 Rdn. 23; Hellweg S. 321 Fn. 13; Stenglein § 292 Anm. 1 m. ausf. Nachw. zur Rspr.; Geyer S. 748 f.; Lilienthal S. 54 f.; vgl. auch RGJW 1903, S. 134; RGR 3, 93 ff.; RGR 4, 86 (88); RGSt 12, 347 (351 f.); RGSt 36, 18 ff.

[83] Alternative Fragestellung bei Rücktritt hält für zulässig Wittern S. 37 ff.

zuerst über jede der beiden Schuldspruchmöglichkeiten getrennt abgestimmt werden; erst wenn sich weder für die eine noch für die andere Schuldfrage eine ausreichende Mehrheit ergeben hat, kann über die Möglichkeit der Wahlfeststellung abgestimmt werden.[85] Nur soweit sich daher weder für eine Verurteilung wegen Diebstahls (§ 242 StGB) noch für eine Verurteilung wegen Hehlerei (§ 259 StGB) die jeweils erforderliche Zweidrittelmehrheit (§ 263 I StPO) findet, kommt eine wahlweise Verurteilung wegen beider Delikte in Betracht. Bejahen hier aber drei Richter nur Diebstahl unter ausdrücklicher Verneinung von Hehlerei, während der vierte für Wahlfeststellung, der fünfte Richter aber für Freispruch stimmt, so ist der Angeklagte freizusprechen; nicht ausreichend ist nämlich, daß vier Richter den Betroffenen „irgendwie" als schuldig ansehen, erforderlich zur Bejahung der Schuldfrage ist vielmehr, daß sich gerade für die wahldeutige Verurteilung eine gesetzliche Mehrheit findet.[86, 87] Welchen Inhalt in einem solchen Fall allerdings die vom Vorsitzenden zu stellende Frage genau haben muß, insbesondere, ob sie sogleich auf die Alternative gerichtet werden darf, ist bisher kaum erörtert worden.

2. Fragestellung hinsichtlich der Rechtsfolgen der Tat

Von der Schuldfrage abstimmungsmäßig zu trennen ist die Frage nach den „Rechtsfolgen der Tat". Daß über „Schuldfrage" und „Rechtsfolgenfrage"[88] gesondert abzustimmen ist, ist heute völlig unbestritten[89] und ergibt sich im wesentlichen aus folgenden Erwägungen: Bereits der Wortlaut des § 263 I StPO legt eine Trennung der Entscheidung über die „Schuldfrage" und über die „Rechtsfolgen der Tat" nahe; nach § 196 III GVG erfolgt zudem die Stimmenzählung „von der Schuldfrage abgesehen", insbesondere also bei Bemessung der Strafhöhe, nach dem Grundsatz, daß die Entscheidung des einzelnen Richters für das Mehr auch das Weniger mit einschließt.[90] Außerdem kann das

---

84 Zur Voraussetzung der Wahlfeststellung vgl. Hruschka JZ 1970, 637 ff.; KK-Hürxthal § 261 Rdn. 67 ff.

85 Vgl. einen solchen Fall bei OLG Hamm JMBl NRW 1964, S. 7; Peters S. 465; KMR-Müller (6.) § 194 GVG Anm. 1 b, bb (2); KK-Hürxthal § 263 Rdn. 3 a. E.

86 OLG Hamm JMBl NRW 1964, S. 7; LR-Schäfer § 194 GVG Rdn. 11; KMR-Paulus § 263 Rdn. 9.

87 Auch in einem solchen Fall dürfte die Frage alternativ zu fassen sein.

88 Der häufig synonym verwendete Begriff „Straffrage" ist deswegen nicht ganz zutreffend, weil zu den „Rechtsfolgen der Tat" (§ 263 I StPO) außer der (Haupt-) Strafe auch Nebenstrafen, Nebenfolgen und Maßregeln der Besserung und Sicherung zu rechnen sind (vgl. Überschrift über §§ 38 ff. StGB); vgl. LR-Gollwitzer § 263 Rdn. 11; KMR-Paulus § 263 Rdn. 10; Eb. Schmidt II § 263 Rdn. 8 ff.

89 Nachweise zur früher vereinzelt vertretenen Gegenansicht bei Heinemann ZStW 15 (1895) S. 217 Fn. 1.

90 Daß diese Art der Ermittlung von Abstimmungsergebnissen bei der Schuldfrage absolut ausgeschlossen ist, ist unstreitig; vgl. KMR-Müller (6.), § 196 GVG Anm. 3a; LR-Schäfer § 196 GVG Rdn. 5; Peters Lb. S. 487; Dohna S. 83; Henkel S. 254 Fn.9; a. A. allein: Binding, Abh. II, S. 141 (160, 162 Fn. 42 a.E).

Gericht bestimmte Entscheidungen, die sich auf die Straf-(rest-)aussetzung zur Bewährung oder die Verwarnung mit Strafvorbehalt beziehen (vgl. § 453 StPO), auch nachträglich treffen. Schließlich ist darauf hinzuweisen, daß Strafrechtsnormen (mehr oder weniger präzise) „Konditionalprogramme" darstellen, während die Rechtssätze, die die Bemessung der Strafe betreffen (insbesondere § 46 StGB), vom Gesetzgeber meist als „Zweckprogramme" ausgestaltet sind,[91] die dem Richter einen wesentlich größeren Ermessensspielraum zugestehen.

Nur wenig untersucht ist die Abstimmungsmethode und die Art der Fragestellung hinsichtlich der „Rechtsfolgen der Tat".[92] Die Ausführungen beziehen sich fast durchweg nur auf die „Straffrage" (i.e.S.), d. h. die Feststellung der Hauptstrafe. Auch hier ist noch nicht abschließend geklärt, ob über die Bemessung der Strafe ungeteilt, im ganzen abzustimmen ist oder ob hier mehrere Abstimmungen zulässig und erforderlich sind. Nach Heinemann[93] „ist an die einzelnen Richter schlechtweg die Frage zu richten, welche Strafe sie für angemessen erachten, nicht aber ist zunächst das Vorliegen mildernder Umstände" oder anderer einfacher Strafzumessungsgründe – wie „minder schwerer" oder „besonders schwerer Fall" – und „sodann die Größe der Strafe zur Feststellung zu bringen". Der früher insbesondere von Zachariae[94] vertretene (extreme) gegenteilige Standpunkt, daß nicht nur über die „Strafschärfungs- und Strafmilderungsgründe", sondern auch über die „einzelnen Strafzumessungsgründe" getrennt abgestimmt werden müsse, wird heute nicht mehr vertreten. Gleichwohl wird auch heute ganz überwiegend eine mehrfache Abstimmung gefordert. Die herrschende Meinung geht dabei von folgenden Grundsätzen aus[95]: Zunächst sei über den anzuwendenden Strafrahmen zu entscheiden.[96] Abzustimmen sei daher – soweit nach Lage des Falles in Betracht kommend – zuerst über die Frage, ob Jugendstrafrecht oder Erwachsenenstrafrecht anzuwenden sei[97], ob ein den Strafrahmen änderndes Regelbeispiel (z. B. § 243 StGB) vorliege. Ebenfalls gesonderter Abstimmung bedürfe die Frage, ob ein „besonders schwerer Fall" bzw. ein „minder schwerer Fall" gegeben sei, wobei die Gründe, warum sich der einzelne Richter dafür oder dagegen ausspricht, für das Abstimmungsergebnis ohne Bedeutung seien.[98]

---

[91] Hierzu Burkhardt S. 145 ff.; Hassemer ZStW 90 (1978) S. 64 (84 ff.); ähnlich schon Heinemann ZStW 15 (1895) S. 217 (218 f.).

[92] Beispiel für die Unterbringung nach § 63 StGB bei Peters Lb. (3.) S. 463 f.

[93] ZStW 15 (1895) S. 217 (221 ff.); ebenso Gerland S. 285.

[94] Hdb. S. 474 f. Fn. 5.

[95] Ausf. Eb. Schmidt III § 194 Rdn. 25 ff.

[96] LR-Gollwitzer § 263 Rdn. 11; KMR-Paulus § 263 Rdn. 11; v. Kries S. 448; Rosenfeld S. 98; KK-Hürxthal § 263 Rdn. 7.

[97] Brunner § 105 Rdn. 27; Eisenberg § 105 Rdn. 45; LR-Gollwitzer § 263 Rdn. 11.

[98] KMR-Müller (6.) § 194 GVG Anm. 1b, cc (1); Gössel S. 278; Koeniger S. 436 f.

Sei auf diese Weise der anzuwendende Strafrahmen gefunden, müsse anschließend – soweit das Gesetz mehrere Strafarten zur Verfügung stellt – zunächst ermittelt werden, welche Hauptstrafart die maßgebende sein solle.[99] Finde sich für die Verhängung einer Freiheitsstrafe keine Zweidrittelmehrheit, so sei über die Geldstrafe abzustimmen und zwar zunächst über die Zahl der Tagessätze, von denen die Ersatzfreiheitsstrafe (§ 43 StGB) abhängt, und erst dann über die Höhe eines Tagessatzes.[100] Habe sich die erforderliche Mehrheit für die Verhängung einer Freiheitsstrafe ausgesprochen, so sei anschließend die Höhe der zu verhängenden Strafe nach § 196 III GVG zu ermitteln, bevor über die Strafaussetzung zur Bewährung (§§ 56 ff. StGB) entschieden werde. Gesonderte Abstimmung wird schließlich gefordert für Anrechnung der Untersuchungshaft (§ 51 StGB), Absehen von Strafe (§ 60 StGB), Straffreierklärung (§§ 199, 233 StGB), Nebenstrafe (§ 44 StGB), Nebenfolge (§ 45 StGB) sowie über die im Einzelfall in Betracht kommende Maßregel der Besserung und Sicherung (§§ 61 ff. StGB).[101] Dieselben Grundsätze sollen auch im Jugendgerichtsverfahren zur Anwendung kommen.[102] Über die Anordnung von Erziehungsmaßregeln (§§ 9 ff. JGG), die Notwendigkeit eines Zuchtmittels (§§ 13 ff. JGG) sowie schließlich über die Verhängung von Jugendstrafe (§§ 17 ff. JGG)[103] erfolgen danach ebenfalls gesonderte Abstimmungen.

Selbstverständlich ist, daß, wenn mehrere real konkurrierende Delikte bejaht worden sind, ebenso wie über die Schuld-, so auch über die Straffrage hinsichtlich jedes einzelnen eine besondere Abstimmung stattfinden, und, nachdem die jeweiligen Einzelstrafen festgestellt sind, die Gesamtstrafe (§ 54 StGB) gebildet werden muß.[104]

Zusammenfassend läßt sich daher feststellen, daß die Literatur in erster Linie gesonderte Abstimmungen über Strafaussetzung, Nebenstrafen, Maßregeln etc. verlangt. Mit dieser Aufzählung ist freilich zunächst nicht mehr zum Ausdruck gebracht, als daß über die verschiedenen vom Gesetzgeber zur Verfügung gestellten und im Einzelfall in Betracht kommenden Rechtsfolgen der Tat jeweils getrennte Fragestellung und Abstimmung erforderlich ist – angesichts der Verschiedenartigkeit der möglichen Rechtsfolgen eine Selbstverständlichkeit. Über die Methode der Fragestellung hinsichtlich jeder ein-

---

99 LR-Schäfer § 196 GVG Rdn. 5; Eb. Schmidt III § 194 Rdn. 26; KMR-Müller (6.) § 194 GVG Anm. 1b, cc (2) und § 196 GVG Anm. 3b; Koeniger S. 433 f.

100 LR-Schäfer § 196 GVG Rdn. 5; Kissel § 196 Rdn. 5.

101 KMR-Paulus § 263 Rdn. 10; Eb. Schmidt II § 263 Rdn. 9; ders. III § 194 Rdn. 27; LR-Gollwitzer § 263 Rdn. 11; Schlüchter Rdn. 582 a. E. S. 625; Peters Lb. S. 486 f.; Kleinknecht § 263 Rdn. 3; Koeniger S. 436 f.; Feisenberger § 263 Anm. 2.

102 Peters Lb S. 486 f.; Eisenberg § 105 Rdn. 45; Brunner § 105 Rdn. 27; Dallinger/Lackner § 105 Rdn. 48 f. jeweils m.w.N.

103 Eb. Schmidt II § 263 Rdn. 9 a. E.

104 Heinemann ZStW 15 (1895) S. 217 (224 Fn. 13); ebenso Beling S. 251 f.

zelnen Rechtsfolge ist damit allerdings noch nichts ausgesagt, der Inhalt der jeweils in Betracht kommenden Fragen noch keineswegs näher umschrieben. Insbesondere finden sich so gut wie keine Anhaltspunkte[105] dafür, ob etwa über die Voraussetzungen des § 243 Abs. 1 Nr. 4 StGB (Diebstahl aus einer Kirche; Sache, die dem Gottesdienst gewidmet ist; fehlende Geringwertigkeit der Sache – § 243 Abs. 2 StGB) getrennt abzustimmen ist (Abstimmung nach Elementen) oder ob auch insoweit „Totalabstimmung" erforderlich ist, d. h. über die Voraussetzungen im ganzen ungeteilt abzustimmen ist. Eine gewisse Ausnahme bildet in diesem Zusammenhang lediglich die Abstimmungsmethode zur Ermittlung der Hauptstrafe: bei mehreren möglichen Strafarten soll vorweg und mit bindender Wirkung (?) darüber abzustimmen sein, ob Freiheitsstrafe oder Geldstrafe zu verhängen sei, bevor die Strafhöhe bestimmt werde. Beide Elemente der (Haupt-)Strafe sollen also durch getrennte Abstimmung ermittelt werden; ob eine solche Trennung überhaupt erforderlich ist, wird allerdings noch zu untersuchen sein. Auffallend ist jedenfalls, daß (im übrigen) für die Rechtsfolgenfrage eine Abstimmung nach Elementen auch von den Verfechtern der sog. „Gründeabstimmung" nicht verlangt wird. Daß die „Gründeabstimmung" (d. h. die Abstimmung nach den einzelnen Elementen in der hier zugrunde gelegten Terminologie) durchweg – und nicht nur bei der Schuldfrage – unzulässig ist, hat soweit ersichtlich allein Beling[106] ausdrücklich betont und auch für die verschiedenen Abstimmungsgänge über die Rechtsfolgen der Tat jeweils „Totalabstimmung" gefordert.

Insgesamt läßt sich danach den Ausführungen zur Abstimmung über die „Straffrage" und die übrigen Rechtsfolgen der Tat – anders als für die Schuldfrage – ein einheitlicher Grundsatz der „Totalabstimmung" jedenfalls nicht entnehmen.

3. Abstimmung über Verfahrenshindernisse

Die bisherigen Ausführungen bezogen sich allein auf Fragestellung und Abstimmung beim Sachurteil, insbesondere auf die im Vordergrund der Erörterung stehende Schuldfrage. In der Literatur ebenfalls ausführlicher erörtert ist die Abstimmungsmethode für die Fälle, in denen ein Prozeßurteil in Betracht kommt, weil einzelne oder mehrere Verfahrensvoraussetzungen streitig sind.

Mit Nachdruck fordert Eb. Schmidt,[107] daß, wenn zweifelhaft sei, ob der Weg zu einem Sachurteil überhaupt offenstehe, die vom Vorsitzenden zu stellende Frage „ganz allgemein" dahin zu gehen habe, ob das Verfahren einzustellen ist, ob in der Sache überhaupt entschieden werden kann, bzw. „ob Ein-

---

105 Anders wohl nur Beling S. 251; ähnlich für § 63 StGB Peters Lb (3.) S. 463 f.

106 Beling S. 246 Fn. 1 und Beispiele S. 251.

107 Eb. Schmidt III § 194 Rdn. 14.

stellungsentscheidung ergehen soll".[108] Danach ist folgender Fall denkbar:[109] Je ein Richter des Schöffengerichts nimmt bereits rechtskräftige Aburteilung (res judicata), Verjährung und Fehlen des Strafantrages an; jeder lehnt aber das von den anderen angenommene Prozeßhindernis ab. Die eben zitierten Autoren argumentieren nun wie folgt: Werde hier über jede Verfahrensvoraussetzung einzeln abgestimmt, so müsse die einzelne Prozeßvoraussetzung jeweils angenommen werden, so daß nur noch ein Sachurteil möglich sei. Dies stehe aber im Widerspruch zum Entscheidungswillen des Kollegiums, der auf Einstellung des Verfahrens gehe. Über das Vorliegen der jeweils in Betracht kommenden Verfahrenshindernisse getrennt abzustimmen sei insbesondere auch deshalb unzulässig, weil dies eine – im Strafverfahren stets unzulässige – „Abstimmung nach Gründen" darstelle.[110] Daher sei über alle Urteilsvoraussetzungen „in toto" abzustimmen,[111] eine „Totalabstimmung über alle Verfahrenshindernisse insgesamt" erforderlich.[112]

Bereits an dieser Stelle ist hierzu anzumerken, daß die Begriffe „Abstimmung nach Gründen" und „Totalabstimmung" in diesem Zusammenhang von der Literatur in einem anderen, umfassenderen Sinne gebraucht werden als bei der Abstimmung über die Schuldfrage: nicht mehr die einheitliche Abstimmung über sämtliche Voraussetzungen einer Rechtsnorm (etwa: ob ein Strafantrag nach § 194 StGB vorliegt, ob gemäß § 78 StGB Verfolgungsverjährung eingetreten oder ob die Gerichtsstandsvoraussetzungen nach §§ 7 ff. StPO gegeben sind), sondern das sich aus verschiedenen, möglicherweise einschlägigen Rechtsnormen ergebende *Ergebnis,* der Entscheidungs*tenor* („Einstellung", durch Beschluß nach § 206 a StPO oder durch Urteil nach § 260 III StPO) ist Gegenstand der Fragestellung. Daß sich hinter der einheitlichen Terminologie durchaus etwas Unterschiedliches verbirgt, wird deutlich, wenn man sich vor Augen hält, daß sich die „Totalabstimmung" bei der Schuldfrage stets auf die (rechtswidrige und schuldhafte) Verletzung einer bestimmten Rechtsnorm beziehen muß; entsprechend müßte hier „Totalabstimmung" darüber stattfinden, ob aufgrund einer bestimmten Rechtsnorm einzustellen ist, ob eine einzelne konkrete Norm eine Sachentscheidung verbietet.[113] Geht die Frage aber ganz allgemein dahin, ob einzustellen ist, so handelt es sich um eine von einer bestimmten Rechtsnorm gelöste „Tenorabstimmung".[114] Ob

---

108 Ebenso: Peters Lb. S. 490; Rosenfeld S. 98; Bennecke/Beling S. 389; Beling S. 247; Gerland S. 285; v. Kries S. 449 (der aber eine Ausnahme für die Frage der Zuständigkeit machen will, da sich diese nicht mit anderen Einstellungsgründen vereinigen lasse); neuestens auch Schlüchter Rdn. 582 S. 624.

109 Beispiel nach Peters Lb. S. 490 und Schlüchter Rdn. 582 S. 624.

110 Eb. Schmidt III § 194 Rdn. 14; Beling S. 247.

111 Rosenfeld S. 98.

112 Schlüchter Rdn. 582 S. 624; Eb. Schmidt III § 194 Rdn. 14; Peters Lb. S. 490.

113 So wohl auch v. Hippel S. 357 Fn. 1. §§ 206 a, 260 III StPO regeln nur die Entscheidungsform, enthalten aber keine Aussage darüber, wann und unter welchen Voraussetzungen ein Verfahrenshindernis vorliegt.

diese Abstimmungsmethode generell oder jedenfalls bei der Abstimmung über Prozeßvoraussetzungen zulässig ist, wird weiter unten noch ausführlich zu erörtern sein. Hier soll nur schon auf einige praktische Schwierigkeiten hingewiesen werden, die von den Vertretern der „Tenorabstimmung" nicht hinreichend gewürdigt werden. Über das jeweils in Betracht kommende Prozeßhindernis ist – unbestritten – in jeder Lage des Verfahrens zu entscheiden, d. h. sobald sein Bestehen in Frage steht. Das Zusammentreffen mehrerer möglicher Verfahrenshindernisse ist daher rein zufällig und kann die Art der Fragestellung keineswegs beeinflussen.[115] Völlig ungeklärt ist auch, wie zu verfahren ist, wenn etwa zu Beginn der Hauptverhandlung die Frage der Verjährung verneint wurde, in einem späteren Verfahrensabschnitt die Frage auftaucht, ob ein wirksamer Strafantrag vorliegt: darf hier der bei der Abstimmung über die Verjährung in der Minderheit gebliebene Richter für die Einstellung stimmen, obwohl er davon ausgeht, daß dem Antragserfordernis genügt ist? Die Ausführungen der Vertreter der „Tenorabstimmung" über die Prozeßvoraussetzungen erscheinen auch in einem anderen Punkte widersprüchlich. Im Zusammenhang mit der richtigen Reihenfolge der Fragestellung finden sich durchweg folgende Ausführungen: „Die Frage nach dem Gegebensein eines Strafantrages" (!)[116] im Falle einer leichten Körperverletzung (§ 223 StGB) sei erst zu stellen, wenn sich eine Mehrheit für schwere Körperverletzung (§ 224 StGB) nicht gefunden habe. Die richtige Reihenfolge der Abstimmung sei: „Offizialdelikt? wenn nein: *Strafantrag?* wenn ja: Antragsdelikt?".[117]

Die „Tenorabstimmung" über sämtliche Prozeßvoraussetzungen ist seit jeher Gegenstand heftiger Kritik gewesen.[118] Weil das Gesetz ein eigenes Institut der Unzulässigkeit des Verfahrens nicht kenne, sondern nur je einzelne „Gründe", die der weiteren Durchführung des Verfahrens entgegenstünden,[119] jede einzelne Prozeßvoraussetzung völlig selbständig sei,[120] müsse über das (Nicht-)Vorliegen jedes fraglichen Verfahrenshindernisses einzeln abgestimmt werden.[121] Die Frage des Bestehens einer Prozeßvoraussetzung

---

[114] Inkonsequent daher wohl Beling, der sonst für alle in Betracht kommenden Abstimmungsgänge „Totalabstimmung" verlangt; vgl. Beling S. 246; wie hier wohl auch KMR-Müller (6.) § 194 GVG Anm. 1 b.

[115] KMR-Müller (6.) § 194 GVG Anm. 1 b.

[116] Eb. Schmidt III § 194 Rdn. 8.

[117] Eb. Schmidt III § 194 Rdn. 8; Beling (S. 250) will nach Verneinung des Offizialdelikts die Frage folgen lassen, „ob Einstellungsurteil" zu erlassen sei; das von ihm in Fn. 2 angeführte Beispiel bezieht sich allerdings nur auf den „Strafantrag".

[118] Heinemann ZStW 15 (1895), S. 217 (231 ff.); KMR-Müller (6.) § 194 GVG Anm. 1 b.

[119] Gössel S. 277.

[120] KMR-Müller (6.) § 194 GVG Anm. 1 b; Heinemann ZStW 15 (1895), S. 217 (233).

[121] Gössel S. 277.

sei eine selbständige Entscheidung.[122] Daher sei hier „Abstimmung nach Gründen" unbedingt geboten.[123] Schließlich wird noch darauf hingewiesen, daß das Einstellungsurteil nicht begründet werden könne, wenn die „Totalabstimmung" über die Frage, ob das Verfahren einzustellen sei, zwar von dem Kollegium einstimmig bejaht werde, jeder Richter aber aus einem anderen Grunde dafür stimme.[124] Auch wenn dies für den Angeklagten die ungünstigere Abstimmungsmethode sei, sei daher über jede einzelne Urteilsvoraussetzung getrennt abzustimmen. Daraus folgt, nach Ansicht der zuletzt zitierten Autoren, daß etwa das Vorliegen des erforderlichen Strafantrages durch gesonderte Abstimmung festzustellen ist, auch wenn (zufällig) gleichzeitig eine Einstellung wegen Verjährung in Betracht zu ziehen ist. „Über die einzelnen das Antragserfordernis betreffenden Tatsachen, d. h. darüber, ob der Antrag von dem dazu Berechtigten, ob er innerhalb der gesetzlichen Frist und vor der zuständigen Behörde gestellt ist, darf *natürlich* nicht getrennt abgestimmt werden. ... darf auch eine eigene Frage darüber, ob die gesetzlich zulässige Zurücknahme des Strafantrags erfolgt ist, nicht gestellt werden".[125] Für die Fragestellung hinsichtlich der Prozeßvoraussetzungen wird daher insoweit „Totalabstimmung" verlangt, da diejenigen Autoren, die über jedes Verfahrenshindernis gesondert abstimmen wollen, jedenfalls alle Voraussetzungen der jeweiligen Norm mit in die Frage einbeziehen wollen. Ebenso wie bei der Rechtsfolgenfrage wird eine „Abstimmung nach Elementen" hier überhaupt nicht in Betracht gezogen, auch wenn dies aufgrund der gewählten Terminologie den Anschein haben mag.

Bei der Abstimmung über Verfahrenshindernisse stehen sich also zusammenfassend Total- und Tenorabstimmung gegenüber, nicht Totalabstimmung und Abstimmung nach Elementen; über einzelne Merkmale der Verfahrensnorm wird nicht getrennt abgestimmt.

4. Fragestellung in sonstigen Fällen

Im Rahmen der Darstellung der Abstimmungsgrundsätze bei erstinstanzlichen Entscheidungen ist abschließend auf die von der h. M. vorgeschlagene Art der Fragestellung hinsichtlich weiterer Beschlüsse des Kollegiums einzugehen. Ausführungen zur Abstimmungsmethode in diesem Zusammenhang sind nur sehr spärlich vorhanden.[126] Zumeist beschränken sie sich auf den bloßen Hinweis, daß (mit einfacher Stimmenmehrheit, § 196 I GVG) über die

---

122 KMR-Müller (6.) § 194 GVG Anm. 1 b.

123 Heinemann ZStW 15 (1895), S. 217 (233); zur Terminologie in diesem Zusammenhang s. oben Teil 2, A III 3.

124 LR-Schäfer § 194 GVG Rdn. 4 a. E.

125 Heinemann ZStW 15 (1895), S. 217 (236) Fn. 18.

126 v. Kries S. 449 f.; Binding Abh. II S. 141 (150 ff.); Heinemann ZStW 15 (1895), S. 217 (237 ff.).

Kosten einschließlich der notwendigen Auslagen (§§ 464 ff. StPO) und über die Entschädigung für unschuldig erlittene Strafverfolgungsmaßnahmen zu entscheiden sei.[127]

Darüber hinaus müssen aber im Zwischen- und im Hauptverfahren von dem Kollegium (außerhalb der Hauptverhandlung ohne die Laienrichter) eine Reihe von Beschlüssen erlassen werden, etwa über die Eröffnung des Hauptverfahrens, den Ausschluß der Öffentlichkeit, die Ablehnung eines Richters, die Vereidigung eines Zeugen, die Verlesung einer Urkunde, die Ablehnung eines Beweisantrages etc. Die Art der Fragestellung für die nach Lage des Falles in Betracht kommende Entscheidung ist nur von Heinemann,[128] Binding[129] und von Kries[130] ausführlicher erörtert worden. Die dort vorgeschlagenen Abstimmungsmethoden sollen im folgenden kurz dargestellt werden, um zu ermitteln, ob sich insoweit ein einheitlicher Grundsatz finden läßt.

Bei dem Eröffnungsbeschluß ist ungeteilt darüber abzustimmen, ob die Eröffnung des Hauptverfahrens und unter welchem rechtlichen Gesichtspunkt sie erfolgen soll, nicht aber etwa über die einzelnen „Tatbestandsmerkmale" gesondert.[131] Hinsichtlich der Schuldfrage sollen dieselben Grundsätze gelten wie bei Beratung und Abstimmung am Schluß der Hauptverhandlung.[132] Daß für die Eröffnung des Hauptverfahrens ein „hinreichender" Verdacht genüge (§ 203 StPO), habe jedes Kollegiumsmitglied bei seiner Stimmabgabe zu berücksichtigen.[133] Getrennte Abstimmung sei aber auch hier insoweit erforderlich, als das (Nicht-)Vorliegen einer Prozeßvoraussetzung zweifelhaft sei.[134] Hinsichtlich der Fragestellung beim Eröffnungsbeschluß kann daher auf die obigen Ausführungen verwiesen werden.

In den übrigen Fällen, in denen das Gericht durch Beschluß zu entscheiden habe, seien Zweifel über die hierbei anzuwendende Abstimmungsmethode nicht möglich, da die Endfrage, über die das Gericht beschließen solle (z. B. Vereidigung eines Zeugen), stets ungeteilt zur Abstimmung gestellt werden müsse.[135] Bei der Entscheidung über den Erlaß eines Haftbefehls werde daher nicht über die einzelnen Voraussetzungen des Haftbefehls (dringender Tatverdacht; Haftgrund; Verhältnismäßigkeit) abgestimmt, sondern nur über den Erlaß des Haftbefehls selbst, da eine weitere Aufteilung nicht inhaltlich selb-

---

[127] So LR-Gollwitzer § 263 Rdn. 16; KMR-Paulus § 263 Rdn. 3; Eb. Schmidt II § 263 Rdn. 14; Rosenfeld S. 98; Gössel S. 278; Koeniger S. 435.

[128] ZStW 15 (1895), S. 217 (237 ff.).

[129] Abh. II S. 141 (150 ff.).

[130] S. 449 f.

[131] v. Kries S. 449 f.; Heinemann ZStW 15 (1895), S. 217 (238 f.).

[132] v. Kries S. 450; Heinemann ZStW 15 (1895), S. 217 (238).

[133] v. Kries S. 450.

[134] Heinemann ZStW 15 (1895), S. 217 (238 f.).

[135] Heinemann ZStW 15 (1895), S. 217 (239).

ständige Entscheidungen zur Abstimmung stellen würde.[136] Bei der Verhaftung reiche es daher aus, wenn ein Kollegiumsmitglied Fluchtgefahr, ein anderes Verdunkelungsgefahr annehme, selbst wenn der Dritte sich gegen die Verhaftung ausspreche.[137] Ebenso sei auch ungetrennt darüber abzustimmen, ob ein Zeuge vereidigt werden solle; wolle daher nur einer von drei Richtern den Zeugen vereidigen, während die anderen beiden sich dagegen aussprächen, der eine wegen mangelnder Verstandesreife (§ 60 Nr. 1 StPO), der andere wegen Teilnahmeverdacht (§ 60 Nr. 2 StPO), so müsse die Vereidigung unterbleiben.[138] Ob damit der Grundsatz der „Tenorabstimmung" oder der Grundsatz der „Totalabstimmung" vertreten werden soll, ist allerdings nicht ohne weiteres ersichtlich, da in die einheitliche Frage vom Gesetzgeber alternativ zur Verfügung gestellte Voraussetzungen einbezogen werden sollen. Lediglich Heinemann[139] verlangt bei Verhängung (bzw. Aufrechterhaltung) der Untersuchungshaft getrennte Abstimmung über jeden einzelnen der in Betracht kommenden (Haft-)Gründe. Eine Aussetzung des Vollzugs des Haftbefehls komme nach § 116 I StPO nämlich nur in Betracht, wenn die Untersuchungshaft „lediglich wegen Fluchtgefahr" verhängt worden sei. Werde daher von einem Richter Flucht-, von einem anderen Verdunkelungsgefahr geltend gemacht, so dürfe nicht gefragt werden, ob Verhaftung erfolgen soll; vielmehr sei insoweit getrennte Abstimmung erforderlich. Damit will Heinemann aber unzweideutig im Falle der Verhängung von Untersuchungshaft „Totalabstimmung"; ob dieselben Grundsätze auch bei anderen hier erörterten Beschlüssen eingreifen sollen, etwa wenn ein Vereidigungsverbot in Rede steht, ist den Ausführungen indes nicht zu entnehmen. Fest steht danach jedenfalls, daß eine „Abstimmung nach Elementen" auch bei anderen erstinstanzlichen Beschlüssen ausgeschlossen sein soll. Ein darüber hinausgehender einheitlicher Grundsatz für die Abstimmungsmethode ist nicht ersichtlich; offen ist insbesondere auch hier die Frage, ob „Totalabstimmung" oder „Tenorabstimmung" die richtige Methode zur Gewinnung der Entscheidung darstellt.

III. Abstimmungsmethode in der Revisionsinstanz

Unsicherheit über die richtige Art der Fragestellung besteht aber nicht nur im Hinblick auf die Tatsacheninstanz(en). Ebenso ungeklärt ist bis heute, nach welchen Grundsätzen in der Revisionsinstanz abzustimmen ist.[140] Abge-

---

[136] KMR-Müller (6.) § 194 GVG Anm. 1 b; ebenso Binding, Abh. II S. 141 (150 f.) und v. Kries S. 449; ebenso Feisenberger § 194 GVG Anm. 4 a.

[137] v. Kries S. 449; Binding Abh. II S. 141 (150 f.).

[138] v. Kries S. 449; ähnlich für den Fall der Verlesung Heinemann ZStW 15 (1895), S. 217 (237 f.); Feisenberger § 194 GVG Anm. 4 a; so wohl auch Eb. Schmidt III § 194 Rdn. 2.

[139] Heinemann ZStW 15 (1895), S. 217 (240 f.).

sehen von der Frage, in welcher Reihenfolge die vom Revisionsgericht zu entscheidenden Fragen zur Abstimmung zu stellen sind, ergeben sich hier zwei Problemkreise, die in der Literatur nicht immer hinreichend getrennt werden: in erster Linie erhebt sich nämlich die (an dieser Stelle zu erörternde) Frage nach der Abstimmungsmethode, nach Inhalt und Gegenstand der vom Revisionsgericht zu entscheidenden Fragen; davon zu trennen ist das Problem, ob und inwieweit auch für diese Instanz das Erfordernis der qualifizierten Mehrheit (§ 263 I StPO) gilt. Im Vordergrund der Erörterungen in der Literatur hat allerdings der 2. Problemkreis gestanden: überwiegend wird heute davon ausgegangen, daß das Revisionsgericht außer in den Fällen eigener Sachentscheidung (§ 354 I StPO) nur über die in den Revisionsanträgen formulierten einzelnen, abstrakten Rechtsfragen zu entscheiden habe, hierbei aber der Grundsatz der einfachen Mehrheit (§ 196 I GVG) gelte.[141] Diese Ausführungen dürften sich indes – auch wenn dies nicht ausdrücklich hervorgehoben wird – allein auf die die „Schuld-" und „Straffrage" betreffende Sachrüge beziehen.

Für die hier interessierende und vorrangig zu untersuchende Methode der Abstimmung im Revisionsgericht können auch heute noch als grundlegend die (soweit ersichtlich zudem einzigen) Ausführungen von Beling[142] angesehen werden, denen sich die neuere Literatur durchweg angeschlossen hat.[143] Danach ist für die Fragestellung in der Revisionsinstanz von folgenden Grundsätzen auszugehen: Im ersten Abstimmungsgang ist klarzustellen, ob die Revision zulässig oder unzulässig ist; ist die Revision nicht schon wegen Unzulässigkeit zu verwerfen, so ist weiter darüber abzustimmen, ob Verfahrenshindernisse vorliegen, die zur Einstellung zwingen.

Erst danach ist der Weg frei für die Prüfung der vom Beschwerdeführer erhobenen Revisionsrügen, seien sie prozessualer oder materiell-rechtlicher Art. Dabei stimmt das Gericht allerdings nicht im ganzen über die Begründetheit der Revision ab; vielmehr ist getrennte Abstimmung über die einzelnen Revisionsrügen erforderlich.[144]

Wird das Urteil (auch) wegen Verletzung einer Rechtsnorm über das Verfahren angefochten, so ist zunächst hierüber zu entscheiden. Dabei sind so

---

140 Für den äußeren Ablauf von Beratung und Abstimmung gelten hier die gleichen Grundsätze wie beim Tatgericht, LR-Meyer § 351 Rdn. 10; vgl. dazu im einzelnen oben Teil 1.

141 So etwa KK-Hürxthal § 263 Rdn. 2 a. E.; Kleinknecht § 263 Rdn. 1 und § 352 Rdn. 5; LR-Meyer § 351 Rdn. 11; Kern/Roxin § 54 J IV S. 311; KMR-Paulus § 263 Rdn. 5; Gerland S. 287 uns S. 428; v. Kries S. 451 f.; Baterau S. 51 ff.; vgl. auch RGSt 39, 291 (293 f.).

142 Beling GA 67 (1919) S. 141 ff., insbes. 159 ff.; ders. (unter teilweiser Aufgabe seiner früheren Ausführungen) S. 428 f. im Anschluß an Haymann, FG für Stammler, S. 395 (428 f.).

143 Vgl. LR-Meyer § 351 Rdn. 10; Eb. Schmidt III § 194 Rdn. 30 ff.

144 LR-Meyer § 351 Rdn. 10; Heinemann ZStW 15 (1895) S. 1 (85).

viele Abstimmungsgänge erforderlich, wie Prozeßrügen erhoben worden sind, „jedesmal mit dem Abstimmungsthema, ob um dieses Verstoßes halber das Urteil aufzuheben" ist.[145] „In dieser Frage sind einheitlich nicht nur die Rechtsfrage und die Tatsachenfrage, sondern alle deren Elemente und namentlich auch die einzelnen juristischen Argumente ... zusammengefaßt und selbstverständlich auch die Kausalitätsfrage" (§ 337 I StPO) „mit inbegriffen".[146] Findet sich eine (einfache) Mehrheit „..., die die so gestellte Frage bejaht, so ist das Urteil der Vorinstanz aufzuheben, auch wenn die Argumente, mit denen die dieser Mehrheit angehörenden Richter zu ihrer übereinstimmenden Rechtsauffassung gelangen, auseinandergehen".[147] Über jede einzelne prozessuale Rüge ist danach ungeteilt, im ganzen abzustimmen, nicht aber über die einzelnen Elemente bzw. Voraussetzungen der geltend gemachten Verletzung einer Verfahrensvorschrift. Auch insoweit gilt daher der Grundsatz der „Totalabstimmung", nicht der der „Abstimmung nach Gründen" bzw. „Elementen".[148]

Sei die (einzelne) Verfahrensrüge nach Ansicht der Mehrheit des Kollegiums begründet, die Entscheidung der Vorinstanz soweit auf der jeweiligen Gesetzesverletzung beruhend aufzuheben, so sei anschließend darüber abzustimmen, wohin die Sache zurückverwiesen werden müsse, § 354 II, III StPO.[149]

Ist darüber hinaus (oder allein) die Verletzung materiellen Rechts gerügt, so soll zunächst darüber abzustimmen sein, ob eine eigene prozeßerledigende Entscheidung gemäß § 354 I StPO erlassen werden kann.[150] Dabei sollen dieselben Grundsätze gelten wie bei der Abstimmung in der Tatsacheninstanz: hier sei also „Totalabstimmung über die Schuldfrage ohne Zerlegung der letzteren je nach einzelnen sich innerhalb ihrer erhebenden Rechtsfragen" geboten; auch wenn die Gründe der Revisionsrichter für die Verneinung der Schuldfrage auseinandergingen, sei gemäß § 354 I StPO auf Freispruch zu erkennen.[151] Nicht erörtert ist allerdings der Fall, daß vier der fünf Revisions-

---

145 Beling S. 428; Eb. Schmidt III § 194 Rdn. 30.

146 Beling GA 67 (1919), S. 141 (163).

147 Beling GA 67 (1919), S. 141 (163).

148 Beling GA 67 (1919), S. 141 (163); ders. S. 428; Haymann, FG für Stammler, S. 395 (428 f.); anders die Terminologie bei v. Kries S. 451 f. und Heinemann ZStW 15 (1895), S. 1 (85): „Totalabstimmung", d. h. alleinige Abstimmung darüber, ob die Revision begründet sei, sei völlig unzulässig.

149 Eb. Schmidt III § 194 Rdn. 30; Beling S. 428.

150 Beling S. 428; Eb. Schmidt III § 194 Rdn. 31; Haymann, FG für Stammler, S. 395 (428 f.).

151 So im Anschluß an Haymann, FG für Stammler, S. 395 (428 f. Fn. 1) Eb. Schmidt III § 194 Rdn. 31; Beling S. 428; anders noch ders. GA 67 (1919), S. 141 (163 ff.): zunächst sei über jede materiell-rechtliche Rüge abzustimmen; erst wenn die Frage, ob das Urteil wegen der einzelnen Sachrüge aufgehoben werden müsse, bejaht worden sei, könne darüber abgestimmt werden, ob gemäß § 354 I StPO in der Sache

richter die Verletzung materiellen Rechts bejahen, von ihnen aber nur einer weitere tatsächliche Erörterungen für erforderlich hält, während (nur) der fünfte Richter die materiell-rechtliche Gesetzesverletzung verneint.

Soweit Abstimmung darüber verlangt wird, ob eine eigene prozeßerledigende Entscheidung gemäß § 354 I StPO zu erlassen sei, ist weiterhin völlig ungeklärt, wie die Fragestellung in Fällen der Schuldspruchberichtigung (insbesondere bei Auswechselung einer rechtsfehlerhaft bejahten Vorschrift durch eine andere und bei Verurteilung unter Aufhebung eines rechtsirrigen Freispruchs) zu gestalten ist.[152] Denkbar ist hier nämlich einmal, daß die Abstimmung unmittelbar auf den revisionsgerichtlichen Schuldspruch zu richten ist, die Aufhebung des dem dann widersprechenden Urteils(teils) der Vorinstanz nur noch unselbständige Konsequenz der endgültigen Entscheidung ist.[153] Denkbar ist aber auch, daß hier zunächst darüber abzustimmen ist, inwieweit das angefochtene Urteil aufgehoben werden muß (§ 353 StPO) und daß erst in einem weiteren Abstimmungsgang der neue Schuldspruch der Revisionsinstanz festgestellt wird. Auf diese Fragen wird im Zusammenhang mit der eigenen Lösung näher einzugehen sein.

Soweit das Revisionsgericht nicht schon eine eigene Sachentscheidung nach § 354 I StPO (analog) fällt, soll „für jeden einzelnen in Frage kommenden (Sach-)Urteilsverstoß die Aufhebungsfrage gesondert gestellt werden".[154] „Auch hier ist Abstimmung nach Gründen unstatthaft, d. h. es darf nicht gesondert über die einzelnen juristischen Argumente oder über das Beruhen des Urteils auf dem Verstoß abgestimmt werden. Die Abstimmung ist vielmehr auch hier Totalabstimmung ...",[155] selbst wenn sie sich nur auf einzelne Elemente des Urteils der Vorinstanz bezieht, etwa darauf, ob die Vorinstanz zu Recht von der Fremdheit der weggenommenen Sache (§ 242 StGB) ausgegangen ist. Anders als bei der eigenen Sachentscheidung nach § 354 I StPO soll die Abstimmung sich also nicht auf die fehlerhafte Anwendung eines Straftatbestandes insgesamt beziehen, sondern „jeder einzelne Rechtspunkt, der überhaupt juristisch selbständig ist, ... (soll) einer (gesonderten) Abstimmung zu unterwerfen" sein.[156] Zur Begründung beruft sich Beling[157] nicht nur

selbst zu erkennen, ob und wohin zurückzuverweisen sei. „Es handelt sich hier um besondere Bestandteile des Entscheidungsinhalts, die der „Aufhebung" in entsprechender Weise hinzutreten, wie der Strafausspruch zum Schuldspruch" (S. 167).

152 Zu den möglichen Fallkonstellationen bei der Schuldspruchberichtigung vgl. Baterau S. 56 ff. m. ausf. Nachw.

153 So für die Berufungsinstanz Beling GA 67 (1919) S. 141 (159 Fn. 42).

154 Eb. Schmidt III § 194 Rdn. 32; Beling S. 428; ders. GA 67 (1919), S. 141 (163 f.).

155 Beling GA 67 (1919), S. 141 (163 f.); in der Sache ebenso v. Kries, der dies jedoch als „Abstimmung nach Gründen" bezeichnet (S. 450 f.); wie dieser auch Heinemann ZStW 15 (1895) S. 1 (85).

156 Beling GA 67 (1919), S. 141 (161 f.); ders. S. 428; v. Kries S. 450 f.; Heinemann ZStW 15 (1895), S. 1 (84 f.).

auf die Eigenart der Aufgabe des Revisionsgerichts, sondern insbesondere auch darauf, daß die rechtliche Beurteilung, die der Aufhebung des Urteils zugrunde liegt, für das Untergericht nach § 358 I StPO bindend ist. Würden bei der Abstimmung in der Revisionsinstanz mehrere Rechtspunkte zusammengefaßt und würde jeder der Richter aus einem anderen Grunde für die Aufhebung des angefochtenen Urteils stimmen, so fehlte dem Untergericht die Direktive, die es nach dem Gesetz zu erwarten hat, da (notwendigerweise) die Aufhebung nur mit einer Alternativbegründung erfolgen könnte. Die Tragfähigkeit dieses Begründungsansatzes erscheint allerdings aus zwei Gründen zweifelhaft, die hier indes nur angedeutet werden können: Sinn und Zweck der Bindung des Untergerichts an die rechtliche Beurteilung nach § 358 I StPO ist allein die Wahrung der Einheitlichkeit der Rechtsprechung und die Wahrung der Effizienz revisionsgerichtlicher Entscheidungen.[158] Ob allein dieser Gesichtspunkt eine andere Abstimmungsmethode rechtfertigt, erscheint allerdings fraglich. Zu berücksichtigen ist auch, daß untergerichtliche Entscheidungen insoweit Bindungswirkung entfalten, als sie nicht aufgehoben werden (§ 353 I StPO).[159] Soweit ersichtlich, wird aber aus diesem Umstand nicht abgeleitet, daß stets über die einzelnen Elemente abzustimmen sei. Daß die Abstimmung über einzelne Rechtspunkte in der Revisionsinstanz möglicherweise auf andere Gesichtspunkte gestützt werden kann, wird weiter unten noch zu erörtern sein. Wird die Frage, ob das Urteil auf einem bestimmten materiell-rechtlichen Fehler beruht, von der Mehrheit des Kollegiums verneint, so ist als Ergebnis auszusprechen, daß die Revision als unbegründet verworfen wird. Ist dagegen die Aufhebungsfrage bejaht worden, so ist abschließend darüber zu entscheiden, wohin die Sache zurückzuverweisen ist (§ 354 II StPO).[160, 161]

Für die Abstimmung in der Revisionsinstanz läßt sich danach festhalten: Soweit die Zulässigkeit der Revision in Rede steht, soll die Frage auf den möglichen Tenor (Verwerfung) zu richten sein; auch bei mehreren Verfahrenshindernissen soll Abstimmungsgegenstand der potentielle Tenor (Einstellung) sein; bei der Sachentscheidung selbst soll der Grundsatz der „Totalabstimmung“ maßgebend sein: die Frage, ob das Urteil wegen eines bestimmten prozessualen (materiell-rechtlichen) Fehlers aufzuheben ist, soll stets im ganzen

157 Beling GA 67 (1919), S. 141 (161 f.); ebenso v. Kries S. 451; zur „eigentümlichen Aufgabe des Revisionsgerichts“ auch Heinemann ZStW 15 (1895) S. 1 (84 f.).

158 So etwa: Kern/Roxin § 54 J II 2 c S. 309 ff.; KMR-Müller § 358 Rdn. 2; LR-Meyer § 358 Rdn. 1.

159 Zur Bindungswirkung des rechtskräftigen Schuldspruchs f.d. Instanz, an die sie zurückverwiesen wird, vgl. nur BGH MDR 1982, S. 422 f.; zum Bindungsumfang bei sog. „doppelrelevanten Tatsachen“ BGH MDR 1981, S. 244 ff., m. ausf. Nachw.

160 Beling S. 429.

161 Zur Abstimmung bei den Vereinigten Senaten und zur Abstimmung des erkennenden Strafsenats, ob eine Entscheidung der Vereinigten Senate nach § 137 GVG einzuholen ist, vgl. ausf. Beling GA 67 (1919), S. 141 (169 ff.).

zur Abstimmung gestellt werden. Eine Ausnahme bilden allerdings die Fälle eigener Sachentscheidungen nach § 354 I StPO: hier sei die Abstimmung unmittelbar auf die eigene prozeßerledigende Entscheidung zu richten, nicht aber vorweg über die Aufhebungsfrage zu entscheiden.

B. Die bisherigen Begründungsversuche

Die bereits vor mehr als einem halben Jahrhundert von Beling aufgestellte Forderung, daß „unbedingt ein einheitliches Prinzip aufgesucht werden müsse",[162] ist – überblickt man die von Rechtsprechung und Literatur bisher vorgeschlagenen Abstimmungsthemata – noch nicht eingelöst. Auch die Autoren, die den Grundsatz der Totalabstimmung bei allen im Strafverfahren auftauchenden Fragen gelten lassen wollen,[163] wenden dieses Prinzip nicht einheitlich an.[164] Auch wenn nach überwiegender Ansicht eine Abstimmung über einzelne Merkmale einer Rechtsnorm nicht möglich sein soll, ist nach wie vor ungeklärt, welchen Inhalt, Umfang und Gegenstand die jeweils in Betracht kommenden Fragen haben sollen.

Nur der Vollständigkeit halber sei darauf hingewiesen, daß auch die bloße Verbindlicherklärung einer bestimmten Abstimmungsmethode nicht weiter führt, bleibt sie doch in vordergründiger Begrifflichkeit verhaftet.

Im folgenden soll daher versucht werden, den bisher vorgetragenen Begründungen für die eine oder andere Art der Fragestellung ein allgemeines Prinzip zu entnehmen. Die Erwägungen sind durchweg von dem Bemühen getragen, die Abstimmung nach Gründen zu widerlegen.[165]

Dies schließt es freilich nicht aus, die im Zusammenhang mit der Schuldfrage für/gegen die eine oder andere Art der Fragestellung vorgebrachten Argumente, ihre Tragfähigkeit überhaupt und ihre Aussagekraft im Hinblick auf die übrigen in einem Verfahren auftauchenden Fragen zu untersuchen.

---

[162] Bennecke/Beling S. 389 Fn. 9; Beling S. 246 Fn. 1

[163] So ausdr. nur Beling S. 245 f.; ders. GA 67 (1919), S. 141 (143 ff.) u. ZStW 42 (1921), S. 599 (603).

[164] Vgl. etwa für die Abstimmung über Verfahrenshindernisse Eb. Schmidt III § 194 Rdn. 14 und Beling S. 247 einerseits, KMR-Müller (6.) § 194 GVG Anm. 1b andererseits.

[165] Vgl. etwa Beling ZStW 37 (1916), S. 365 ff.; ders. ZStW 42 (1921), S. 599 f.; Heinemann ZStW 15 (1895), S. 130 ff.; v. Coelln S. 34 ff.; Eb. Schmidt III § 194 Rdn. 9 ff. Daß es nicht ausreicht, eine bestimmte Art der Fragestellung zu widerlegen, um die Richtigkeit der eigenen Meinung darzutun, versteht sich von selbst.

I. Argumente für ein punktuelles Abstimmen

Bei der Suche nach einem einheitlichen Prinzip der Abstimmung, einem gemeinsamen Bezugspunkt für alle vom strafrichterlichen Kollegium zu beantwortenden Fragen können auch die Argumente für eine Abstimmung (nur) nach Entscheidungsgründen bzw. für eine Abstimmung über einzelne Tatbestandsmomente (Elemente) nicht ausgespart werden: Daß diese Abstimmungsmethoden für das Strafverfahren fast durchweg als überholt angesehen werden,[166] besagt nämlich nicht, daß diese für den Zivilprozeß ausnahmslos als richtig angesehene Art der Fragestellung[167] nicht auch für das Strafverfahren seine Berechtigung haben könnte. Die für das Zivilverfahren vorgetragenen Argumente können grundsätzlich auch auf das Strafverfahren zutreffen.

1. Einheitlichkeit der Rechtsordnung und -anwendung

Nicht ausreichend ist es allerdings, darauf hinzuweisen, daß ein und derselbe Lebenssachverhalt (etwa eine Körperverletzung) sowohl ein zivilrechtliches wie ein strafrechtliches Verfahren nach sich ziehen könne, bei beiden Spruchkörpern aber unter dem Gesichtspunkt der Einheit der Rechtsordnung und -anwendung eine je verschiedene Art der Fragestellung ausgeschlossen und schon deshalb im strafrichterlichen Kollegium – ebenso wie bei der Zivilkammer – nach Gründen (oder nach Elementen, einzelnen Momenten des gesetzlichen Tatbestandes) abzustimmen sei.[168] Denn dies setzt nicht nur voraus, daß die unterschiedlichen Arten der Fragestellung sich nicht rechtfertigen lassen.[169] Darüber hinaus ist vielmehr insbesondere auch erforderlich, nachzuweisen, daß und warum die Abstimmung nach Gründen oder Elementen im Zivilprozeß die allein richtige Methode der Entscheidungsgewinnung darstellt. Mit gleicher Berechtigung ließe sich sonst nämlich argumentieren, daß die Totalabstimmung im Strafverfahren (jedenfalls für die Schuldfrage) ausnahmslos anerkannt sei und, da eine andere Art der Abstimmung im Zivilverfahren nicht gerechtfertigt werden könne, auch in der Zivilkammer die Ent-

---

[166] Bereits Hücking GA 34 (1886), S. 216 (218) spricht von „jus receptum"; dies gesteht auch Breetzke DRiZ 1962, S. 5 ein.

[167] Vgl. die oben Einleitung Fn. 5 u. 6 Zitierten.

[168] So im wesentlichen Breetzke DRiZ 1962, S. 5 (6) mit Beispielen S. 7 f.; entsprechendes gilt für seinen Hinweis, daß der Zivilrichter teilweise strafrechtliche Normen anzuwenden habe und (umgekehrt) in einer Strafsache auch zivilrechtliche Fragen zu entscheiden sein können. Ähnlich Brox in FS für Gebh. Müller S. 1 ff.; zu diesem Gedanken insbes. auch Zeiler ZStW 41 (1920), S. 528 f. (530) und DRiZ 1915, S. 152 (154) sowie Jahn ZStW 53 (1934), S. 490 ff. und bereits v. Bähr bei Hahn GVG Bd. I S. 354.

[169] Vgl. hierzu Breetzke a.a.O. mit allerdings anfechtbarer Begründung; ob das (nur) im Zivilprozeß zulässige Zwischenurteil eine andere Art der Abstimmung rechtfertigt, sei dahingestellt; vgl. hierzu nur Heinemann ZStW 15 (1895) S. 1 (37 f.) m.w.N.

scheidung durch Totalabstimmung gefunden werden müsse. Erst wenn die Argumente für die eine oder andere Art der Abstimmung sich als zutreffend oder gar zwingend erwiesen haben, ist es überhaupt möglich, von einer sicheren Grundlage ausgehend zu prüfen, ob diese Erwägungen in allen kollegialrichterlichen Spruchkörpern der (ordentlichen) Gerichtsbarkeit Beachtung finden müssen bzw. welche Abweichungen (aus welchen Gründen) in der einen oder anderen Richtung möglich oder gar notwendig sind.

Der Hinweis auf die punktuelle Abstimmung im Zivilverfahren und die Einheit des Rechts ist daher nicht ausreichend, diese Art der Fragestellung auch für das Strafverfahren zu rechtfertigen.

2. Hinweis auf Einzelmomente

Zur Rechtfertigung einer Abstimmung nach Gründen ist bereits im Zusammenhang mit den Erörterungen über die Stellung der (Neben-)Fragen im Geschworenengericht darauf hingewiesen worden, daß nur auf diesem Wege dem jeweils entscheidenden Kollegium deutlich gemacht werden könne, worauf es bei der konkreten Entscheidung ankomme; ein von den Prozeßbeteiligten besonders herausgehobener und betonter Gesichtspunkt könne nicht ausreichend gewürdigt werden, werde die entscheidende Frage sogleich in toto auf das „Ergebnis" (insbesondere auf das Schuldig vor dem Gesetz) gerichtet.[170] Bei unmittelbarer Abstimmung über das „Ergebnis", die „Endantwort",[171] stehe die Urteilsfindung „auf der allertiefsten Stufe richterlicher Gründlichkeit", könne zudem dem berechtigten Interesse des Angeklagten an einer gewissenhaften Prüfung seiner Einwände nicht ausreichend Rechnung getragen werden.[172] Allein die Abstimmung über die einzelnen Elemente der Entscheidung gewährleiste eine erschöpfende Beweiswürdigung und eine zutreffende Anwendung der Rechtssätze aufgrund einer umfassenden Analyse des Falles;[173] nur so werde ein möglichst gerechter Wahrspruch erzielt.[174]

Auch dieser Begründungsansatz vermag indes nicht zu überzeugen. Richtig ist zwar, daß jeder auch nur möglicherweise entscheidungsrelevante Gesichtspunkt eingehender Prüfung und Erörterung im Kollegium bedarf. Dies zwingt freilich schon deswegen nicht zu einer Abstimmung nach Gründen/Elementen, weil eine solche umfassende Analyse auch dann gewährleistet ist, wenn

---

170 Vgl. bereits Motive des Entwurfs zu § 295 RStPO bei Hahn StPO Bd. I S. 226 f; Struckmann bei Hahn StPO Bd. II S. 1909 f.; Ortloff GA 9 (1861) S. 13 (18 f.): „... behufs einer gründlichen Beratung ..."; weitere Nachweise zur älteren Literatur bei Heinemann ZStW 15 (1895) S. 1 (7 ff.).

171 Zum Begriff des Ergebnisses vgl. unten Teil 2 B II 4a.

172 Binding Abh. II S. 141 (155 f.).

173 Stein-Jonas § 309 I Anm. 3; Breetzke DRiZ 1962, S. 5 f.

174 Struckmann bei Hahn StPO Bd. II S. 1909 f.

die Einzelmomente in einer eingehenden *Beratung* erörtert werden, die entscheidende Frage hingegen unmittelbar auf das „Ergebnis" gerichtet wird und die zweifelhaften Gesichtspunkte von dem einzelnen Kollegiumsmitglied bei seiner Stimmabgabe berücksichtigt werden.[175] Die Totalabstimmung hindert keineswegs eine gründliche Beratung.[176] Bei einer unmittelbaren Abstimmung über die Endantwort, das „Ergebnis", steht die Urteilsfindung nur dann auf der allertiefsten Stufe richterlicher Gründlichkeit, wird dem berechtigten Anliegen des Betroffenen nach sorgfältiger Prüfung seiner Einwände nur dann keine Rechnung getragen, wenn keine oder nur eine unzureichende Beratung stattgefunden hat.[177] Berücksichtigt man schließlich, daß die zweifelhaften Momente regelmäßig bereits in der mündlichen Verhandlung deutlich werden, die Plädoyers und die kollegiale Beratung maßgeblich durch diese Gesichtspunkte bestimmt werden, so ist eine auf die Einzelmomente gerichtete Frage und Abstimmung nicht deswegen erforderlich, um eine gewissenhafte Analyse des Falles überhaupt erst zu ermöglichen.

Nur zur Klarstellung sei darauf hingewiesen, daß eine informatorische Fragestellung, eine „theoretische Klärungsabstimmung"[178] über alle Prämissen und Einzelmomente zulässig und völlig unbedenklich ist.[179]

3. Pflicht zur Begründung der Entscheidung

Zur Rechtfertigung der Abstimmung nach Gründen/Elementen ist bereits während der Kommissionsberatungen auf die Begründungspflicht hingewiesen worden.[180] Insbesondere in der zivilprozessualen Literatur wurde und wird darauf hingewiesen, daß das Gericht gem. §§ 286 I 2, 311 III, 313 III ZPO die Entscheidungsgründe „bis ins einzelne" festzustellen und darzulegen habe, diese (Gründe) *deshalb* auch auf der Auffassung der Mehrheit des Kollegiums beruhen müßten und insbesondere nur die mehrheitliche Feststellung der einzelnen Gründe die Möglichkeit eröffne, die Entscheidung entsprechend der Kollegiumsmehrheit zu begründen.[181] Aus denselben Erwägungen heraus ist

---

175 Ebenso: Haymann FG für Stammler S. 395 (414).

176 So schon Zacke S. 71; Beling S. 247.

177 Daß jeder Abstimmung eine Beratung vorangehen muß, betonen auch v. Kries S. 440 u. Beling S. 247.

178 Beling ZStW 37 (1916), S. 365 (379) und GA 67 (1919), S. 141 (154 Fn. 27); vgl. auch Binding Abh. II S. 141 (151): Eine Abstimmung über Gründe einer Maßnahme ist keine Abstimmung im Rechtssinne.

179 LR-Gollwitzer § 263 Rdn. 5 m.w.N.

180 Klotz u. v. Bähr bei Hahn StPO Bd. I S. 923 und bei Hahn GVG Bd. I S. 354 und S. 356.

181 Pfizer ZZP 15 (1891) S. 365 (368 f. u. 377); Lang ZZP 26 (1899) S. 63 (67 u. 74); Struckmann-Koch § 196 GVG Anm. 3; Hellwig S. 83; Stein-Jonas § 309 I Anm. 3; Albers in B/L/A/H § 194 GVG Anm. 1; Breetzke DRiZ 1962, S. 5 ff.; insbes. auch Brox FS für Gebh. Müller S. 1.

wiederholt auch für das Strafverfahren ausschließlich[182] oder jedenfalls zusätzlich[183] Abstimmung nach Gründen bzw. Elementen gefordert worden. So beruft sich etwa Schäfer[184] für seine Ansicht, daß über jedes Verfahrenshindernis gesondert abgestimmt werden müsse, allein darauf, daß nur so die Entscheidung begründet werden könne.

Ob aus dem gesetzlichen Erfordernis, die Entscheidungen zu begründen (§§ 34, 267 StPO), zugleich abgeleitet werden kann, daß die einzelnen Prämissen der Entscheidung Gegenstand der entscheidenden, decisiven Abstimmung sein sollen, erscheint indes durchaus fraglich:

Nur die mit Rechtsmitteln anfechtbaren Entscheidungen sowie diejenigen, durch welche ein Antrag abgelehnt wird, bedürfen nämlich einer Begründung (§§ 34, 267 StPO), nicht jedoch die übrigen Entscheidungen. Inhalt und Umfang der Urteilsbegründung können zudem davon abhängen, ob die zur Anfechtung Berechtigten auf Rechtsmittel verzichten (§ 267 IV StPO). Handelt es sich um ein schöffengerichtliches Urteil, so kann sogar die Bezugnahme auf den Anklagesatz genügen; im übrigen bestimmt das Gericht den Umfang der Urteilsgründe nach seinem Ermessen. Was über die erwiesenen Tatsachen (§ 267 I, IV StPO) hinaus im Einzelfall in die Urteilsgründe aufzunehmen ist, wird maßgeblich vom Zweck der Begründung bestimmt, eine Nachprüfung der im Urteil getroffenen Entscheidung durch das Rechtsmittelgericht zu ermöglichen, und variiert von Fall zu Fall erheblich. Inwieweit etwa eine Bezugnahme auf Abbildungen und andere Urteile oder Akten zulässig ist, welche Beweismittel anzugeben sind, inwieweit die Beweiswürdigung darzustellen ist, welche Indizien nach § 267 I 2 StPO in die Urteilsgründe aufzunehmen sind – all dies ist gesetzlich nicht fixiert und bis heute lebhaft umstritten.[185] Inwieweit sich die Urteilsgründe hierzu verhalten müssen, steht weitgehend im Ermessen des Urteilsverfassers und wird bestimmt durch den Zweck, eine Nachprüfung der Entscheidung auf ihre Richtigkeit hin zu ermöglichen. Daß die Fragestellung indes nicht nach Zweckmäßigkeitsgesichtspunkten und dem freien Ermessen des Gerichts gestaltet werden kann, wurde eingangs bereits hervorgehoben.[186]

Selbst wenn man aber davon ausgeht, daß in einem verurteilenden Erkenntnis über den Wortlaut des § 267 I, IV StPO hinaus stets Beweismittel und Beweiswürdigung darzulegen sind, ist damit doch noch nicht eine Abstim-

---

182 Jahn ZStW 53 (1934) S. 490 (503); Breetzke DRiZ 1962, S. 5 ff.; Hellweg S. 306.

183 v. Bar KVJR 1868 S. 467 (480 ff.); Sachse ZStW 49 (1929), S. 306 ff.; Nachw. zur älteren Literatur bei Heinemann ZStW 15 (1895) S. 3 ff. und bei Zacke S. 66 ff.; vgl. auch Bolgiano AcP 78 (1892) S. 145 ff.

184 LR-Schäfer § 194 GVG Rdn. 4.

185 Vgl. KK-Hürxthal § 267 Rdn. 3 ff., 12 ff.; LR-Gollwitzer § 267 Rdn. 8 ff., 31 ff.; je m.w.N.

186 Vgl. oben Teil 2.

mung auch über diese Elemente der schriftlichen Begründung geboten. Nach Aufhebung der gesetzlichen Beweistheorie ist über die Frage, weshalb und warum eine bestimmte Tatsache als erwiesen anzusehen ist, von jedem einzelnen Richter nach seiner eigenen, freien Überzeugung zu entscheiden (§ 261 StPO). Mit diesem Grundsatz der freien Beweiswürdigung aber wäre eine (die Minderheit bindende) Abstimmung darüber, ob und warum beispielsweise der Belastungszeuge glaubwürdig ist, nicht zu vereinbaren.[187] Eine Übereinstimmung der Mehrheit ist daher nur darüber erforderlich, ob alle wesentlichen Merkmale der Straftat von dem Angeklagten verwirklicht wurden und Rechtswidrigkeit sowie Schuld erwiesen sind. Eine darüber hinausgehende Übereinstimmung der Mehrheit über die einzelnen Beweistatsachen und Beweismittel bzw. Indizien (d. h. die subjektiven Gründe) verlangt das Gesetz gerade nicht.[188] Eine diesbezügliche Abstimmung ist nach dem Gesetz daher ausgeschlossen.

Entgegen einer in der Literatur vertretenen Ansicht, ist eine solche Abstimmung auch nicht geboten, um festzustellen, auf welche Gründe das Urteil zu stützen ist, welche Angaben erforderlich sind, um das Urteil hinreichend aufgrund der tatsächlichen Abstimmungsvorgänge zu sichern.[189] Zunächst bleibt nämlich offen, ob eine solche „Abstimmung für die Urteilsbegründung" informatorischen Charakter haben oder konstitutive Wirkung (und wenn ja welche) entfalten können soll. Zum anderen müssen die Urteilsgründe die Abstimmungsvorgänge stets vollständig (und wahrheitsgetreu) wiedergeben. Sind beispielsweise zwei Richter der Schwurgerichtskammer der Ansicht, daß der Angeklagte den tödlichen Schlag gar nicht ausgeführt hat, während drei der Ansicht sind, daß er zwar getötet, aber in Notwehr gehandelt hat, so sind – schon wegen des Gebotes der Vollständigkeit der Urteilsgründe – beide Gesichtspunkte in den Gründen darzulegen, da der Freispruch auf beiden Auffassungen beruhen kann/beruht.[190] Ganz entsprechendes gilt aber auch, wenn im Hinblick auf einzelne Beweismittel oder Indizien innerhalb des Kollegiums verschiedene Meinungen bestehen, etwa wenn zwei der fünf Richter die Überzeugung von der Täterschaft aufgrund der Aussage des Zeugen Y, die übrigen drei aufgrund der Angaben des Zeugen Z gewinnen.

---

187 Vgl. nur v. Bar KVJR 1868, S. 467 (470); ders. S. 31; v. Kries S. 440 f.; Sachse ZStW 49 (1929), S. 306 (313 ff.); LR-Schäfer § 194 GVG Rdn. 14.

188 Sachse ZStW 49 (1929), S. 306 (313 f.); LR-Schäfer § 194 GVG Rdn. 14.

189 So aber Peters Lb S. 489 f., der für die Urteilsbegründung Abstimmung nach Gründen verlangt. Daß die Beratung stets auf die subjektiven Gründe zu erstrecken ist, betont zu Recht v. Kries S. 446.

190 War (nur) die Annahme der Notwehr fehlerhaft, so kann das Urteil mit der Begründung der Minderheit aufrecht erhalten werden; war (nur) die Verneinung der Täterschaft zu Unrecht erfolgt, so kann die Bejahung der Notwehr das Urteil tragen. A.A. Peters Lb S. 489 f.: eigentliche Stütze des Urteils sei die Ansicht der Minderheit, die Täterschaft verneint.

Als Zwischenergebnis läßt sich danach festhalten, daß die Pflicht zur Begründung der Entscheidung (§§ 34, 267 StPO) eine Abstimmung nach *subjektiven* Gründen nicht gebietet, eine solche Abstimmung wegen des Grundsatzes der freien Beweiswürdigung (§ 261 StPO) sogar als ausgeschlossen angesehen werden muß und auch für die Urteilsbegründung nicht erforderlich ist.

Nicht ausgeschlossen ist damit allerdings, die für erwiesen erachteten Tatsachen, in denen die gesetzlichen Merkmale der Straftat gefunden werden (§ 267 I 1, IV 1 StPO), d. h. die objektiven Gründe – je einzeln oder in ihrer Gesamtheit – zum Gegenstand gesonderter Abstimmung zu machen, eine sogenannte Abstimmung nach *objektiven* Gründen als richtig anzunehmen.[191] Diese Unterscheidung zwischen Abstimmung nach subjektiven (Beweis-) Gründen einerseits und objektiven Gründen (den für erwiesen erachteten Tatsachen) andererseits wurde nur gelegentlich gemacht.[192] So wäre denkbar dem Kollegium folgende Fragen zur Abstimmung vorzulegen:[193] hat der Angeklagte ein bestimmtes Schriftstück unterzeichnet, ist es bejahendenfalls oder unabhängig von der Unterschrift als Urkunde iSd § 267 I StPO anzusehen etc.

Die dem Gericht obliegende Pflicht zur Angabe der für erwiesen erachteten Tatsachen, in denen die gesetzlichen Merkmale der Straftat gefunden werden (§ 267 I 1, IV 1 StPO), vermag indes eine Abstimmung nach objektiven Entscheidungsgründen nicht zu rechtfertigen. Abgesehen davon, daß diese nicht in Rechtskraft erwachsen,[194] insoweit vielmehr nur zum Teil eine Bindungswirkung eintreten kann, kann die erforderliche geschlossene Sachverhaltsdarstellung weiter sein als dies zur Gesetzesanwendung notwendig ist; § 267 I 1, IV 1 StPO verlangt insoweit nur ein Minimum. Umgekehrt sollen Ausführungen zur Schuld(un)fähigkeit nur erforderlich sein, wenn die Umstände eine Prüfung nahelegen.[195] Der Verweis auf § 267 StPO hilft zudem bei anderen als verurteilenden Erkenntnissen nicht weiter: Inwieweit Tatsachenfeststellungen in den Gründen anderer Entscheidungen anzuführen sind – soweit sie überhaupt einer Begründung bedürfen –, ist gesetzlich nicht vorgeschrieben und § 267 StPO nicht zu entnehmen. Bei der Entscheidung etwa, ob die Öffentlichkeit ausgeschlossen wird, soll es genügen, daß in der Beschlußbegründung auf die einschlägige Gesetzesstelle verwiesen wird.[196] Der Hinweis auf § 267

---

191 So insbes. Sachse ZStW 49 (1929) S. 306 ff., der diese jedoch neben die Totalabstimmung treten lassen will.

192 Soweit ersichtlich nur bei v. Savigny VI, S. 408 f. und Sachse ZStW 49 (1929), S. 306 (313 f.).

193 Im Anschluß an den Beispielsfall bei Sachse ZStW 49 (1929) S. 306.

194 Vgl. nur: LR-Gollwitzer vor § 296 Rdn. 33 m.w.N.; darauf haben bereits hingewiesen: Zacke S. 87 und Bolgiano ZZP 15 (1891), S. 387 (396 f.); auf die Rechtskraft stellt ab: v. Savigny VI S. 407 ff.

195 Vgl. LR-Gollwitzer § 267 Rdn. 29 m.w.N.

StPO läßt schließlich unberücksichtigt, daß die Geschworenen nicht verpflichtet waren, ihrem Wahrspruch Gründe beizufügen, während diese Verpflichtung für die übrigen Richterkollegien seit jeher besteht; für beide Spruchkörper sollten jedoch dieselben Abstimmungsgrundsätze gelten.[197]

Die Begründungspflicht vermag daher auch eine Abstimmung nach objektiven Entscheidungsgründen nicht zu rechtfertigen. „Verlangt wird vom Gesetz eine motivierte Entscheidung, aber nicht eine Entscheidung über die Motive."[198]

4. Logisches Voranschreiten von Prämisse zu Prämisse bei der Entscheidungsgewinnung

Seit jeher ein wesentliches Argument für die punktuelle Abstimmung ist gewesen, daß die schrittweise Einigung notwendige Folge des juristischen Denkens sei.[199] Ebenso wie der Einzelrichter von Prämisse zu Prämisse fortschreite, müsse auch das Kollegium als solches jeden einzelnen Punkt durch Mehrheitsbeschluß feststellen, und es sei der so über jeden Punkt mehrheitlich festgestellte Wille des Kollegiums im weiteren Fortschreiten für jedes einzelne Mitglied bindend. Jedes Urteil eines Gerichts stelle einen logischen Vernunftschluß dar;[200] ebenso wie der Einzelrichter müsse das Kollegium zunächst die faktischen Momente auf der einen und die rechtlichen Momente auf der anderen Seite mehrheitlich (und die Minorität bei den weiteren Fragen bindend) feststellen. Die Konklusion ergebe sich aus den so festgestellten Prämissen regelmäßig von selbst.[201] Auch die damit angesprochenen verschiedenen Aspekte (Kollegium als dem Einzelrichter vergleichbare ideale Einheit; Erfordernis der getrennten Feststellung der tatsächlichen/rechtlichen Prämissen; schrittweise Einigung über einzelne Elemente) vermögen indes nicht die Richtigkeit der Abstimmung nach Gründen oder nach Elementen als allgemeines Prinzip zu belegen.

---

196 Vgl. für § 172 GVG: BGHSt 27, 117 (118 f.); 30, 212 (213); BGH NStZ 1986, S. 179 (180); zur Begründung eines Durchsuchungsbefehls vgl. BVerfG NJW 1966, S. 1603 (1615 f.); NJW 1976, S. 1735 f.

197 Vgl. v. Kries S. 440 und oben Teil 2 A II 1b.

198 Planck S. 161; Heinemann ZStW 15 (1895), S. 1 (40).

199 v. Schwarze, v. Bähr und Klotz bei Hahn StPO Bd. I S. 922 f.; Klotz, Struckmann und v. Bähr bei Hahn GVG Bd. I S. 352 ff.

200 Daß die Art und Weise der Abstimmung nach den Grundsätzen der Logik sich bestimme, nimmt heute noch an Kleinknecht § 194 Rdn. 1.

201 Vgl. insbes. die verschiedenen Justizministerialrescripte zit. bei Zacke S. 62 und 67 ff.; vgl. hierzu auch Zeiler ZStW 41 (1920) S. 528 (535 ff.) und Glaser Hdb. S. 268 Fn. 7.

a) Kollegium als ideale Einheit

Abzulehnen ist zunächst die mit obiger Argumentation implizierte Vorstellung, daß das Richterkollegium als eine einheitliche Richterpersönlichkeit, als ein dem Einzelrichter vergleichbares künstliches Individuum anzusehen sei, eine ideale Einheit darstelle.[202] Bereits Waldeck[203] hat darauf hingewiesen, daß durch eine Vereinigung mehrerer Einzelpersönlichkeiten in einem Kollegium kein neues geistiges Wesen geschaffen werde, das denken und logisch argumentieren könne.[204] Die Untersuchungen von Wolff, der sich ausführlich mit den Problemen von Organschaft und juristischer Person befaßt hat, haben diesen Befund bestätigt: Ein „Organverhalten", ein Handeln „des Organs" kann es nicht geben, vielmehr stets nur ein dem Organ (hier Gericht) zurechenbares Verhalten, Entscheidungen der Organwalter, hier der verschiedenen Kollegiumsmitglieder.[205] Das Richterkollegium kann daher nicht bezüglich des Denkens, der Art der Entscheidungsgewinnung und der Beschlußfassung einem Einzelrichter gleichgesetzt werden. Die Vorstellung vom (strafrichterlichen) Kollegium als einer idealen Einheit, als ein künstliches Individuum, hilft daher nicht weiter.

b) Fortschreitende Feststellung der einzelnen tatsächlichen und rechtlichen Prämissen

Als ebensowenig hilfreich erweist sich auch der Vergleich mit der Art und Weise, wie der Einzelrichter die jeweilige Entscheidung gewinnt. Zunächst ist nämlich keineswegs sicher, daß der Einzelrichter – wie früher vielfach angenommen – zunächst die einzelnen faktischen, dann die jeweiligen rechtlichen Prämissen logisch fortschreitend ermittelt und feststellt, bevor er die Konklusion zieht. Die Entscheidungsgewinnung vollzieht sich ausschließlich im Inneren des Einzelrichters; ob er dabei von Prämisse zu Prämisse fortschreitet, entzieht sich jeglicher sicheren Feststellung. Nur eines kann als gesichert angesehen werden: bejaht der Einzelrichter eine bestimmte Rechtsfolge, so sind nach seiner Ansicht alle tatsächlichen wie rechtlichen Voraussetzungen für die Anordnung gerade dieser Rechtsfolge zu bejahen (das Eingreifen entsprechender Ausschlußgründe implicite zu verneinen)! Auf welchem Wege der Einzelrichter zu diesem Ergebnis gelangt, ist durchaus offen. Ist nach seiner Ansicht etwa die unbefugte Benutzung einer Kreditkarte, wenn überhaupt, als Betrug strafbar, so wird er sein Augenmerk in erster Linie auf die mögliche

---

[202] So auch Sachse ZStW 49 (1929) S. 306 (309); Haymann FG für Stammler S. 395 (415); v. Coelln S. 36 f.

[203] Zit. nach Zacke S. 84.

[204] Ebenso Haymann FG für Stammler S. 395 (415).

[205] Wolff II S. 242 ff.

Täuschungshandlung richten; folgt er der Auffassung, daß darin allenfalls eine Untreue gefunden werden könne, wird er die einzelnen Merkmale des Mißbrauchs- oder des Treuebruchstatbestandes zu ermitteln suchen. Ist hier z. B. auch der Vermögensschaden zweifelhaft, so kann es sich empfehlen, diesen Punkt vorweg zu klären.

Selbst wenn man davon ausginge, daß der Einzelrichter erst die tatsächlichen, dann die rechtlichen Momente der Entscheidung sukzessive feststelle, so könnte daraus doch nur der Schluß gezogen werden, daß das einzelne Mitglied des Spruchkollegiums ebenso vorzugehen habe, nicht aber notwenigerweise auch, daß die Abstimmung entprechend diesem Gedankengang einzurichten sei. Der (mögliche) Gedankengang des Einzelrichters und seine Elemente bestimmen keineswegs notwendig auch den Abstimmunggegenstand innerhalb des Kollegiums!

Die Annahme, der Einzelrichter stelle zunächst die tatsächlichen und rechtlichen Prämissen der Entscheidung fest, und ebenso müßten auch innerhalb des Kollegiums die einzelnen faktischen bzw. rechtlichen Momente durch die Mehrheit festgestellt werden, stößt aber insbesondere auf folgendes Bedenken: Eine gesonderte Abstimmung über die für erwiesen erachteten Tatsachen und die jeweiligen rechtlichen Momente der Entscheidung würde nämlich voraussetzen, daß sich tatsächliche Feststellungen und rechtliche Voraussetzungen der Entscheidung stets eindeutig trennen lassen und durch getrennte Fragestellung festgestellt werden könnten.[206] Entschieden wird im Strafprozeß – nicht nur bei der Schuldfrage, sondern ebenso bei allen übrigen Entscheidungen – aber immer nur über die im Hinblick auf die konkrete Lebenslage an Hand der Rechtssätze zu normierende Rechtsfolge im Einzelfall. Zwar sind als Glieder des Entscheidungssyllogismus festzuhalten der jeweilige Rechtssatz als der rechtliche Maßstab, die einzelnen Lebenskonkreta als das zu Messende und der Subsumtionsschluß, der beides verbindet.[207] Die Feststellung der tatsächlichen Prämissen einer Entscheidung erfolgt indes nicht um ihrer selbst willen, sondern immer nur im Hinblick auf die Anwendung eines bestimmten Gesetzes (Normgefüges) auf diesen Lebenssachverhalt.[208] Trotz der relativen logischen Selbständigkeit der für erwiesen erachteten tatsächlichen Momente eines Rechtsfalles ist daher jede Herauslösung dieser Lebenskonkreta aus dem Entscheidungssyllogismus, jede Feststellung der „nackten" Tatsachen unter völliger Außerachtlassung der jeweils in Betracht zu ziehenden Rechtsnorm unmöglich.[209] Es ist daher nicht

---

206 Unklar insoweit Binding Abh. II S. 141 ff., der „Subsumtionsfrage" und „Beweisfrage" unterscheidet, zu letzterer aber alles rechnet, was der Angeklagte „im Rechtssinne" bzw. „im Sinne des Gesetzes" getan habe (S. 154).

207 Beling GA 67 (1919) S. 141 (146).

208 Heinemann ZStW 15 (1895) S. 1 (28 ff.).

209 Beling GA 67 (1919) S. 141 (149).

statthaft, zunächst darüber abzustimmen, ob überhaupt eine Handlung gegeben ist, alsdann darüber, welches Strafgesetz anwendbar ist.[210]

Nicht weniger zweifelhaft ist, ob eine isolierte Feststellung der rechtlichen Voraussetzungen einer Entscheidung möglich ist. Zwar ist insbesondere in der älteren Literatur wiederholt darauf hingewiesen worden, daß die Feststellung der rechtlichen Prämissen einer Entscheidung über den einzelnen Fall hinausreiche und es zu den wesentlichen Bedürfnissen der Rechtsprechung gehöre, daß gleichmäßig geurteilt, das materielle Recht einheitlich angewandt werde.[211] Müsse das Gesetz im Sinne des Kollegiums zur Anwendung kommen, so sei über die Auslegung der anzuwendenden Norm vorweg (mit einfacher Mehrheit) abzustimmen.[212] Dabei sei jede Rechtsfrage einzeln zu erörtern und durch Abstimmung zu erledigen.[213]

Ob die abstrakte Rechtsfrage einer solchen gesonderten Feststellung überhaupt fähig ist, ist mehr als fraglich. Daß dem Gesetz die Isolierung dieser Frage völlig unbekannt wäre,[214] kann allerdings nicht gesagt werden: In einer Reihe von Verfahren hat das Kollegium ausschließlich die Aufgabe, eine von ihm vorgelegte Rechtsfrage zu beantworten (vgl. z. B. §§ 121 II, 136, 138 GVG) und hier auch „nur über die Rechtsfrage" (§ 138 I GVG) zu entscheiden. Jedenfalls in diesen Verfahren verlangt das Gesetz daher die Beantwortung der einzelnen, abstrakten Rechtsfrage,[215] ist die Frage nach der Auslegung einer bestimmten Rechtsnorm einziger Entscheidungsgegenstand. Daraus kann freilich nicht gefolgert werden, daß auch sonst über die Rechtsfrage vorweg zu entscheiden wäre. Nach der gesetzlichen Konzeption handelt es sich bei den Vorlageverfahren nach §§ 121 II, 136 ff. GVG nämlich um besondere Zwischenverfahren. Das Gericht, das der von ihm zu fällenden Entscheidung eine bestimmte Rechtsansicht zugrunde legen will, ist in bestimmten gesetzlich umschriebenen Fällen verpflichtet, zu dieser Vorfrage – und nur zu dieser – einen verbindlichen Entscheid eines ranghöheren Gerichts herbeizuführen.[216] Die Beantwortung der Rechtsfrage stellt noch nicht die streitentscheidende, instanzbeendende Entscheidung dar, bindet vielmehr nur das vorlegende Gericht bei seiner Entscheidung. In allen übrigen gerichtlichen Verfahren aber, in denen eine Vorlage nicht erfolgt, ist die Rechtsfrage nicht (alleiniger) Entscheidungsgegenstand, vielmehr nur eine von mehreren die Entscheidung determinierenden Prämissen. Für diese Verfahren sieht das

---

210 LR-Schäfer § 194 GVG Rdn. 9.

211 v. Kries S. 450 f.; Rosenfeld S. 98.

212 Binding S. 173, 175; ders. Abh. II S. 153; v. Kries S. 450 f.; Lucas-Dürr S. 233; unklar LR-Schäfer § 194 GVG Rdn. 9.

213 v. Kries S. 451.

214 So aber Eb. Schmidt III § 194 Rdn. 9.

215 Hierzu ausf. Beling GA 67 (1919), S. 141 (169 ff.).

216 Entsprechendes gilt auch bei der konkreten Normenkontrolle nach Art. 100 I GG.

Gesetz aber gerade nicht (zumindest nicht expressis verbis) vor, daß über die Rechtsfrage mit bindender Wirkung *vorweg entschieden* werden sollte. Die Auslegung einer einzelnen Rechtsnorm geschieht hier niemals um ihrer selbst willen, sondern immer nur im Hinblick auf ihre Anwendung auf einen bestimmten Lebenssachverhalt.[217] Die bloße Feststellung beispielsweise, daß eine Nötigung (§ 240 StGB) mit Unterlassen nur dann strafbar sei, wenn der das Übel Ankündigende eine Garantenstellung habe, könnte in diesem Verfahren weder Gegenstand einer Entscheidung nach außen sein, noch könnten hieraus allein unmittelbar irgendwelche Rechtsfolgen abgeleitet werden, handelt es sich dabei doch nur um eine unselbständige Vorfrage für die Anwendung des § 240 StGB. Ebensowenig wie die objektiven Gründe alleiniger Inhalt richterlicher Entscheidungen sein können, haben auch die rechtlichen Prämissen der Syllogismusfrage einen „strafprozessualen Eigenwert".[218] Innerhalb jeder nach dem Gesetz zu fällenden Entscheidung sind Rechts-, Tatsachen- und Subsumtionsfrage – unbeschadet ihrer logischen Selbständigkeit – von gleichem Rang,[219] und nur die Bejahung aller kumulativ erforderlichen Prämissen seitens der Kollegialrichter vermag die Anwendung der jeweils in Rede stehenden Norm (des Normgefüges) auf einen bestimmten Sachverhalt zu rechtfertigen.

Aus alledem ergibt sich daher, daß die rechtlichen Prämissen der Entscheidung, die sog. „abstrakte Rechtsfrage", weder vom Einzelrichter noch vom Kollegium vorweg (und die Minorität bindend) festgestellt werden, sie daher auch nicht Gegenstand einer gesonderten Abstimmung sein können.[220] Daran ändert auch nichts die Erwägung, daß es zu den wesentlichen Bedürfnissen der Rechtsprechung gehöre, daß das materielle Recht einheitlich angewandt wird. Die Wahrung der Einheitlichkeit der Rechtsprechung[221] ist nämlich vom Gesetzgeber in erster Linie den Gerichten anvertraut, die in einem besonderen Zwischenverfahren *nur* über die Rechtsfrage zu entscheiden haben. Nur in diesen besonderen Fällen kann daher über die abstrakte Rechtsfrage, die Auslegung einer entscheidungsrelevanten Norm, eine von den zugrundeliegenden Tatsachen weitgehend losgelöste Entscheidung getroffen werden. In allen übrigen Fällen aber ist eine Herauslösung der rechtlichen Prämissen aus der einheitlichen Syllogismusfrage seitens des Einzelrichters (und damit eine gesonderte Abstimmung über die Rechtsfrage in einem Kollegium) nicht möglich.[222]

---

217 Heinemann ZStW 15 (1895), S. 1 (78 ff.).

218 Ausf. Beling GA 67 (1919), S. 141 (146 ff., 153); zustimmend: Haymann, FG für Stammler S. 395 (427 f.); Heinemann ZStW 15 (1895), S. 1 (78 ff.); Eb. Schmidt III § 194 Rdn. 9.

219 Beling ZStW 37 (1916), S. 365 (376).

220 So auch v. Schwarze u. Hanauer bei Hahn StPO Bd. I S. 910 ff.; v. Lilienthal S. 52; Kohlrausch § 263 Anm. 2 und insbes. Beling GA 67 (1919) S. 141 ff.

221 Hierzu allg. Kern/Wolf § 17 I 3 S. 153 f.

Der Hinweis, daß der Einzelrichter zunächst die tatsächlichen, dann die rechtlichen Prämissen seiner Entscheidung feststelle und entsprechend diesem Gedankengang auch die Abstimmung im Richterkollegium eingerichtet werden müsse, vermag nach alledem für eine Abstimmung nach Gründen nichts herzugeben. Die Art und Weise, wie der Einzelrichter zu einer bestimmten Entscheidung gelangt, gebietet es nicht, die Abstimmung innerhalb des Kollegiums entsprechend einzurichten; insbesondere aber erweist sich eine Trennung von Tat- und Rechtsfrage als nicht möglich, so daß auch die kollegialgerichtliche Abstimmung nicht auf die einzelnen tatsächlichen bzw. rechtlichen Prämissen einer Entscheidung gerichtet werden kann.

c) Abstimmung nach Elementen und Bindungswirkung

Damit noch nicht ausgeschlossen ist freilich, daß die zur Abstimmung zu stellenden Fragen die einzelnen Merkmale, aus denen der Tatbestand des Verbrechens sich zusammensetzt,[223] bzw. – allgemeiner – die einzelnen normativen Voraussetzungen für die Anordnung einer bestimmten Rechtsfolge zum Gegenstand haben könnten (Abstimmung nach Elementen). Es ist zumindest nicht von vornherein unmöglich, das Vorhandensein der jeweiligen Tatbestandsmerkmale bzw. das Fehlen einzelner die Rechtsfolgenanordnung hindernder Elemente jeweils einzeln zu erfragen und mehrheitlich festzustellen. So ist etwa durchaus denkbar, zu fragen, ob der Angeklagte eine bestimmte Sache eingesteckt und daher im Sinne des § 242 StGB weggenommen habe, ob er geglaubt habe, die Sache für sich beanspruchen zu dürfen und daher die von § 242 StGB geforderte Absicht rechtswidriger Zueignung zu verneinen sei, ob die erstattete Anzeige als Strafantrag ausgelegt werden könne, ob sie von einem Antragsberechtigten erstattet worden sei, ob sie gem. § 158 II StPO zu Protokoll erklärt worden sei etc.

Viele Beispiele derjenigen Autoren, die mit den oben[224] erörterten Argumenten eine „Abstimmung nach Gründen" vertreten (oder zu widerlegen suchen), haben ebensolche einzelne Voraussetzungen einer bestimmten Rechtsfolgenanordnung zum Gegenstand, bei Erlaß eines Haftbefehls etwa die Frage, ob Fluchtgefahr oder – getrennt davon – ob Verdunkelungsgefahr gegeben sei, ob die übrigen Voraussetzungen für die Anordnung der Untersuchungshaft vorliegen. Schließlich kann auch ein Teil der Autoren, die eine schrittweise dem Gebot der Logik folgende Einigung des Kollegiums über die Teile der Schuldfrage (objektive und subjektive Tatbestandsmerkmale, Rechtswidrigkeit, Schuld) verlangen, dahin verstanden werden, daß die

---

222 Freilich steht auch hier einer informatorischen Abstimmung nichts im Wege.

223 So zutreffend v. Kries S. 441.

224 Vgl. oben Teil 2 B I 4.

Abstimmung nach Elementen die richtige Methode der Entscheidungsgewinnung sei.[225]

Diese Abstimmungsmethode läßt sich allerdings weder allein mit der Einheit der Rechtsordnung und -anwendung begründen noch mit dem Erfordernis gründlicher Erwägung aller entscheidungsrelevanten Einzelmomente. Aus den bereits oben dargelegten Gründen zwingen beide Argumente keineswegs zu einer punktuellen Abstimmung. Ebensowenig folgt aus der Begründungspflicht etwas dafür, daß über einzelne Momente notwendig getrennt abzustimmen wäre: das Ergebnis der Abstimmung kann auch dann zutreffend referiert werden, wenn die Gründe der Kollegiumsmitglieder für die Bejahung/Verneinung eines Tatbestandsmerkmals auseinandergehen. Durch eine Abstimmung nach Elementen würde auch nicht der Grundsatz der freien Beweiswürdigung verletzt, da Gegenstand der Frage nur wäre, *ob* die jeweils gesetzlich geforderte Voraussetzung gegeben ist, nicht aber *warum* das einzelne Merkmal mehrheitlich zu bejahen ist.[226] Gegen eine Abstimmung nach Elementen würde insbesondere auch nicht sprechen, daß eine Trennung von tatsächlichen und rechtlichen Prämissen nicht möglich sei, da hier Bezugspunkt der Fragestellung das Vorliegen des jeweiligen Tatbestandsmerkmals in tatsächlicher wie in rechtlicher Beziehung wäre. Erwies sich oben, daß Tat- bzw. (abstrakte) Rechtsfrage nicht aus dem einheitlichen Entscheidungssyllogismus herausgelöst und getrennt zum Gegenstand kollegialgerichtlicher Entscheidung gemacht werden können, so ist damit nicht ausgeschlossen, die einheitliche Frage auf die einzelnen Voraussetzungen des jeweiligen Rechtssatzes zu beziehen. Auf diese Weise könnten sukzessive die einzelnen Tatbestandsmomente festgestellt werden, deren kumulatives Vorhandensein Voraussetzung für die von der jeweiligen Rechtsnorm zugelassene Rechtsfolge ist.

Der wohl häufigste Einwand gegen eine Abstimmung nach Elementen bzw. nach Gründen geht dahin, daß bei getrennter Entscheidung der einzelnen tatbestandlichen Momente ein anderes Resultat zustandekommen könne, als wenn die jeweiligen tatbestandlichen Voraussetzungen einer Rechtsnorm insgesamt oder der jeweilige potentielle Entscheidungstenor zur Abstimmung gestellt werde (Total- oder Tenorabstimmung).

Nur unter bestimmten, in der bisherigen Auseinandersetzung nicht immer deutlich getrennten und herausgearbeiteten Voraussetzungen spricht dies allerdings gegen eine Abstimmung nach Elementen: Die verschiedenen Abstimmungsmethoden führen nämlich zunächst nur dann zu unterschiedlichen Resultaten, wenn das Vorliegen (Fehlen) eines einzelnen Merkmals durch diese Abstimmung für die weiteren Fragen innerhalb des Kollegiums bindend festgestellt wird, d. h. die insoweit mit dem erforderlichen Quorum

[225] Nicht alle der oben Teil 2 B I 4 Fn. 199 f. Zitierten wollen ausdrücklich eine Trennung von tatsächlichen und rechtlichen Momenten.

[226] So ausdrücklich auch v. Kries S. 440 f.

überstimmte Minorität vom Gegebensein (Nichtvorliegen) dieses Merkmals auszugehen hat (Frage der Bindungswirkung bei punktueller Abstimmung), *und* wenn bei den verschiedenen, auf die jeweiligen Gründe/Elemente gerichteten Fragen außerdem die jeweils überstimmte Minorität von unterschiedlichen Mitgliedern des Kollegiums gebildet wird.[227] Nur wenn die Mitglieder des Kollegiums bei der weiteren Abstimmung von dem mehrheitlich festgestellten Ergebnis auszugehen haben, kann also überhaupt die Abstimmung nach Elementen zu einem anderen Resultat führen als die Total- oder die Tenorabstimmung.

Daß unterschiedliche Resultate die Folge sein können, spricht allein allerdings noch nicht gegen eine Abstimmung nach Elementen bzw. für eine Abstimmung über die Anwendbarkeit eines Rechtssatzes oder über den Tenor insgesamt. Darüber hinaus wäre vielmehr insbesondere nachzuweisen, daß der Mehrheitswille des Kollegiums sich nicht (nur) auf die isoliert betrachteten Voraussetzungen einer Rechtsnorm beziehen dürfte, sondern in erster Linie auf das „Ergebnis" selbst, d. h. die Mehrheit der Kollegiumsmitglieder die Gesamtheit der Tatbestandsvoraussetzungen bejahen oder – darüber hinaus – der Entscheidungstenor vom Mehrheitswillen getragen werden müßte.

Das Problem, ob die vom Vorsitzenden zu stellenden Fragen auf einzelne Elemente der jeweiligen Rechtsnorm gerichtet werden dürfen, kann daher zunächst nicht losgelöst von der Frage gesehen werden, inwieweit der bei einer vorhergehenden Frage überstimmte Richter verpflichtet ist, sich bei der weiteren Abstimmung auf den Standpunkt der Mehrheit des Kollegiums zu stellen. Ist nämlich der Mehrheitsbeschluß über einzelne Merkmale einer anzuwendenden Rechtsnorm für das weitere Abstimmungsverfahren verbindlich und wird dementsprechend die „Zwischen-/Endentscheidung" aus diesen Mehrheitsbeschlüssen abgeleitet, könnte in der Tat (bei je verschieden zusammengesetzter Minorität) ein anderes Resultat zustandekommen, als wenn die jeweiligen tatbestandlichen Voraussetzungen einer Norm insgesamt zur Abstimmung gestellt würden oder die Abstimmung sogar unmittelbar auf den Entscheidungstenor gerichtet wäre.

Auf diesen Zusammenhang von Bindungswirkung und Fragestellung ist in der Literatur nur gelegentlich ausdrücklich hingewiesen worden.[228] Zumeist gehen die Vertreter der „Total-" bzw. „Tenorabstimmung" stillschweigend von der Verbindlichkeit des Mehrheitsbeschlusses über einzelne tatbestandlich geforderte Momente aus: Werde über die einzelnen (objektiven) Gründe bzw. Elemente getrennt abgestimmt (beispielsweise: Täterschaft, Rechtswid-

---

227 So ausdrücklich auch Binding Abh. II, S. 141 (158): ist der Opponent stets der gleiche, ist das Resultat kein verschiedenes; ebenso die zahlreichen Beispiele bei den übrigen Autoren (etwa Peters Lb S. 114 u. S. 485).

228 So etwa Peters Lb S. 488; Heinemann ZStW 15 (1895) S. 1 (47 ff.); Sachse ZStW 49 (1929) S. 306 (307); v. Kries S. 444.

rigkeit, Schuld) und bejahe eine von jeweils unterschiedlichen Kollegiumsmitgliedern gebildete Mehrheit jedes dieser Merkmale, so müsse der Angeklagte bei der sukzessiven Abstimung verurteilt, bei „Totalabstimmung" hingegen freigesprochen werden.

Daß die jeweilige Antwort der Mehrheit des Kollegiums dem weiteren Abstimmungsverfahren zu Grunde zu legen ist, ist in der ganz überwiegenden Literatur aus § 195 GVG abgeleitet worden.[229] Diese Vorschrift bestimmt jedoch nur, *daß* der überstimmte Richter trotz unbestreitbar möglicher Gewissenskonflikte[230] weiterhin an der Entscheidungsfindung mitwirken *muß* („Keine Verweigerung der Abstimmung", § 195 GVG),[231] nicht aber, *wie* er die nachfolgenden Fragen zu beantworten hat. Die Motive beschränkten sich auf den Hinweis, daß „diese vielerörterte Frage ... nach logischen Grundsätzen und in Gemäßheit der Fälle verschieden beantwortet werden müsse",[232] eine gesetzliche Vorschrift nicht möglich sei.

Daß der herrschenden Ansicht in der Literatur – wenn auch nur im Ergebnis – zuzustimmen ist, ergibt sich aus folgenden Erwägungen: Einzel- wie Kollegialrichter haben anhand der jeweils in Betracht kommenden Rechtssätze zu entscheiden. Die Antworten der Kollegiumsmitglieder müssen sich daher aufgrund der Gesetzesgebundenheit in erster Linie an der im Einzelfall zu konkretisierenden Rechtsnorm orientieren. Dies gilt unabhängig davon, ob der jeweilige Tatbestand ungeteilt zur Abstimmung gestellt wird, die einheitliche Frage auf die Anwendbarkeit eines bestimmten Rechtssatzes gerichtet ist, oder ob das Vorliegen/Fehlen einer bestimmten Voraussetzung alleiniger Gegenstand der Frage ist. Daß beispielsweise der bei der Schuldfrage überstimmte Richter sich nicht allein deshalb, weil er die Handlung des Angeklagten nicht als tatbestandsmäßig ansieht, für das Strafminimum aussprechen darf, ergibt sich daher nicht – wie vielfach angenommen[233] – aus der Verbindlichkeit des Mehrheitsbeschlusses, sondern *allein* aus der gesetzlichen Bindung

---

[229] Rosenfeld S. 95; Glaser Hdb. S. 271; Planck S. 162; Breetzke DRiZ 1962, S. 5 (6); Kleinknecht § 195 GVG Rdn. 1; Kühne S. 329 Rdn. 602; Henkel S. 254; v. Hippel S. 355; Kissel § 195 Rdn. 1; LR-Schäfer § 195 GVG Rdn. 2; Eb. Schmidt III § 195 Rdn. 1; KMR-Müller (6.) § 195 GVG Anm. 1; Beling S. 252 f.; Gerland S. 286; Binding S. 176; ders. Abh. II S. 141 (165); Seibert MDR 1957, S. 597.

[230] Der Gewissenskonflikt läßt sich allerdings nicht schon unter Hinweis auf die Verbindlichkeit des Mehrheitsbeschlusses negieren, so aber LR-Schäfer § 195 GVG Rdn. 2; zum Gewissenskonflikt des überstimmten Richters ausf. Küper S. 322 ff.; Peters Lb S. 485 u. 114; Eb. Schmidt III § 195 Rdn. 2.

[231] De lege lata nicht vertretbar daher Peters Lb S. 114, 486; hiergegen zu Recht Eb. Schmidt III § 195 Rdn. 2; ebenso KK-Mayr § 195 GVG Rdn. 1 und Henkel S. 254.

[232] Hahn GVG Bd. I S. 180.

[233] Vgl. etwa: Eb. Schmidt III § 195 Rdn. 4,6; Peters Lb S. 114 u. 485 f.; Gerland S. 286; Binding S. 176; ders. Abh. II S. 141 (165); Bennecke/Beling S. 391; ebenso LR-Schäfer § 195 GVG Rdn. 2 a. E.; v. Kries S. 448 f.; v. Bar KVJR 1868, S. 467 (498), die jedoch zu Unrecht davon ausgehen, daß sich sonst „indirecte Verdachtsstrafen" ergäben. A.A. Beling S. 252 f. unter Aufgabe seiner früheren Ansicht.

des Richters bei Beantwortung der einzelnen Fragen. Daß sich die Antwort primär an der gesetzlichen Bestimmung zu orientieren hat, wird durchweg nicht gesehen,[234] hat aber für die Fragestellung erhebliche Konsequenzen: die Gesichtspunkte, die die Beantwortung der vorhergehenden Frage beeinflußt haben, spielen regelmäßig für die Beantwortung der weiteren Fragen keine Rolle mehr, da das Gesetz ihre Berücksichtigung und damit ein Zurückgreifen auf diesen durch Mehrheitsbeschluß erledigten Gesichtspunkt von vornherein ausschließt. Dies gilt nicht nur im Verhältnis verschiedener relativ selbständiger Entscheidungen zueinander (Schuldfrage/Straffrage), sondern gerade auch innerhalb eines anzuwendenden (Straf-)Tatbestandes (Fremdheit der Sache/Gewahrsamsbruch innerhalb § 242 StGB). Nicht die Verbindlichkeit des Mehrheitsbeschlusses, sondern in erster Linie die Gesetzesgebundenheit (in Verbindung mit der Abstimmungspflicht) führt daher dazu, daß die bei der decisiven Abstimmung über die einzelnen Elemente (– eine gesonderte Schlußabstimmung findet bei der hier erörterten sukzessiven Fragestellung gerade nicht statt –) in der Minderheit gebliebenen Richter ihre Auffassung im Hinblick auf das eine Merkmal insoweit nicht fortwirken lassen können bei der Abstimmung über ein folgendes Element. Die Beantwortung der weiteren Fragen nach den einzelnen Elementen ist vielmehr ausschließlich am Gesetz zu orientieren.

Diese Grundsätze gelten insbesondere auch im Verhältnis von Grundtatbestand zu Qualifikation. Mit der Bindung des Richters an das Gesetz nicht zu vereinbaren ist die Annahme, daß der Richter, der den Grundtatbestand verneint habe, auch stets gehalten sei, das qualifizierende Merkmal zu verneinen.[235] Nimmt etwa innerhalb der Strafkammer nur R1 an, daß A nicht den Vorsatz gehabt habe, den X körperlich zu mißhandeln, während nur R2 davon ausgeht, daß der Tod des X nicht durch die Körperverletzung verursacht worden sei, so wäre bei sukzessiver Abstimmung über die Elemente des Grundtatbestandes und anschließender Abstimmung über die Ursächlichkeit der Körperverletzung für den Tod R1 gehalten, diese letztere Frage anhand des Gesetzes zu bejahen. Verneinung dieser Frage allein unter Hinweis darauf, daß A nicht vorsätzlich gehandelt habe, wäre schlicht gesetzwidrig. Die Frage nach der Verbindlichkeit des Mehrheitsbeschlusses tritt daher erst in den Vordergrund, wenn ein und derselbe Umstand sowohl bei Beantwortung der vorhergehenden als auch bei Beantwortung der weiteren Fragen eine Rolle spielt, zwischen beiden auf einzelne Elemente gerichteten Fragen auch ein innerer Zusammenhang besteht. Dies wäre etwa der Fall, wenn die Täterschaft des Angeklagten zweifelhaft ist; muß hier der Richter, der die Tataus-

---

[234] Nur gelegentlich wird dies angedeutet, so etwa: Beling S. 252; Stenglein Anm. zu § 197 GVG; LR-Schäfer § 195 GVG Rdn. 3; Eb. Schmidt III § 195 Rdn. 4,6.

[235] So aber v. Bar KVJR 1868, S. 467 (499); Oetker S. 122, 123; Binding Abh. II S. 141 (160) und ders. S. 174.

führung durch den Angeklagten verneint (und insoweit überstimmt wird), bei der weiteren Frage nach der Schuld von der Täterschaft des Angeklagten ausgehen?

Daß der überstimmte Votant bei der weiteren Abstimmung vom Standpunkt der Mehrheit des Kollegiums ausgehen muß, ist jedenfalls insoweit unstreitig, als verschiedene Schuldspruchmöglichkeiten in Rede stehen: wer bei der Abstimmung über vorsätzliche Tötung überstimmt wurde, darf fahrlässige Tötung nicht deshalb verneinen, weil er vorsätzliche Begehung annimmt, muß vielmehr den Sachverhalt nunmehr unter dem Gesichtspunkt der Fahrlässigkeit selbständig prüfen.[236] Aber auch wenn verschiedene, innerlich zusammenhängende Merkmale eines bestimmten Tatbestandes in Rede stehen, ist eine solche „Bindungswirkung“ bei geteilter Fragestellung, Abstimmung nach einzelnen Elementen, zu bejahen.[237] Dies ergibt sich bereits aus der Erwägung heraus, daß die „sukzessive Abstimmung sonst zwecklos wäre.“[238] Überdies entspricht es dem Grundgedanken und Wesen des Kollegiums, daß das zunächst Festgestellte Grundlage der weiteren Entscheidungsfindung ist.[239] Wer etwa bei der Frage, ob der Angeklagte die fremde Sache weggenommen hat, überstimmt wurde, kann daher nicht allein deswegen, weil er den Angeklagten nicht für den Täter hält, die Frage nach der Zueignungsabsicht des Angeklagten verneinen. Soweit ein logischer Zusammenhang besteht, müßte sich der überstimmte Richter bei einer Abstimmung nach Elementen also auch bei der weiteren „Abstimmung“ über die nachfolgenden Merkmale auf den Standpunkt der Mehrheit des Kollegiums stellen.“[240]

Die gesetzliche Bindung sowie die Verbindlichkeit des in einzelnen Prämissen zu treffenden Mehrheitsbeschlusses würden danach in der Tat dazu führen (können), daß die Ableitung der Entscheidung aus diesen die einzelnen Tatbestandsmerkmale betreffenden Majoritätsbeschlüssen zu einem anderen Resultat führen würde als die Beantwortung einer den gesamten Tatbestand oder den jeweiligen Tenor umfassenden Frage. Bei unterschiedlich zusammengesetzter Minorität, die jeweils ein Tatbestandsmerkmal (d. h.: eine posi-

---

[236] So im Anschluß an RGSt 59, 83 f. die ganz h. M.; vgl.: KMR-Müller (6.) § 195 GVG Anm. 1; Kleinknecht § 195 GVG Rdn. 1; Peters Lb S. 485 f. u. S. 114; so schon RGR 4, 198 ff.

[237] So ausdrücklich: Breetzke DRiZ 1962, S. 5 (6); Stenglein Anm. zu § 197 GVG.

[238] Bennecke/Beling S. 391; Sachse ZStW 49 (1929), S. 306 (307); Rosenfeld S. 95.

[239] LR-Schäfer § 195 GVG Rdn. 2; Kissel § 195 Rdn. 1. Da nur das positiv Festgestellte Grundlage weiterer Abstimmungsgänge sein könne, greife die Bindungswirkung allerdings nicht bei Verneinung einer Frage – Beling S. 252; dies erscheint zweifelhaft, da bei mehrheitlicher Verneinung eines rechtswidrigen Angriffs iSd § 32 StGB der Rechtfertigungsgrund der Notwehr verneint ist. Der in der Minderheit gebliebene Kollegialrichter ist aber in der Tat nicht gehindert, die Voraussetzungen anderer Rechtfertigungsgründe (etwa eine Gefahr iSd § 34 StGB) zu bejahen.

[240] So schon Zacke S. 42 ff.; Hellweg S. 305; Rosenfeld S. 95; Gerland S. 286; Kühne S. 329 f.; LR-Schäfer § 195 GVG Rdn. 2.

tive Strafbarkeitsvoraussetzung) verneint, würde daher die Abstimmung nach Elementen zur Anwendbarkeit des Rechtssatzes führen, da die jeweils erforderliche Majorität die einzelnen Merkmale bejaht; bei ungeteilter Abstimmung über die Anwendbarkeit eines bestimmten Rechtssatzes oder den auszusprechenden Entscheidungstenor wäre die Frage zu verneinen, da jeder der Richter wenigstens eine Voraussetzung für die Rechtsfolgenanordnung verneint.

Wie bereits oben dargelegt, rechtfertigt die Verschiedenheit der Resultate allein jedoch noch nicht, die Abstimmung nach Elementen zu verwerfen. Dafür wäre insbesondere noch erforderlich nachzuweisen, daß der Entscheidungswille der Mehrheit der Kollegiumsmitglieder sich auf das Urteil, die Entscheidung bzw. „das Ergebnis" beziehen muß und nicht (nur) auf die Bejahung einzelner Tatbestandsmerkmale. Daß dies in der Tat der Fall ist, wird unten noch näher darzulegen sein.

II. Argumente für Ergebnisabstimmung

Die Analyse der bisher vorgeschlagenen Fragenthemata hat gezeigt, daß von der ganz h. M. im Anschluß an die Motive zur RStPO für das Strafverfahren zwar die Ergebnisabstimmung (d. h. die Total- bzw. die Tenorabstimmung) als richtige Methode zur kollegialrichterlichen Entscheidungsgewinnung angesehen wird, hinsichtlich des Umfangs der vom Vorsitzenden zu stellenden Fragen jedoch weitgehend Unklarheit herrscht, darüber hinaus auch der mögliche Bezugspunkt aller zur Abstimmung zu stellenden Fragen nicht deutlich gemacht wird. Insbesondere wurde nachgewiesen, daß auch die Autoren, die sich für die Totalabstimmung aussprechen, bei zahlreichen Entscheidungen prinzipwidrig den potentiellen Tenor als Gegenstand der Fragestellung ansehen.

Da es nicht ausreicht, die Total- oder die Tenorabstimmung als maßgebliche Abstimmungsmethode anzusehen und es ebensowenig genugt, die Abstimmung nach Gründen zu widerlegen, soll im folgenden untersucht werden, ob den zur Rechtfertigung der Ergebnisabstimmung vorgebrachten Argumenten Anhaltspunkte für ein allgemeines Prinzip entnommen werden können.

1. Richterliche Entscheidung als „volitiver Denkakt"

Von den Gegnern einer „Abstimmung nach Elementen" wird in erster Linie darauf hingewiesen, daß die richterliche Urteilsfindung „ein volitiver Denkakt, eine individuelle Normierung einer Rechtsfolge und nicht nur ein theoretischer Aussagesatz" sei.[241] Die (kollegial-)richterliche Entscheidung sei

[241] Beling GA 67 (1919), S. 141 (143).

„nicht lediglich ein mathematischer Schluß, sondern ein einheitlicher Willensakt eines Organs der Staatsgewalt“.[242] Die „rechtsgeschäftliche Willenserklärung des Gerichts“,[243] der „einfache Willensakt“ des Kollegiums könne nicht „in mehrere Tatumstände zerlegt“ werden. Bei der Abstimmung als „Akt der gerichtlichen Willensbildung“[244] dürfe daher nicht auf die einzelnen Prämissen der gerichtlichen „Willenserklärung“ abgestellt werden. Die Fragestellung müsse sich vielmehr stets auf die verschiedenen möglichen Urteilsformeln beziehen; „die Frage aller Fragen“ laute immer: „Sollen wir (ich) so entscheiden (diese Rechtsfolge bestimmen)?“.[245] Das Gericht müsse sich primo loco über das zu Wollende einigen.[246]

Ob aus dieser Umschreibung (kollegial-)richterlicher Tätigkeit für die Art der Abstimmung überhaupt etwas gewonnen werden kann, muß indes bezweifelt werden.[247] Schon der Ausgangspunkt der Überlegungen, daß die richterliche Urteilsfindung ein „volitiver Denkakt“ sei, ist alles andere als gesichert. Nach heute wohl herrschender Meinung ist vielmehr davon auszugehen, daß bei der Rechtsanwendung sowohl volitive Elemente als auch reine Erkenntnismomente eine Rolle spielen.[248] Zudem ist mit der Kennzeichnung als „volitiver Denkakt“ noch keineswegs gesagt, worauf sich dieser denn überhaupt beziehen muß. Daß er allein auf die in einer Urteilsformel (möglicherweise) nach außen hervorgetretene Rechtsfolgenbestimmung gerichtet sein muß (z. B. „Einstellung?“) folgt nicht schon daraus, daß es sich um eine „Willenserklärung“ handelt, könnte diese doch auch auf Beantwortung einer bestimmten, abstrakten Rechtsfrage gerichtet sein, oder überhaupt die Feststellung einzelner Prämissen einer Entscheidung betreffen.

Aber auch die Feststellung, daß die kollegialgerichtlicheEntscheidung „einheitlicher Willensakt eines Organs der Staatgewalt“ ist, dürfte hier kaum weiterführen. Bereits Wolff[249] hat ausführlich nachgewiesen, daß es kein „Organverhalten“, keinen Willensakt „des Organs“ gibt, vielmehr nur ein dem Organ zurechenbares Organwalterverhalten, hier also die „rechtsgeschäftliche (??) Willenserklärung“ des einzelnen Kollegialrichters. Damit ist allerdings der

---

[242] RGR 4, 198 (203); Motive zu § 196 GVG bei Hahn, GVG I, S. 180; v. Bar KVJR 1868, S. 467 (469); Glaser, Hdb. S. 268 Fn. 7. Nachw. zur älteren Literatur bei Heinemann ZStW 15 (1895) S. 1 (24) Fn. 11.

[243] Beling GA 67 (1919), S. 141 (143); ders. S. 240; Bennecke/Beling S. 389; Gerland S. 284.

[244] Binding Abh. II, S. 141 (151).

[245] Beling GA 67 (1919), S. 141 (143).

[246] Binding S. 172.

[247] Wie hier: Heinemann ZStW 15 (1895), S. 1 (24 f.).

[248] Zum Erkenntnismoment: Eichenberger S. 85 ff.; zum Willensmoment: Gribbohm MDR 1966, S. 975 ff.; Küper S. 1 ff.; Simon S. 91 f.

[249] Wolff II S. 242 ff.; für das Kollegialgericht ausdr. auch v. Coelln S. 36 f. mit ausf. Nachw. zur Literatur, die „das Kollegium als künstlichen Menschen“ angesehen hatte.

Kern des Einwandes noch nicht formuliert. Wichtiger erscheint demgegenüber folgendes: Mit der bloßen Aussage, daß die Entscheidung des Kollegiums eine „Willenserklärung" ist, ist nämlich noch nichts darüber ausgesagt, wie diese zustandekommt, insbesondere, worauf sich die „Willenserklärungen" der Organwalter beziehen müssen. Zur Konstituierung der „Willenserklärung des Organs" ist zwar eine einheitliche materielle Bindung der Organwalter erforderlich.[250] Daß diese nur und allein in der Rechtsfolgenbestimmung gesehen werden kann, müßte erst noch nachgewiesen werden: der „volitive Denkakt" der einzelnen Kollegialrichter könnte sich nämlich ebenso gut – wie schon erwähnt – auf die Feststellung der einzelnen Prämissen der Rechtsfolgennormierung beziehen.[251] Die „einheitliche Willenserklärung" käme dann durch sukzessive „Abstimmung über die Elemente" der Entscheidung zustande. Aus alledem folgt aber, daß die Kennzeichnung der richterlichen Entscheidung als „volitiver Denkakt", als „Willensakt", nichts für die Fragestellungslehre herzugeben vermag.

2. Zu beurteilender Sachverhalt als „unteilbares Ganzes"

Die Totalabstimmung (über die Schuldfrage) ist gelegentlich weiterhin damit gerechtfertigt worden, daß das Kollegium einen „einheitlichen Willensakt des Angeklagten" zu beurteilen habe.[252] Die ein „untrennbares Ganzes darstellende menschliche Handlung", der „einheitliche Willensentschluß des Angeklagten" dürfe durch Teilung nicht willkürlich auseinandergezogen, in eine Reihe unzusammenhängender Akte aufgelöst werden, was eine sachgemäße Entscheidung unmöglich mache.[253] Die rechtlich zu würdigende menschliche Handlung sei ein nach keiner Richtung hin zerlegbares Ganzes, so daß allein die Totalabstimmung eine sachgemäße Entscheidung ermögliche.[254]

Diesem Gesichtspunkt läßt sich ein allgemeines, für alle im richterlichen Kollegium auftauchenden Fragen geltendes Prinzip schon deswegen nicht entnehmen, weil dieses Argument eine Totalabstimmung allenfalls für die Schuldfrage zu rechtfertigen vermag, nicht aber für andere Entscheidungen des Kollegiums.[255] Objekt der richterlichen Entscheidung ist nicht nur ein ein-

---

250 Wolff II S. 247.

251 Ähnlich Heinemann ZStW 15 (1895) S. 1 (25); davon geht wohl auch aus v. Coelln S. 34 ff.

252 v. Bar KVJR 1868, S. 467 (489).

253 Heinemann ZStW 15 (1895) S. 1, 32 ff.; Wittern S. 10 f.; LR-Schäfer § 194 Rdn. 6: „dem Wesen der Sache widerstreitende, künstliche Zergliederung der Tat".

254 Heinemann ZStW 15 (1895) S. 1 (34).

255 So auch Heinemann ZStW 15 (1895) S. 217 (224 ff.).

heitlicher Willensakt des Angeklagten; über die Beantwortung der Schuldfrage hinaus hat das Gericht nämlich zahlreiche weitere Entscheidungen zu treffen, seien es laufende, seien es prozeßerledigende Entscheidungen, die von der menschlichen Handlung des Angeklagten völlig unabhängig sind. So ist etwa der Beschluß über ein Ablehnungsgesuch wegen Besorgnis der Befangenheit (§ 24 StPO), über die Einstellung des Verfahrens wegen Fehlens des erforderlichen Strafantrags, über die Ausschließung der Öffentlichkeit (§ 172 GVG) oder die Entfernung des Angeklagten aus der Hauptverhandlung (§ 247 StPO) von dem zu beurteilenden einheitlichen Sachverhalt, der den Prozeßgegenstand bildenden Tat iSd § 264 StPO, völlig unabhängig.

Unklar ist aber insbesondere, ob mit dem „einheitlichen Willensakt" des Angeklagten die einzelne tatbestandsmäßige Handlung im Sinne eines bestimmten Straftatbestandes gemeint ist, oder ob Bezugspunkt der Abstimmung „dieselbe Handlung" iSd § 52 StGB oder gar der einheitliche historische Vorgang, mithin die Tat im prozessualen Sinne sein soll.[256] Schwierigkeiten entstehen auch dann, wenn der Straftatbestand selbst ein mehraktiges Geschehen voraussetzt, die Strafbarkeit also nicht – wie regelmäßig – von nur einem unteilbaren Willensakt des Angeklagten abhängen soll. So setzt etwa § 237 StGB nicht nur eine Entführung gegen den Willen der Entführten voraus; erforderlich ist weiterhin, daß der Täter (und darin liegt der 2. Akt der Tathandlung) die hilflose Lage der Frau zu außerehelichen sexuellen Handlungen mit ihr ausnutzt.[257] Ist auch das zwei- (oder mehr-)aktige Tatgeschehen als einheitlicher Willensakt des Angeklagten anzusehen und Totalabstimmung über beide Teilakte erforderlich, oder ist hinsichtlich jedes Teilaktes eine gesonderte Fragestellung erforderlich?

Schließlich kann nicht unberücksichtigt bleiben, daß im Zivilprozeß regelmäßig ebenfalls ein einheitlicher Lebenssachverhalt zu beurteilen, Objekt der richterlichen Entscheidung ein einheitlicher Willensakt einer Person ist, dies aber einer Abstimmung nach Gründen bzw. Elementen nicht entgegensteht.[258] Der zu beurteilende Sachverhalt als „unteilbares Ganzes" hindert hier also nicht eine getrennte Feststellung der einzelnen Elemente des einheitlichen Geschehens. Insbesondere auch darin zeigt sich, daß der rechtlich zu würdigende einheitliche Willensakt nicht schon seinem Wesen nach ausschließt, daß die einzelnen tatsächlichen Momente, die in ihrer Gesamtheit die Anwendung des Rechtssatzes rechtfertigen, gesondert durch Mehrheitsbeschluß festgestellt werden. Der Gedanke des einheitlichen Lebenssachverhalts vermag daher die Totalabstimmung über die Schuldfrage nicht zu rechtferti-

---

[256] Vgl. zur Trennung dieser Begriffe: Dreher/Tröndle Rdn. 2 vor § 1; KK-Hürxthal § 264 Rdn. 3 ff.

[257] Dreher/Tröndle § 237 Rdn. 2, 6.

[258] So bereits Zeiler ZStW 41 (1920) S. 528 (530 f.); Haymann FG für Stammler S. 395 (416 f.).

gen, aber auch ein allgemeines Prinzip für die Abstimmungsmethode nicht herzugeben.

3. Der Grundsatz „in dubio pro reo"

Daß die Frage auf das Urteil, die Entscheidung insgesamt, gerichtet werden müsse, wird in der Literatur unter anderem damit gerechtfertigt, daß nur so der Grundsatz „in dubio pro reo" gewahrt werden könne.[259] „Ein Zweifel, den ein Richter hat, und kraft dessen er nicht für den Entscheidungsinhalt einsteht, kann nicht aus der Seele anderer Richter heraus ergänzt werden, die den Zweifel nicht haben".[260]

Ob dieser Grundsatz für Inhalt und Umfang der zu stellenden Fragen überhaupt etwas herzugeben vermag, ist allerdings zweifelhaft. Zunächst sind nämlich Inhalt und Reichweite dieses Grundsatzes selbst bis heute nicht abschließend geklärt,[261] insbesondere nicht, ob es sich hierbei lediglich um die verfahrensrechtliche Kehrseite des materiellen Schuldgrundsatzes[262] oder ob es sich hierbei um einen Bestandteil des Rechtsstaatsgedankens[263] oder um eine allgemein gültige Gerechtigkeitserwägung[264] handelt. Folgt man danach etwa der ersteren Ansicht, so wäre die Art der Fragestellung davon abhängig, ob „die Schuldfrage" oder andere Fragen in Rede stehen; für letztere könnte der Grundsatz dann jedenfalls nicht herangezogen werden.

Selbst wenn man aber in dem Grundsatz in „dubio pro reo" den Ausfluß eines allgemeinen Rechtsgedankens sehen wollte, wäre damit für Inhalt und Umfang der zu stellenden Fragen nichts gewonnen: Warum das „dubium" in der Person des einen Richters nicht durch Mehrheitsbeschluß beseitigt werden darf, ist mit der bloßen Berufung auf rechtsstaatliche Erwägungen eben noch nicht gesagt, [265] enthalten die die Abstimmung betreffenden „Rechts-"normen doch weder für diese noch für die gegenteilige Ansicht irgendwelche Anhaltspunkte.[266] Im übrigen findet der Grundsatz „in dubio pro reo" nur dort Anwendung, wo die Entscheidung einen eindeutigen Sachverhalt voraussetzt.

---

[259] Wittern S. 11; v. Kries S. 441; Heinemann ZStW 15 (1895) S. 1 (44 ff.); Rosenfeld S. 97; Beling ZStW 42 (1921) S. 599 (614); LR-Schäfer § 194 GVG Rdn. 6 a. E.; Eb. Schmidt III § 194 Rdn. 13; Schlüchter Rdn. 582 S. 624; für die strafprozeßähnlichen Verfahren vor dem BVerfG ebenso: Maunz § 15 Rdn. 13 a. E.; Rdn. 16 Fn. 7.

[260] Beling ZStW 42 (1921), S. 599 (620 f.).

[261] Vgl. KK-Hürxthal § 261 Rdn. 56 ff.; LR-Gollwitzer § 261 Rdn. 112 ff.; Peters Lb S. 287 ff.

[262] So etwa Sulanke S. 74 ff.; ausf. Nachw. zur früheren Rspr. bei BGHSt 18, 274 ff. = JZ 1963, S. 605 f.

[263] So wohl BGHSt 18, 274 ff. = JZ 1963, S. 605 f.

[264] So wohl Stree S. 14 ff.

[265] Zweifel auch bei Breetzke DRiZ 1962, S. 5 (8); Haymann, FG für Stammler S. 395 (415).

[266] Auch nicht § 195 GVG, wie Breetzke DRiZ 1962, S. 5 (6) meint.

die Entscheidungsgrundlage in tatsächlicher Hinsicht sicher feststehen muß. Dort, wo nach dem Gesetz bereits (dringender, hinreichender) Tatverdacht oder Wahrscheinlichkeit genügt, ist für diesen Grundsatz kein Raum, da das Gesetz selbst von einer gewissen Ungeklärtheit des Sachverhalts ausgeht.[267] Insbesondere bei strafprozessualen Zwangsmaßnahmen, wie z. B. Haftbefehl, Durchsuchung, Überwachung des Fernmeldeverkehrs, aber auch beim Eröffnungsbeschluß ist daher der Grundsatz „in dubio pro reo“ nicht anwendbar, vermag also bei diesen Entscheidungen des Kollegiums eine Ergebnisabstimmung auch nicht zu rechtfertigen.

Ebenso sind Zweifel in der Rechtsanwendung nicht nach dem Grundsatz „in dubio pro reo“ zu lösen;[268] konsequenterweise müßten daher, besteht hinsichtlich der tatsächlichen Momente innerhalb des Kollegiums kein Streit, die Zweifelsfragen in rechtlicher Hinsicht stets gesondert zur Abstimmung gebracht werden. Daß aber eine Herauslösung der rechtlichen Elemente, der abstrakten Rechtsfrage, aus dem Syllogismus nicht möglich ist, wurde oben bereits dargelegt.

Nach alledem vermag auch der Grundsatz „in dubio pro reo“ eine Totalabstimmung über die Schuldfrage nicht zu rechtfertigen, insbesondere aber auch kein allgemeines Prinzip für die in einem Kollegium auftauchenden Fragen abzugeben.

4. Ziel der Abstimmung: ein mehrheitliches gewolltes Ergebnis

Anhaltspunkte für ein einheitliches Prinzip, worauf die vom Vorsitzenden zu stellenden Fragen gerichtet sein müssen, könnten sich allerdings aus dem Zweck der Abstimmung ergeben.

Das Reichsgericht hatte bereits in einer sehr frühen Entscheidung ausgeführt, daß „es nicht angängig ist, durch Teilung der Fragen nach den einzelnen Momenten, aus deren Zusammenhang sich das Schuldig ergibt, eine künstliche Majorität zu gewinnen, wenn der Gerichtshof tatsächlich das *Gesamtresultat* mit der vom Gesetz vorgeschriebenen Majorität nicht will“.[269] Ähnlich argumentierte die Literatur: Das bloß aus „der Abstimmung nach Elementen“ gefolgerte „*Resultat* könne der Ansicht eines jeden einzelnen oder gar des gesamten Kollegiums widersprechen“.[270] Hinsichtlich der Schuldfrage sei daher „Totalabstimmung“ unumgänglich, da allein das hierdurch gewonnene „*Gesamtergebnis* dem Willen des Gerichts entspricht“.[271] Nur so sei eine

---

[267] Peters Lb S. 291.

[268] Peters Lb S. 290.

[269] RGSt 2, 379 (380 f.); RGSt 8, 218 (220).

[270] v. Bar KVJR 1868, S. 467 (469); Bolgiano ZZP 15 (1891), S. 387 (396).

„Häufung von Unsicherheiten zu vermeiden und eine zumindest erhöhte Wahrscheinlichkeit für *das richtige Resultat* gegeben".[272]

Innerhalb eines gerichtlichen Verfahrens könnten allerdings „verschiedene gerichtliche *Handlungen*" in Betracht kommen, „die in einer Frage gar nicht zusammengefaßt werden könnten".[273] Hier seien (selbstverständlich) so viele einzelne Abstimmungsvorgänge erforderlich „wie sie notwendig sind, um den Fragestoff zu erschöpfen".[274] Gesonderte Abstimmung sei danach erforderlich über alle „Vorfragen",[275] über die sog. „Präjudicialpunkte"[276] sowie schließlich über jeden „selbständigen Teil" einer Hauptentscheidung, wenn „jeder (dieser Teile) eine Entscheidung für sich verlangt".[277] Nach der StPO sei stets allein entscheidend die „Richtigkeit des *Entscheidungsinhalts,* der *Rechtsfolgennormierung* für den konkreten Fall";[278] die Herauslösung einzelner Prämissen sei daher auch in diesen Fällen unstatthaft, da dann möglicherweise ein unrichtiges, von der Mehrheit des Kollegiums nicht gebilligtes *Ergebnis* entstehe. Auch für die sonstigen verschiedenen Entscheidungen des Gerichts müßten daher die gleichen Grundsätze gelten wie bei „der Schuldfrage": „maßgebend kann auch hier nur das *Totalergebnis* der Abstimmung sein, denn nur dieses Ergebnis entspricht dem Willen der Mehrheit" des Kollegiums.[279] Nur bei „Totalabstimmung zu jedem dieser *Teile*"[280] übernehme die gesetzliche Mehrheit des Kollegiums die „Gewähr für das *Entscheidungsergebnis*".[281] „Hinsichtlich jedes möglichen *Ergebnisses*" sei damit eine ungeteilte Abstimmung erforderlich, hinter dem der richterliche Entscheidungswille mit der gesetzlich geforderten Majorität stehe",[282] und welches (daher) auch das wahrscheinlich richtige *Resultat* sei.[283]

---

271 Hippel S. 355 f.; Beling ZStW 37 (1916), S. 365 (376); ders. S. 243 u. 246; ders. ZStW 42 (1921), S. 599 (610); Eb. Schmidt III § 194 Rdn. 12; Heinemann ZStW 15 (1895); S. 1 (45 f.).

272 v. Kries S. 441.

273 Gerland S. 284; Birkmeyer S. 472; Eb. Schmidt III § 194 Rdn. 11; Beling GA 67 (1919), S. 141 (144); ders. S. 247; Bennecke/Beling S. 389 f.

274 Beling S. 247; Bolgiano AcP 78 (1892) S. 145: „jedes Erkenntnis ist das Ergebnis einer Reihe von Unterentscheidungen".

275 Binding Abh. II S. 141 (164 f.); v. Coelln S. 17 Fn. 1; Glaser Hdb. S. 268 Fn. 7; Haymann, FG für Stammler S. 395 (426); Lucas-Dürr S. 233.

276 Dohna S. 81; v. Bar KVJR 1868, S. 467 (476 f.); Zacke S. 51.

277 Zacke S. 51; Eb. Schmidt III § 194 Rdn. 11; LR-Schäfer § 194 GVG Rdn. 4; Gerland S. 284 f.

278 Beling GA 67 (1919), S. 141 (153); auf das „wahrscheinlich richtige Resultat" stellt entscheidend ab: Haymann, FG für Stammler, S. 395 (422 f.) und v. Kries S. 441 f.

279 Hippel S. 356 f.; Beling S. 246 ff.

280 Eb. Schmidt III § 194 Rdn. 11; Zacke S. 51.

281 Beling ZStW 42 (1921), S. 599 (611); ders. ZStW 37 (1916) S. 365 (376 f.); Geyer S. 764; Sachse ZStW 49 (1929) S. 306 (309); Kern/Roxin § 47 C III 2 S. 259.

282 Eb. Schmidt III § 194 Rdn. 12.

Der Zweck der Abstimmung läßt sich daher – auch wenn dies in der Literatur zumeist nicht ausdrücklich ausgesprochen wird[284] – etwa folgendermaßen umschreiben: Ziel der Abstimmung ist die Gewinnung des wahrscheinlich richtigen, weil von dem Willen der Mehrheit des Kollegiums getragenen, Ergebnisses, (Gesamt-)Resultates. Entsprechend sei auch „bei der Abstimmung sicherzustellen, daß sich in dem Urteil der Wille der jeweils erforderlichen Mehrheit der Mitglieder des erkennenden Gerichts widerspiegelt".[285] Dies aber lasse sich nicht durch „punktuelles Abstimmen" erreichen, sondern nur durch eine Abstimmung, die man als „Ergebnis-, Total- oder Tenorabstimmung"[286] bezeichne.

a) Relativität des Ergebnisbegriffs

Ob aus dem so umschriebenen Zweck der Abstimmung überhaupt etwas für eine bestimmte Art der Fragestellung abgeleitet werden kann, muß indes bezweifelt werden.

Zunächst wird dabei nämlich unterstellt, daß bei einer „Abstimmung nach Elementen" die mehrheitlich festgestellten „Prämissen" für das weitere Abstimmungsverfahren bindend sind, die Kollegiumsmitglieder, die bei der Abstimmung über die vorhergegangene Frage in der Minderheit geblieben sind, bei ihrem weiteren Abstimmungsverhalten also von dem Gegebensein des einzelnen „Grundes" auszugehen haben. Daß eine solche Bindungswirkung besteht, wurde oben dargelegt.[287] Die Autoren, die unter Hinweis auf die Bindungswirkung eine Gesamtabstimmung verlangen, lassen allerdings nicht erkennen, was unter „Element", „Grund" überhaupt zu verstehen ist.

Die Ausführungen gehen weiter – wenn auch nicht ausdrücklich – davon aus, daß sich der „Gesamtwille des Kollegiums", d. h. der Wille der einzelnen Kollegialrichter[288] auf das „(Gesamt-)Ergebnis", das „(Gesamt-)Resultat", die „(Teil-)Entscheidung" bzw. die jeweilige „gerichtliche Handlung" beziehen müsse. Offen bleibt dabei aber die Kernfrage, was unter diesen Begriffen denn überhaupt zu verstehen ist. Fest steht allein, daß einziger Abstimmungsgegenstand (regelmäßig) nicht nur die endgültige, zu verlesende Urteilsformel (§ 268 II 1 StPO) sein kann.[289] Was aber Gegenstand der einzelnen Abstim-

---

[283] v. Kries S. 441 f.; Haymann, FG für Stammler S. 395 (422 ff.); ausf. Wahrscheinlichkeitsberechnungen bei: Zeiler ZStW 41 (1920), S. 528 (540 ff.).

[284] Z.B. Beling S. 246.

[285] Schlüchter Rdn. 582 S. 624.

[286] Schlüchter Rdn. 582 S. 624.

[287] Dazu oben Teil 2 B I 4 c.

[288] Hierzu Wolff I S. 27 ff. und 160 ff. sowie insbes. II S. 242 ff.

[289] Eb. Schmidt III § 194 Rdn. 11; Gerland S. 284; Beling S. 247; Brox FS für Geb. Müller S. 1, der hier zu Recht auf § 195 GVG verweist.

mungsgänge ist, läßt sich nicht schon aus § 195 GVG entnehmen, ist aber auch mit den obigen Begriffen keineswegs hinreichend definiert. „Der Begriff des ‚Ergebnisses' ist (nämlich) kein von vornherein feststehender",[290] und entsprechendes gilt auch für die Begriffe „Resultat", „(Teil-)Entscheidung". Damit steht zugleich fest: die zugrundegelegte These, daß sich der Wille der Kollegialrichter auf „das Ergebnis/Resultat" beziehen müsse, kann solange nicht verifiziert werden, als der Bezugspunkt der Abstimmung nicht näher konkretisiert ist.

b) Mögliche Urteilsformel

Nun ließe sich zunächst darauf abstellen, daß der Einzelrichter/die Kollegialrichter in ihrer Gesamtheit stets nur darüber zu befinden hätten, ob er/sie „so entscheiden (diese Rechtsfolge bestimmen)"[291] soll(en). Bezugspunkt der Entscheidung/Abstimmung wäre dann stets eine bestimmte „Art von gerichtlicher Willenserklärung", eine bestimmte Art richterlicher Entscheidung.[292] „Ebenso wie die Entscheidung verschiedenen Inhalt haben kann, so muß unter Umständen die Abstimmung auf die verschiedenen möglichen Urteilsformeln abgestellt werden."[293] Da stets nur über die Vornahme einer bestimmten „gerichtlichen Handlung"[294] zu entscheiden wäre, wäre Gegenstand der Abstimmung stets nur der „je nach dem sachlichen Gehalt" unterschiedliche „Entscheidungstenor",[295] die im Tenor angeordnete oder festgestellte „Rechtsfolge".[296] Getrennte Abstimmung wäre danach erforderlich über die verschiedenen „Schuldspruchmöglichkeiten",[297] über die Einstellung des Verfahrens, über die Vornahme einer Zwangsmaßnahme, über die (Nicht-)Vereidigung eines Zeugen usw. Dabei kann es freilich, worauf Beling zutreffend hingewiesen hat, nicht darauf ankommen, ob diese („Zwischen-")Entscheidungen im Tenor des Endurteils tatsächlich angeführt sind: in diesem „können (nämlich) Bestandteile stecken, die einen besonderen Entscheidungswert haben und darum eigener ‚Ergebnis-'Abstimmung bedürfen".[298] Eine solche „Sonderfunktion" komme etwa der „Einstellungsentscheidung" im

---

[290] Beling ZStW 42 (1921), S. 599 (613); der Begriff erschließt sich auch nicht aus den bei den verschiedenen Autoren mitgeteilten Bespielsfällen.

[291] Beling GA 67 (1919), S. 141 (143).

[292] Zu den verschiedenen Arten gerichtlicher Entscheidungen vgl. Kern/Roxin § 23 S. 116 ff.

[293] Bennecke/Beling S. 389 f.

[294] Gerland S. 284.

[295] Beling GA 67 (1919), S. 141 (144).

[296] Kern/Roxin § 47 C III S. 259.

[297] Aus den Beispielen bei Beling S. 248 f. ergibt sich, daß Beling auch insoweit „Tenorabstimmung" will, obwohl der „titulus condemnationis" „besonderen Entscheidungswert" haben soll (Beling ZStW 42 (1921), S. 599, 615)).

[298] Beling ZStW 42 (1921), S. 599 (613 f.).

Verhältnis zur „Sachentscheidung" zu.[299] Alle diese Ausführungen lassen sich dahingehend zusammenfassen, daß „der (jeweilige) Inhalt der (potentiellen) Entscheidung maßgebend ist für die Frage, worüber abzustimmen ist."[300] Innerhalb eines kollegialen Entscheidungsfindungsprozesses wären danach stets soviele Abstimmungsvorgänge erforderlich als gerichtliche Entscheidungen mit einem bestimmten Inhalt zustandekommen können.[301] Gegenstand der jeweiligen Entscheidung/Abstimmung wäre die nach Lage des Falles in Betracht kommende Art richterlicher Rechtsfolgennormierung, der potentielle Entscheidungstenor.

Nur die jeweils in Betracht kommende bestimmte „gerichtliche Handlung", die in der jeweiligen (potentiellen) Urteils- oder Beschlußformel enthaltene Rechtsfolgennormierung zum selbständigen Abstimmungsgegenstand zu erklären, dürfte jedoch aus verschiedenen Gründen nicht möglich sein. Im Vordergrund der richterlichen Tätigkeit steht nämlich nicht der Ausspruch einer inhaltlich bestimmten Rechtsfolge, die Vornahme einer (je nach ihrem Inhalt verschiedenen) gerichtlichen Handlung. Einzel- bzw. kollegialrichterliche Entscheidung ist vielmehr in erster Linie Gesetzesanwendung, Konkretisierung des hypothetischen Normbefehls in einem bestimmten Einzelfall. Die richterliche Entscheidung vollzieht sich durch ein „Hin- und Herwandern des Blickes zwischen (konkreter) Gesetzesnorm (!) und (bestimmtem) Sachverhalt",[302] nicht im Hinblick auf eine potentielle Rechtsfolge, die durch unterschiedliche Normen mit je verschiedenen tatsächlichen Voraussetzungen gerechtfertigt werden könnte.[303] Die in der jeweiligen Rechtsnorm angeordnete oder zugelassene Rechtsfolge darf nur dann ausgesprochen werden, wenn sämtliche Voraussetzungen gerade dieses Rechtssatzes in tatsächlicher wie rechtlicher Hinsicht festgestellt sind. Zwischen Tatbestand und normativer Rechtsfolge besteht eine unlösbare Verbindung! Die Verwirklichung eines bestimmten Tatbestandes ist hinreichende, aber auch notwendige Bedingung für die Zulässigkeit einer bestimmten Art von gerichtlicher Handlung; erst das Vorliegen aller gesetzlich geforderten Voraussetzungen macht den Ausspruch einer bestimmten Rechtsfolge zulässig. Ebenso wie die Schuldfrage immer nur im Hinblick auf einen bestimmten „titulus condemnationis" entschieden werden kann,[304] kann daher auch in den übrigen Fällen richterlicher Entscheidun-

---

299 Beling ZStW 42 (1921), S. 599 (616).

300 Eb. Schmidt III § 194 Rdn. 10; Haymann, FG für Stammler, S. 395 (424).

301 Beling S. 247; KMR-Müller (6.) § 194 GVG Anm. 1b.

302 So im Anschluß an die bekannte Formulierung Engisch's: Wieacker, FS für Werner Weber, S. 421 (423) u. 439 f.

303 Dies auch dann nicht, wenn man vom „Vorrang der Rechtsfolge" ausgeht; hierzu Montenbruck S. 71 ff.

304 Das ist völlig unbestritten; vgl. etwa: Beling ZStW 37 (1916), S. 365 (376); ders. GA 67 (1919), S. 141 (152 ff.); KMR-Paulus § 263 Rdn. 9; Gössel S. 277; Gerland S. 284; LR-Schäfer § 194 GVG Rdn. 9.

gen eine bestimmte Rechtsfolge nur dann angeordnet werden, wenn sie von einem bestimmten im Einzelfall verwirklichten und festgestellten Tatbestand zugelassen ist. Nach alledem ist die bloß auf den Tenor, die potentielle Entscheidungsformel gerichtete Abstimmung nicht ausreichend, könnte jeder der Richter doch einen anderen Sachverhalt und/oder eine andere gesetzliche Bestimmung vor Augen haben.

Etwas anderes folgt auch nicht daraus, daß ein und dieselbe Rechtsfolge aufgrund verschiedener Rechtssätze angeordnet werden könnte.[305] Zwar darf „der Willenserklärung des Gerichts auch ein gewisses Maß von Unbestimmtheit, besonders in der Form der Alternativentscheidung, anhaften".[306] Weitgehend anerkannt ist dies etwa bei Tatsachenalternativität ohne Gesetzesalternativität[307] sowie bei echter Wahlfeststellung[308] im Rahmen des Schuldspruchs. Auch bei den übrigen gerichtlichen Entscheidungen erscheint eine Rechtsfolgenanordnung auf wahldeutiger Tatsachengrundlage (ohne/mit Gesetzesalternativität) keineswegs von vornherein ausgeschlossen; eine alternative Begründung einer bestimmten Rechtsfolge ist durchaus nicht unzulässig.[309] Daraus folgt indes nicht, daß Gegenstand der Fragestellung stets nur der potentielle Entscheidungstenor sein dürfte.[310]

Bei der „Alternativentscheidung" handelt es sich zunächst um eine (an besondere Voraussetzungen gebundene) Ausnahmeerscheinung, die eine Richtschnur für ein allgemeines Abstimmungsprinzip nicht abzugeben vermag. Ebenso wie es nicht statthaft ist, die Zulässigkeit alternativer Feststellungen von der Abstimmung in Kollegien her zu bestimmen,[311] ist es nicht möglich, Zulässigkeit und Grenzen alternativer Feststellungen über die richtige Abstimmungsmethode entscheiden zu lassen. Insbesondere aber handelt es sich auch bei der „Alternativentscheidung" nicht allein um den Ausspruch einer bestimmten Rechtsfolge, sondern stets um die alternative Anwendung bestimmter Rechtsnormen, die Ableitung der Rechtsfolge aus alternativ festgestellten tatsächlichen/rechtlichen Momenten. Die identische Rechtsfolge ist nur eine – wenn auch die wesentliche – Voraussetzung für die Zulässigkeit der

---

305 Nicht berücksichtigt werden hier Fälle der Konkurrenz, d. h. solche, in denen ein und derselbe festgestellte Sachverhalt von verschiedenen, sich ganz oder teilweise dekkenden Rechtssätzen erfaßt wird; hierzu allg.: Larenz S. 145 ff. und für das materielle Strafrecht Wessels AT § 17 S. 177 ff.

306 Beling GA 67 (1919), S. 141 (143).

307 Hierzu LR-Gollwitzer § 261 Rdn. 146 ff. und KK-Hürxthal § 261 Rdn. 72 je m.w.N.

308 Hierzu KMR-Paulus § 260 Rdn. 40 ff.; KK-Hürxthal § 261 Rdn. 73 ff.; LR-Gollwitzer § 261 Rdn. 150 ff.

309 Ostern S. 8 ff.

310 So aber wohl Beling GA 67 (1919), S. 141 (143).

311 Rubo GA 14 (1866), S. 377 ff.; Ostern S. 56 weist zutreffend darauf hin, daß sich die Frage der Zulässigkeit alternativer Feststellungen in gleicher Weise beim Einzelrichter stelle.

Alternativentscheidung durch den/die Richter; weitere teils positive, teils negative Voraussetzungen müssen hinzukommen.[312] Weder beim Schuldspruch noch bei den übrigen (kollegialrichterlichen) Entscheidungen steht allein eine bestimmte Rechtsfolge in Rede, vielmehr stets, ob eine konkrete Rechtsnorm allein oder jedenfalls bestimmte alternativ denkbare und anwendbare Tatbestände den mehrdeutigen Sachverhalt erfassen. Auch bei der Alternativentscheidung kann es wegen der Bindung des Richters an das Gesetz nicht allein auf die potentielle Rechtsfolge ankommen; erforderlich ist vielmehr, daß die jeweilige Art der gerichtlichen Handlung durch einen bestimmten oder mehrere alternativ bejahte Rechtssätze legitimiert ist. Abstimmungsgegenstand kann daher trotz der Möglichkeit von Alternativentscheidungen nicht nur die nach Sachlage in Betracht kommende Urteilsformel sein, vielmehr nur, ob einer oder mehrere Rechtssätze auf den (alternativen, mehrdeutigen) Sachverhalt anwendbar sind.

Von der Kollegiumsmehrheit gewolltes „Ergebnis“ kann daher nicht nur der (potentielle) Entscheidungstenor, die je nach Sachlage in Betracht kommende Formel der gerichtlichen Entscheidung sein.

c) *Jeder Punkt von „besonderem Entscheidungswert“*

Die Vertreter der Ergebnisabstimmung haben schließlich versucht, den maßgeblichen Bezugspunkt der Abstimmung ganz allgemein aus der übrigen Rechtsordnung abzuleiten und ihn wie folgt umschrieben: „Jeder Punkt, der in Gemäßheit des positiven Rechts und des Prozeßrechts“[313] von selbständigem, „besonderem Entscheidungswert“[314] sei, jeder Punkt, über den der Richter nach „der positivrechtlichen Anlage des ... Prozeßrechts“[315] oder des materiellen Rechts eine selbständige Entscheidung treffen solle, müsse auch Gegenstand des jeweiligen einzelnen Abstimmungsganges sein. Jede gesetzlich geforderte „Vorentscheidung“,[316] jede „selbständige Frage“,[317] die nach dem Gesetz eine richterliche „Entscheidung für sich verlangt“,[318] wäre danach Bezugspunkt gesonderter Abstimmung. In welchen Fällen nun das Gesetz

---

312 Vgl. zu den Voraussetzungen der Wahlfeststellung LR-Gollwitzer § 261 Rdn. 134 ff.; KK-Hürxthal § 261 Rdn. 67 ff.; Montenbruck S. 29 ff.; Wolter JuS 1983, S. 363 m.w.N.; zu den Fällen, in denen das Gesetz selbst einen Kollektivbegriff/ eine Generalklausel enthält, insbes. Ostern S. 85 ff.; welche Voraussetzungen bei Alternativentscheidungen außerhalb des materiellen Strafrechts erfüllt sein müssen, ist – soweit ersichtlich – bisher nicht erörtert worden.

313 v. Bar KVJR 1868, S. 467 (484).

314 Beling ZStW 42 (1921), S. 599 (614).

315 Planck S. 160.

316 Planck S. 160; Bolgiano AcP 78 (1892), S. 145.

317 Birkmeyer S. 472.

318 Zacke S. 51.

eine gesonderte richterliche Entscheidung fordert, wann ein Punkt „besonderen Entscheidungswert“ hat, kann indes nicht generell gesagt werden. In diesem äußerst vagen Begriff einen brauchbaren Ansatz für ein allgemeines Abstimmungsprinzip zu finden, wäre allenfalls dann möglich, wenn es gelänge, ihn anhand formaler oder materieller Kriterien weiter aufzuhellen.

aa) Formelle Kriterien

Gesonderte Abstimmung könnte danach zunächst erforderlich sein „über jeden Punkt, der in Gemäßheit des positiven Rechts und der Prozeßordnung abgesondert in der eigentlichen Entscheidung (dem tenor sententiae) hervortreten *muß*“,[319] über jeden von mehreren selbständigen Teilen einer „Hauptentscheidung“, sofern jeder dieser Teile eine Entscheidung für sich verlangt.[320] Dabei ist jedoch zu berücksichtigen, daß die im Urteilstenor enthaltene Endentscheidung regelmäßig „das Ergebnis einer Reihe von Unterentscheidungen ist“,[321] daß, „um zur Endentscheidung des Rechtsstreits zu gelangen, eine Reihe von Vorentscheidungen erforderlich ist“,[322] die in der endgültigen Urteilsformel indes keine Erwähnung finden (dürfen). Unbestritten ist hinsichtlich jeder in Betracht kommenden Vorentscheidung stets eine besondere Abstimmung im Kollegium erforderlich, obwohl sie im endgültigen Urteilstenor nicht erwähnt ist. Von besonderem Entscheidungswert können daher nicht nur die (notwendigen) Bestandteile des Urteilstenors sein. Bei der Frage nach dem jeweiligen Punkt von besonderem Entscheidungswert könnte man allerdings möglicherweise davon ausgehen, daß „alles, was Gegenstand einer abgesonderten Entscheidung *nach außen sein kann* ... auch im Inneren des Collegs Gegenstand einer abgesonderten Abstimmung sein muß. Aber auch *nur* das“.[323] Ob sich ein solcher allgemeingültiger Grundsatz für das Zivilverfahren aufstellen läßt, kann hier nicht beurteilt werden.[324] Für das Strafverfahren ist jedenfalls zu berücksichtigen, daß – insbesondere im Bereich der Strafzumessung – keineswegs alle Punkte, denen nach dem Gesetz ein „besonderer Entscheidungswert“[325] zukommt, Gegenstand einer nach außen hervortretenden Entscheidung sein könnten. So wird etwa im Urteilste-

---

319 v. Bar KVJR 1868, S. 467 (484 ff.) mit verschiedenen Beispielen aus dem Zivil- und Strafverfahren.

320 Zacke S. 51.

321 Bolgiano AcP 78 (1892), S. 145.

322 Planck S. 160.

323 Planck S. 161.

324 Ablehnend allein Haymann, FG für Stammler, S. 395 (417 f.) mit wenig überzeugenden Argumenten: die Frage, ob das Gericht dieses Zwischenergebnis verkünden will/muß oder nicht, ist zu trennen von der Frage, ob insoweit eine Zwischenentscheidung grundsätzlich statthaft ist.

325 Beling ZStW 42 (1921), S. 599 (614).

nor nur die Hauptstrafe festgelegt;[326] ob ein besonders schwerer Fall des Diebstahls (Regelbeispiel nach § 243 StGB) vorliegt, muß keineswegs notwendigerweise aus der Urteilsformel hervorgehen.[327] Daß diese Fragen aber eine Entscheidung für sich verlangen, insoweit ebenfalls ein Punkt von besonderem Entscheidungswert angenommen werden müßte, da nach materiellem Recht insoweit eine gesonderte Entscheidung erforderlich ist, ist heute völlig unbestritten.[328] Zu Recht hat daher bereits Beling darauf hingewiesen, daß nicht maßgeblich sei „die (potentielle) selbständige Verkündung, also das Nach-außen-Hervortreten ...", sondern entscheidend sein müsse, „ob einer Feststellung Sonderfunktion zukommt".[329]

Den „Punkt von besonderem Entscheidungswert" nach formellen Kriterien zu bestimmen, ist nach alledem nicht möglich, da in einer Reihe von Fällen, in denen nach dem materiellen Recht eine besondere Entscheidung erforderlich ist, dieser Punkt in der (potentiellen) Entscheidungsformel nicht enthalten sein darf.

bb) Materielle Kriterien

Ebenso fraglich ist, ob mit Hilfe materieller Kriterien festgestellt werden kann, wann ein „Punkt von besonderem Entscheidungswert" gegeben ist, wann einer Feststellung „Sonderfunktion" zukommt". So hat etwa Birkmeyer [330] die Fragen dann als selbständig angesehen, wenn durch Lösung der einen eine Antwort auf die andere noch nicht notwendig gegeben ist. Bei näherem Hinsehen erweist sich jedoch auch dieser Versuch einer Lösung als weitgehend unbrauchbar: Die Feststellung der Rechtswidrigkeit beispielsweise besagt noch nichts darüber, ob der Angeklagte auch schuldhaft gehandelt hat. Daß diese beiden Fragen aber gesondert zu entscheiden wären, wird heute nicht mehr vertreten.[331]

Nun könnte man freilich erwägen, den „besonderen Entscheidungswert" entsprechend den Grundsätzen über die Teilrechtskraft festzusetzen.[332] Aus verschiedenen Gründen dürfte dies jedoch nicht möglich sein: Einmal sind

---

[326] Allgemein zur Urteilsformel Kroschel/Doerner S. 9 ff., zum Strafausspruch S. 23 ff.

[327] Für § 243 StGB grundlegend: BGHSt 23, 254 (256 f.); vgl. auch Kern/Roxin § 47 B I S. 267 m.w.N.

[328] Vgl. oben Teil 2 A II 2.

[329] Beling ZStW 42 (1921), S. 599 (613 ff., 616), der selbst aber diesen Grundsatz nicht durchgängig verfolgt hat.

[330] Birkmeyer S. 472.

[331] Anders wohl nur Breetzke DRiZ 1962, S. 5 ff.; vgl. zur Totalabstimmung über „die Schuldfrage" oben Teil 2 A II 1b aa.

[332] Zur Teilrechtskraft allgemein LR-Meyer § 353 Rdn. 26 ff.; LR-Gollwitzer § 318 Rdn. 23 ff.; KMR-Sax Einl. XIII C Rdn. 68 ff. jeweils m.w.N.

nämlich die Grenzen der Teilrechtskraft bzw. der innerprozessualen Bindungswirkung alles andere als gesichert, so daß hierdurch das Problem der Gewinnung verläßlicher Kriterien für die Selbständigkeit einer Entscheidung allenfalls verlagert würde. Zum anderen ist zu berücksichtigen, daß innerhalb des Schuldspruches, der in Teilrechtskraft erwachsen kann, verschiedene, selbständig zu entscheidende Gesetzesverletzungen enthalten sein können. So ist etwa innerhalb der Schuldfrage unter dem Gesichtspunkt der Rechtskraft eine Trennung der mehreren tateinheitlich zusammentreffenden Delikte ausgeschlossen; daß aber über die verschiedenen schuldhaften Gesetzesverletzungen gesondert abzustimmen ist, ist heute unstreitig.[333] Auch die Grundsätze der Teilrechtskraft vermögen daher zur Lösung des Problems, wann eine Frage mit besonderem Entscheidungswert vorliegt, nichts beizutragen.

Die Frage, über welchen Punkt eine gesonderte Abstimmung des Gerichts erforderlich ist, könnte schließlich dahingehend beantwortet werden, daß selbständig eine Frage jedenfalls immer dann sei, wenn die Anwendung einer bestimmten Norm (eines Normgefüges) allein bereits unmittelbare Rechtsfolgen zeitigen, die Bejahung oder Verneinung eines bestimmten Konditionalprogrammes für sich genommen einen bestimmten Rechtsfolgenausspruch des (Einzel-)Richters legitimieren würde. Dies würde unabhängig davon gelten, ob diese „Vorentscheidung" gesondert zu verkünden wäre oder nicht. So könnten sich etwa aus der bloßen Feststellung der Rechtswidrigkeit oder der Schuld noch keine unmittelbaren Rechtsfolgen ergeben; wohl aber könnte gesagt werden, daß erst nach einer positiven Entscheidung über das Vorliegen des Strafantrages das Gericht über das Antragsdelikt selbst eine Sachentscheidung treffen kann, die Frage nach dem Gegebensein des Antrages daher „besonderen Entscheidungswert" hätte. Würde man allerdings als maßgeblichen Abstimmungsgegenstand den jeweils zur Anwendung zu bringenden, eine bestimmte Rechtsfolge zulassenden Rechtssatz ansehen, so wäre die Figur des „Punktes von besonderem Entscheidungswert" ohne jegliche Bedeutung, ein Rückgriff auf diesen Gesichtspunkt offensichtlich überflüssig und irreführend.

Nach alldem ergibt sich aber, daß auch anhand materieller Kriterien nicht bestimmt werden kann, wann ein „Punkt von besonderem Entscheidungswert" gegeben ist, dieser denkbar ungenaue Begriff überflüssig ist, soweit man jeder eine bestimmte Rechtsfolge zulassenden Norm „Sonderfunktion" zuerkennt. Auch dieser Gesichtspunkt vermag daher das mehrheitlich gewollte „Ergebnis" nicht näher zu umschreiben, für ein allgemein gültiges Abstimmungsprinzip nichts herzugeben.

---

333 Vgl. die Nachweise oben Teil 2 A II 1b aa.

C. Grundlagen der eigenen Lösung

Die bisherigen Erörterungen haben gezeigt, daß ein allgemeiner Konsens über den Gegenstand der im Kollegium zu stellenden Fragen in Rechtsprechung und Literatur (abgesehen vom Kernbestand der Schuldfrage) nicht besteht, sich insoweit auch aus den verschiedenen Begründungsversuchen kein allgemeines Prinzip ergibt. Zurückzuführen ist dies zu einem ganz wesentlichen Teil darauf, daß in Rechtsprechung und Literatur die möglichen Bezugspunkte der zu stellenden Fragen nicht differenziert herausgearbeitet wurden,[334] die Begriffe „Grund"/„Resultat"/„Ergebnis" nicht konkretisiert werden. Im folgenden gilt es daher nach weiteren Kriterien zu suchen, mit Hilfe derer der gemeinsame Bezugspunkt aller im Kollegium zu stellenden Fragen bestimmt werden kann.

I. Ratio und Vorteile des Kollegialsystems

Sinn und Zweck des Kollegialsystems sowie seine Vorteile sind in den bisherigen Erörterungen zur Fragestellungslehre allenfalls am Rande erörtert worden.[335]

Kollegial besetzte Spruchkörper sind aus dem heutigen Gerichtsverfassungssystem auch als Eingangsgerichte nicht mehr hinwegzudenken.[336] Anläßlich der Justizreform Anfang der 70er Jahre wurde auch die Frage, welche Vorteile das Kollegialsystem biete, unter Verwendung sozialwissenschaftlicher Hypothesen und Erkenntnisse (erneut) lebhaft diskutiert.[337] Die in früheren Auseinandersetzungen vorgebrachten Argumente[338] wurden dabei weitgehend bestätigt und ergänzt.[339] Die neueren Erkenntnisse lassen sich dahin zusammenfassen, daß das Kollegium im allgemeinen eine höhere Qualität aufweist, daß intensive innerkollegiale Kommunikation (Beratung) ein Mehr an Problemlösungsgesichtspunkten ergibt; erhöhte Merkfähigkeit und Neutrali-

---

[334] Vgl. oben Teil 2 A I.

[335] Vgl. Zeiler ZStW 41 (1920) S. 528 (533 ff.); Beling ZStW 42 (1921) S. 599 (619); v. Kries S. 442; Haymann FG für Stammler S. 395 (397 ff.).

[336] Die verschiedenen Spruchkörper sind dargestellt bei Kern/Wolf S. 80 ff.; zur Geschichte des Kollegialsystems und des Majoritätsprinzips vgl. Elsener ZGR 1956, S. 73 ff.; Gierke S. 7 ff.; Scheuner S. 13 ff.; Heun S. 41 ff.; Hattenhauer/Kaltefleiter S. 1 ff.; zur Diskussion über den „Führergedanken" in Rechtspflege und Kollegialgericht: Stock S. 22 ff.; Kern, Geschichte S. 255 ff.

[337] Pinger ZRP 1973, S. 182 ff.; Hendel S. 105 ff.; ders. JZ 1973, S. 412 ff.; Kissel, Aufbau, S. 49 ff., 54 ff. und 100 ff.; vgl. für die Verwaltungsgerichtsbarkeit Martens JuS 1973, S. 222 (224) und Koch/Steinmetz DÖV 1981, S. 50 ff.

[338] Vgl. insbesondere das Gutachten von Heinsheimer S. 304 ff.; Kern, Geschichte, S. 137 ff. m.w.N.

[339] Hendel S. 105 ff.; ders. JZ 1973, S. 412 ff.; Koch/Steinmetz DÖV 1981, S. 50 (53 f.).

sierung (extremer) subjektiver Einstellungen sowohl im Bereich der Sachverhaltsfeststellung als auch in dem der Norminterpretation versprechen zudem qualitativ bessere Ergebnisse. Es werden nicht nur Fehler unterdrückt, denen der Einzelrichter unterliegen könnte;[340] aufgrund mehrpersonaler Würdigung der tatsächlichen und rechtlichen Momente eines Falles ist ein (zumindest) präsumtiv richtiger, weil mehrheitlich gewollter Spruch zu erzielen.[341]

Für Umfang und Gegenstand der innerhalb des strafrichterlichen Kollegiums zur Abstimmung zu stellenden Fragen ist damit freilich (unmittelbar) noch nichts gewonnen. Zwar muß eine Fragestellung als ausgeschlossen angesehen werden, die das Ziel des Kollegialsystems – Verstärkung der Richtigkeitsgewähr der Entscheidung – vereiteln würde. Die Befürwortung oder Verwerfung einer bestimmten Abstimmungsmethode schon aus dem Gesichtspunkt heraus, daß eine präsumtiv richtige Entscheidung zu erzielen sei,[342] muß indes als voreilig angesehen werden, vermag die ratio des Kollegialsystems doch nicht den Maßstab für die Richtigkeit einer Entscheidung anzugeben. Die Richtigkeit einer Entscheidung folgt insbesondere nicht schon daraus, daß eine Mehrheit des Kollegiums sich dafür ausspricht. Erst wenn feststeht, nach welchen Kriterien die Richtigkeit einer gerichtlichen Entscheidung zu beurteilen ist, unter welchen Voraussetzungen eine vom Kollegium gefundene Entscheidung als richtig gelten kann, läßt sich mit Aussicht auf Erfolg ein allgemeiner Bezugspunkt für alle im strafrichterlichen Kollegium zu stellenden Fragen auffinden, läßt sich sagen, welches „Ergebnis“ mehrheitlich getragen sein muß, soll es mutmaßlich richtig sein. Damit ist das Augenmerk auf die Maßstäbe (kollegial-)richterlicher Rechtsfindung gelenkt.

II. Normative Dimension (straf-)richterlicher Entscheidungen

Die Stimmabgabe der Mitglieder eines Spruchkollegiums muß sich an einem einheitlichen Maßstab orientieren, soll kollegialrichterliche Rechtsfindung nicht jeglichen gedanklichen Fundaments entbehren,[343] soll mehrpersonale Entscheidungsgewinnung überhaupt sinnvoll sein.[344] Der Maßstab der Stimm-

---

340 Zeiler ZStW 41 (1920), S. 528 (534); vgl. auch Oetker/Nagler S. 8 f.

341 Pinger ZRP 1973, S. 182 (186); zur erhöhten Wahrscheinlichkeit bei Problemfindung und -lösung in einem Kollegium allgemein sowie zu den Bedingungen effektiver Kleingruppenarbeit: Hendel S. 105 (107 ff.); ders. JZ 1973, S. 412 ff.; vgl. zum Ursprung des Satzes „per plures melius veritas inquiritur“ Elsener ZGR 1956, S. 73 (77); Hattenhauer/Kaltefleiter S. 6; vgl. auch Heinsheimer S. 304 ff. und Koch/Steinmetz DÖV 1981, S. 50 (53); Kern/Wolf S. 82 f.

342 So aber wohl Haymann FG für Stammler S. 395 (423 ff.) unter Heranziehung von Wahrscheinlichkeitsberechnungen.

343 Haymann FG für Stammler S. 395 (400).

344 Allg.: Wolff II S. 247; Heun S. 130.

abgabe, das gedankliche Fundament, auf dem jedes Kollegiumsmitglied sein Votum aufzubauen hat, gilt es daher im folgenden näher herauszuarbeiten.

Dies setzt zunächst voraus, daß man sich Klarheit darüber verschafft, was Abstimmung im materiellen Sinne überhaupt bedeutet.[345] „Abstimmung ist gar nichts anderes als die Konkretisierung der Entscheidung selbst ...“[346], als „Erklärung des (richterlichen) Einzelwillens“.[347] Stimmabgabe seitens der Kollegiumsmitglieder des Gerichts ist danach ebenso „richterlicher Anspruch“ mit „rechtlicher Kraft und rechtlicher Wirkung“ wie der „Richterspruch des Einzelrichters.“[348] Ist Stimmabgabe seitens des einzelnen Kollegiumsmitgliedes nichts anderes als richterliche Sachentscheidung, ebenso individuelle Normierung einer Rechtsfolge wie die Entscheidung des Einzelrichters, so gilt es die an eine richterliche Entscheidung allgemein zu stellenden Anforderungen herauszuarbeiten, soll ein einheitlicher Maßstab gefunden werden.

1. Bindung des Richters an Gesetz und Recht

Die Richter, denen nach Art. 92 I GG die Rechtsprechung anvertraut ist, sind unabhängig und nur dem Gesetz unterworfen (Art. 97 I GG, § 25 DRiG, § 1 GVG); die Rechtsprechung ist gemäß Art. 20 III GG an Gesetz und Recht gebunden.[349] Richterliche Rechtsfindung ist also zunächst und insbesondere der Zweig öffentlichen Handelns, der an Gesetz und Recht gebunden ist.[350] Verfassungsrechtlich gebotener Maßstab richterlicher Entscheidung, kollegialrichterlicher Stimmabgabe ist danach das Gesetz, d. h. jede Rechtsnorm (§ 7 EGStPO; § 12 EGZPO; § 337 II StPO).[351] Bestimmungsgründe richterlicher Entscheidungen sind daher nicht schlechthin frei und individuell variabel; jede Entscheidung muß sich als Anwendung eines positiven Gesetzes oder einer allgemeinen Rechtsnorm darstellen.[352]

Da für richterliche Entscheidungen mithin ein sachgebundener, nämlich normativer Maßstab existiert, bestehen auch wesentliche Unterschiede zu

---

[345] Darauf wird in der heutigen Literatur nicht, in der älteren nur gelegentlich eingegangen.

[346] Bennecke/Beling S. 389.

[347] Beling ZStW 37 (1916) S. 365 (379); ebenso für Kollegialakte der Verwaltung Dagtoglou S. 141.

[348] So bereits Feuerbach S. 130 f.; v. Coelln S. 34.

[349] Zum Verhältnis von Art. 97 I GG zu Art. 20 III GG vgl. Roellecke VVDStRL 34 (1976), S. 77 ff.; Starck ebenda S. 43 ff.; Merten DVBl 1975 S. 677 (679 ff.); Kern/Wolf S. 112.

[350] Wieacker FS für Werner Weber S. 421 (423, 439); zur Gesetzesbindung allg.: Klein DRiZ 1972, S. 333 ff.; Rupp NJW 1973, S. 1769 ff.; Merten DVBl 1975, S. 677 ff.; Roellecke VVDStRL 34 (1976) S. 7 (31. ff.) und Starck ebenda S. 43 (47 ff.).

[351] Zur Gesetzesbindung aus methodischer Sicht: Larenz S. 42 ff.; Pawlowsky Rdn. 524 ff., 535 ff. und 592 ff.

[352] Wieacker FS für Werner Weber S. 421 (439 f.).

Verfahren der Entscheidungsgewinnung anderer (in ihren Bestimmungsgründen autonomer) politischer/gesellschaftlicher Gremien.[353] Weder kann daher die Abstimmungsmethode im richterlichen Kollegium auf politische, demokratische Mehrheitsentscheidungen übertragen werden,[354] noch kann umgekehrt aus der Art der Willensbildung in diesen Gremien etwas für die Abstimmungsmethode im richterlichen Kollegium gewonnen werden. Parallelen lassen sich insoweit also nicht ziehen.[355]

Zur Klarstellung: Mit der Feststellung, daß der Richter im Rahmen seiner Entscheidungstätigkeit an das Gesetz gebunden ist, ist freilich nicht gesagt, daß der Richter in die längst überwundene Rolle des Subsumtionsautomaten zurückverwiesen werden soll. „Bindung an das Gesetz" darf nicht als mechanisch-naturalistische Bindung (miß-)verstanden werden; daß der Rechtsanwendung notwendig willenhafte Momente innewohnen, soll keineswegs negiert werden.[356] Alle methodischen Erkenntnisse vermögen indes das Gesetz als primäre Informationsquelle und Richtschnur richterlichen Handelns nicht hinwegzudiskutieren.[357] Stets bildet das Gesetz Rahmen und Maßstab richterlicher Tätigkeit, muß sich Abstimmung im richterlichen Kollegium am Gesetz orientieren.

Für den Bereich des *materiellen* Strafrechts bestimmt darüber hinaus Art. 103 II GG und – inhaltsgleich – § 1 StGB, daß eine Tat nur bestraft werden kann, wenn die Strafbarkeit gesetzlich bestimmt war, bevor die Tat begangen wurde. Dieser Verfassungsrechtssatz enthält sowohl das Analogieverbot wie das Verbot, die Strafbarkeit mit anderen als formalgesetzlichen Rechtsnormen zu begründen, und betont damit die „strikte Bindung des Strafrichters an das Gesetz" im formellen Sinne.[358] Soweit es um Strafbegründung oder Strafschärfung geht, hat der Richter daher den Befehl des Gesetzgebers, wie er im Strafgesetz seinen sprachlichen Ausdruck gefunden hat, zu realisieren, ist die Anwendung ungeschriebenen Rechts zu Lasten des Angeklagten verfassungskräftig ausgeschlossen.[359]

---

353 Scheuner S. 8; Heun S. 138; Wieacker FS für Werner Weber S. 421 (440).

354 Heun S. 138; zu den Unterschieden allgemein bereits Haymann FG Stammler S. 395 (429 ff., 463).

355 So aber Zacke S. 79 ff.; Bennecke/Beling S. 388; Haymann FG für Stammler S. 395 (421 f.); wie hier: Scheuner S. 8; v. Bar KVJR 10 (1868) S. 467 (477 ff.); Heinemann ZStW 15 (1895) S. 1 (26 ff.); Wieacker FS für Werner Weber S. 421 (439 f.).

356 Gribbohm MDR 1966, S. 975 ff.; Rupp NJW 1973, S. 1769 (1773).

357 Wieacker FS für Werner Weber S. 421 (423); Larenz S. 91 ff.

358 Zur Bedeutung des Grundsatzes „nulla poena" vgl. allg. Grünwald ZStW 76 (1964), S. 1 ff.; Krey S. 27 ff. und 199 ff.; Dreher/Tröndle § 1 Rdn. 9 f.; zum Zusammenhang von Gesetzesvorbehalt und Art. 103 II GG vgl. Starck VVDStRL 34 (1976), S. 43 (79 f.) und Krey S. 38 m.w.N.

359 Die nach h. M. zulässige Anerkennung gewohnheitsrechtlicher Rechtfertigungsgründe (zugunsten des Angeklagten) erweitert indes zugleich den Strafbarkeitsbereich des Gegenwehr Übenden.

Eine zumindest ähnlich strikte Bindung des Strafrichters an das Gesetz besteht auch im Bereich des *formellen* Strafrechts, soweit die richterliche Entscheidung einen Eingriff in die grundgesetzlich verbürgte Freiheitssphäre des Individuums beinhaltet oder zuläßt. Richterliche Eingriffe in die grundrechtlich gesicherten Freiheitsrechte des Beschuldigten, seines Verteidigers, eines Zeugen oder sonstigen Dritten unterliegen wie jeder Eingriff durch die Staatsgewalt dem Erfordernis einer formellen gesetzlichen Ermächtigungsgrundlage.[360] Die Anwendung der Eingriffsnorm dürfte ebenfalls nur in den Grenzen des möglichen Wortsinns statthaft sein.[361] Auch bei den übrigen verfahrensrechtlichen Entscheidungen ist der Strafrichter an das formelle Gesetz gebunden. Soweit der Gesetzgeber nämlich eine bestimmte Materie ausdrücklich, eindeutig und abschließend geregelt hat, ergibt sich aus dem in Art. 20 III GG verankerten „Vorrang des Gesetzes", daß der Richter bei seiner Entscheidungsfindung an diese Vorgaben gebunden ist, allgemeinen rechtlichen Erwägungen nicht Raum geben darf.[362] Richterliches Handeln, insbesondere auch Fragestellung und Abstimmung (= kollegialrichterliches Entscheiden) werden durch die Gesetzesbindung determiniert, müssen den gesetzlichen Vorgaben Rechnung tragen.

2. Auswirkungen der Gesetzesbindung auf die Entscheidungsgewinnung

Die (strikte) Bindung der im Kollegium zusammengefaßten Strafrichter an das Gesetz hat unmittelbare Auswirkungen auf das Zustandekommen der Entscheidung und den Bezugspunkt der zur Abstimmung zu stellenden Fragen. Ist nämlich Aufgabe des Strafrichters die individuelle Normierung einer Rechtsfolge anhand der ihn bindenden Rechtssätze, hat er bei seiner Entscheidung den gesetzlichen Vorgaben Rechnung zu tragen, so muß auch die Fragestellung selbst am Gesetz, an der zur Anwendung zu bringenden Rechtsnorm orientiert sein. Gesetzgeberische Vorgabe, die jeweils in Betracht zu ziehende gesetzliche Vorschrift, und die insoweit zur Abstimmung zu stellende Frage müssen strukturell kongruent, in ihrer Aussage deckungsgleich sein. Der Gegenstand richterlichen Handelns, die jeweilige Entscheidungsnorm, und der Vorgang der Entscheidungstätigkeit bedarf daher näherer Betrachtung. Dies ist in der bisherigen Auseinandersetzung durchweg versäumt worden.[363]

---

[360] Krey S. 37 ff. u. 240 ff.; Grünwald JZ 1981, S. 423 (425); Dencker FS Dünnebier S. 447 (457); Herzog NStZ 1982, S. 855 (856 f.); OLG Hamm NStZ 1986, S. 236 m.w.N.

[361] Krey S. 241 ff.; Grünwald a.a.O. (Ausschluß von Rechtsanalogie); BVerfGE 29, 183 ff.; 34, 293 (301 ff.); ausdr. BVerfG NJW 1986, S. 1161; die Grenzen sind freilich keineswegs gesichert, grundsätzliche Untersuchungen stehen noch aus.

[362] Zu Gesetzesvorrang und Abweichungsverbot allg. Gusy JuS 1983, S. 189 ff.; BGHSt 22, 187 (189); BGH NJW 1956, S. 1286 (1287 f.).

a) Logische Struktur eines (vollständigen) Rechtssatzes

Der vom Richter anzuwendende Rechtssatz ordnet dem generell umschriebenen Sachverhalt (dem „Tatbestand“) eine ebenso generell umschriebene „Rechtsfolge“ zu. Der Sinn dieser Zuordnung ist, daß immer dann – aber auch nur dann –, wenn der im Tatbestand bezeichnete Sachverhalt vorliegt, die rechtssatzmäßige Rechtsfolge eintritt oder jedenfalls eintreten kann,[364] d. h. vom Rechtsanwender ausgesprochen werden darf (und muß). Diese Verbindung von Tatbestand und Rechtsfolge ist der Grundtypus eines jeden (vollständigen) Rechtssatzes[365], einer jeden den Richter bindenden gesetzlichen Entscheidungsnorm.

Seiner logischen Form nach ist jeder (vollständige) Rechtssatz ein hypothetischer Satz, der nach dem Schema aufgebaut ist: Immer dann, wenn ein konkreter Sachverhalt S den (abstrakten) Tatbestand T verwirklicht, gilt für diesen Sachverhalt S die generell vorgesehene Rechtsfolge R.[366] Die Grundform des gesetzlich vorgegebenen Konditionalprogramms lautet: immer dann, wenn bestimmte Bedingungen erfüllt sind, wenn ein im voraus vom Gesetzgeber abstrakt definierter Tatbestand durch tatsächliche Momente erfüllt wird, darf die rechtssatzmäßig vorgesehene Rechtsfolge ausgesprochen werden.[367]

Einzel- wie kollegialrichterliche Rechtsfindung ist damit (regelmäßig) an ein Konditionalprogramm gebunden, ist konditional determiniert; diesem Umstand muß auch die Abstimmung im Kollegium Rechnung tragen.

Die Feststellung, daß die vom Richter anzuwendenden Rechtssätze einen konditionalen Zusammenhang zwischen Tatbestand und Rechtsfolge herstellen, bedarf indes in zweifacher Hinsicht der Einschränkung: Nicht alle vom Gesetzgeber erlassenen Vorschriften verknüpfen eine normative Rechtsfolge mit einem bestimmten Tatbestand. In einigen wenigen Fällen enthält der vom Richter anzuwendende Rechtssatz kein Konditionalprogramm in dem Sinne, daß dann, wenn ein bestimmter Sachverhalt S den Tatbestand T verwirklicht, die generell umschriebene Rechtsfolge R eintritt. So hat der Strafrichter nach

---

363 Ansätze bei Beling GA 67 (1919), S. 141 (145 ff.); ders. S. 247; Heinemann ZStW 15 (1895) S. 1 (27 f.); Tippelskirch GA 15 (1867) S. 505; für die Schuldfrage auch v. Kries S. 441; Rosenfeld S. 95 f.; Eb. Schmidt III § 194 Rdn. 11; vgl. auch RGSt 2, 382.

364 Larenz S. 131; dabei muß die mögliche Rechtsfolge freilich nicht stets ausdrücklich genannt sein.

365 Zippelius S. 36.

366 Larenz S. 135, 150 ff.; Zippelius S. 37, 41.

367 Zu Rechtsnormen als Konditionalprogrammen vgl. Luhmann S. 227 ff.; auch Ermessensvorschriften sind Konditionalprogramme, wenngleich Zweckmäßigkeitserwägungen über das Eintreten der Rechtsfolge *mit*entscheiden.

Soweit im folgenden zwischen Konditional- und Zweckprogrammen unterschieden wird, handelt es sich um eine rein pragmatische Differenzierung.

Feststellung des jeweils maßgeblichen Strafrahmens die Strafzumessung nach den in § 46 StGB aufgestellten Grundsätzen zu bemessen; im Falle einer Geldstrafe ist nach Feststellung der Anzahl der Tagessätze die Höhe eines Tagessatzes unter Berücksichtigung der persönlichen und wirtschaftlichen Verhältnisse des Täters zu bestimmen. Diesen gesetzlichen Vorschriften kommt zwar gleichfalls Bindungswirkung zu;[368] da sie indes einer generellen Rechtsfolgenanordnung bei Erfüllung bestimmter Voraussetzungen entbehren, vielmehr nur quantitative Entscheidungen steuernde Elemente, sie leitende Gesichtspunkte enthalten (die zudem in der höheren Instanz nur begrenzt nachprüfbar sind),[369] handelt es sich hier um normative *Zweck*programme. Tatrichterliche Entscheidungen über das Quantum einer Rechtsfolge sind also nicht determiniert im Sinne nachprüfbarer Stringenz, sondern nur regelgeleitet. Die strukturellen Unterschiede von Konditional- und Zweckprogramm bedingen eine andere Art der Fragestellung und Abstimmung im Kollegium.[370] Zweckprogramme sollen daher aus der weiteren Betrachtung vorläufig ausscheiden; auf sie wird später gesondert einzugehen sein.

Eine weitere Einschränkung ergibt sich aus folgendem: Nicht alle Gesetzesbestimmungen ordnen für das Vorliegen eines generell umschriebenen Tatbestandes das Eingreifen einer Rechtsfolge an. Zwar weisen auch diese gesetzlichen Vorschriften die Form eines hypothetischen Konditionalprogramms auf; eine ganze Reihe gesetzlicher Bestimmungen dient jedoch nur dazu, den Tatbestand, ein Tatbestandselement oder die Rechtsfolge eines vollständigen Rechtssatzes näher zu bestimmen; andere Vorschriften schränken einen weit gefaßten Rechtssatz ein, indem sie eine bestimmte Fallgruppe von der Anwendung ausnehmen, die generell möglich scheinende Rechtsfolgenanordnung hindern; wieder andere verweisen hinsichtlich eines Tatbestandselements oder der Rechtsfolge auf einen anderen (vollständigen) Rechtssatz. Auch diese gesetzlichen Vorschriften beanspruchen normative Geltung, binden den Rechtsanwender. Ihre konstitutive, Rechtsfolgen begründende Kraft erhalten sie aber nur in Verbindung mit anderen Rechtssätzen.[371] Erst die durch diese Vorschriften ergänzte, erläuterte oder auch eingeschränkte Norm, der „Rumpftatbestand" und die ergänzenden Bestimmungen, die sich an ihn „anlagern", zusammen,[372] bildet einen „*vollständigen Rechtssatz*"; erst alle diese Vorschriften zusammen enthalten die Summe der einzelnen Tatbestandsmerkmale, an die sie die potentielle, je nach Sachlage in Betracht kommende Rechtsfolge knüpft bzw. die notwendige Präzisierung der Rechtsfolge selbst.

---

[368] Zur normativen Dimension bei der Strafzumessung Hassemer ZStW 90 (1978) S. 64 (74 f.).

[369] Zur Revisibilität des Strafmaßes Dreher/Tröndle § 46 Rdn. 53 b m.w.N.

[370] Dem trägt § 196 GVG Rechnung.

[371] Larenz S. 137 ff.; Zippelius S. 39, 45 ff.

[372] Zippelius S. 45.

Auch der Strafgesetzgeber verwendet neben vollständigen Rechtssätzen eine Reihe „unvollständiger Rechtssätze"; aus verschiedenen Gründen arbeitet er häufig mit Abkürzungen, Verweisungen, Legaldefinitionen.

Besonders augenfällig ist die „Unvollständigkeit" der Bestimmungen in § 11 StGB AT. Durch Tatbestandsmerkmalverweisung und Rechtsfolgeverweisung werden diese Bestimmungen Bestandteil des vollständigen Rechtssatzes, was nicht selten zu einer Vervielfachung der Tatbestände führt. So enthält die unscheinbare Vorschrift des § 166 StGB durch Verweisungen genau genommen 88 verschiedene Tatbestände,[373] durch allgemeine Vorschriften ergänzte vollständige Rechtssätze. Erläuternde Rechtssätze, Legaldefinitionen, finden sich insbesondere in §§ 11 f. StGB, aber auch im Besonderen Teil, so etwa in §§ 92, 93, 142 IV, 184 c, 264 VI, VII StGB. In der StPO finden sich ebenfalls eine Reihe von Legaldefinitionen, etwa in §§ 112 II, 112 a, 263 II, III, 464 a und – am bekanntesten – § 157 StPO. Insbesondere der Allgemeine Teil des StGB enthält eine Reihe einschränkender (unvollständiger) Rechtssätze, d. h. solcher Normen (Ausnahmetatbestände), die die Anwendung eines an sich eingreifenden vollständigen Rechtssatzes hindern. Derartige einschränkende Rechtssätze enthalten eine negative Geltungsanordnung, die nur verständlich ist in Verbindung mit einer (vorausgegangenen) positiven Geltungsanordnung.[374] Die Tatbestände des Besonderen Teils des StGB setzen – auch wenn das Tatbestandsmerkmal widerrechtlich (bzw. rechtswidrig) nur ausnahmsweise ausdrücklich normiert ist – stillschweigend voraus, daß der Täter rechtswidrig gehandelt hat, daß die Rechtsfolge „Bestrafung" nur dann eintreten darf, wenn kein Rechtfertigungsgrund, insbesondere also keiner der Ausnahmetatbestände der §§ 32, 34 StGB vorliegt.[375] Entsprechendes gilt auch für die Schuldausschließungsgründe: schuldhaftes Handeln des Täters wird von den Bestimmungen des Besonderen Teils vorausgesetzt; in atypischen Situationen (etwa bei Vorliegen der Voraussetzungen des § 20 StGB) schließt der Ausnahmetatbestand diese „Vermutung" aus. Das Fehlen von Entschuldigungsgründen ist daher ebenso Voraussetzung für das Eingreifen der generellen Rechtsfolge „Bestrafung" wie das Vorliegen aller übrigen Tatbestandsmerkmale.[376] Entsprechendes gilt auch für strafprozessuale Vor-

[373] Instruktiv Meurer JuS 1986, S. L 1 (3).

[374] Larenz S. 139 f.

[375] Der von Larenz S. 139 und Zippelius S. 46 insoweit verwendete, sachlich zutreffende Begriff „negative Tatbestandsmerkmale" soll hier vermieden werden, um Implikationen mit der Lehre von den negativen Tatbestandsmerkmalen (hierzu Wessels § 5 II 3 S. 23 f. und § 11 III 1 S. 106 sowie Dreher/Tröndle § 16 Rdn. 25 je m.w.N.) auszuschließen.

[376] Im Einzelfall kann es allerdings Schwierigkeiten bereiten festzustellen, ob ein vollständiger Rechtssatz vorliegt oder ob der Gesetzgeber nur eine negative Geltungsanordnung, ein einschränkendes Merkmal normieren wollte; so ist etwa streitig, ob der Rücktritt vom Versuch (§ 24 StGB) eine Rechtsfolgenbestimmung darstellt; hierzu Burkhardt S. 116 ff.; Wittern S. 14 ff.; vgl. auch Wessels AT § 14 IV 1 S. 140 f.; Lackner § 24 Rdn. 1. Dies zu klären, ist nicht Ziel der Arbeit.

schriften: so sei hier nur darauf verwiesen, daß alle strafprozessualen Zwangsmaßnahmen als Grundrechtseingriffe dem Grundsatz der Verhältnismäßigkeit Rechnung tragen müssen, auch wenn dieses verfassungsrechtliche Prinzip in den wenigsten Bestimmungen (etwa in § 112 I 2 StPO) genannt ist.

Da die wahre Reichweite eines Rechtssatzes erst dann erkennbar wird, wenn man alle im Gesetz enthaltenen Erläuterungen und Einschränkungen hinzunimmt, so ergibt sich der vollständige, eine Rechtsfolge zulassende Rechtssatz erst aus der Verbindung der positiven Geltungsanordnung mit der sie erläuternden bzw. einschränkenden Bestimmung. Zum Tatbestand des konditionalprogrammierten Rechtssatzes gehört daher nicht nur das Vorliegen, sondern auch das Nicht-Vorliegen bestimmter Tatsachen.[377] Die in einem vollständigen (konditionalprogrammierten) Rechtssatz generell umschriebene Rechtsfolge ist mithin bedingt durch das kumulative Vorliegen aller positiven Tatbestandsmerkmale und das Nichteingreifen von die Rechtsfolge ausschließenden/einschränkenden Ausnahmetatbeständen. Positive wie negative Elemente des generell umschriebenen Sachverhalts sind gleichwertige Bedingungen für das Eingreifen der Rechtsfolge.

Aus dem materiellen Strafrecht geläufig für diese logische Struktur des vollständigen Rechtssatzes ist die Figur des Tatbestands im weiteren Sinne: der Inbegriff aller materiellrechtlichen, positiven wie negativen Voraussetzungen der Strafbarkeit bildet den Tatbestand im weiteren Sinne,[378] alle Voraussetzungen zusammen bilden erst den Sachverhalt, dem die Rechtsfolge „Bestrafung“ zugeordnet ist. Entsprechendes gilt aber auch für den Bereich des formellen Strafrechts: eine vom Gesetzgeber generell zugelassene Rechtsfolge kann nur dann ausgesprochen werden, wenn alle vom Gesetzgeber dem Richter bindend vorgegebenen rechtsfolgenauslösenden Merkmale des jeweiligen Tatbestandes vorliegen, rechtshindernde Elemente nicht gegeben sind.

b) Syllogismus der Rechtsfolgebestimmung

Um feststellen zu können, welche Rechtsfolge für einen bestimmten Sachverhalt tatsächlich gilt, muß geprüft werden, ob dieser Sachverhalt einem bestimmten gesetzlichen Tatbestand als ein „Fall“ zugeordnet werden kann.[379] Der Richter kann die sich aus einem bestimmten Rechtssatz ergebende Rechtsfolge[380] (wegen der Verbindlichkeit dieses hypothetischen Konditionalprogramms) in einem genau zu umschreibenden Einzelfall nur dann konkretisieren, d. h. den (vollständigen) Rechtssatz anwenden, wenn er festzustellen

---

377 Larenz S. 139.

378 Wessels § 5 II S. 31 ff.; Schönke/Schröder-Lenckner vor § 13 Rdn. 47; Stratenwerth Rdn. 168 f., S. 69 f.

379 Larenz S. 150 f.; zum Aufsuchen der Rechtssätze allg. Zippelius S. 100 ff.

380 Dabei kann die Rechtsfolge sich auch aus dem Gesamtzusammenhang ergeben.

vermag, daß der alle negativen wie positiven Voraussetzungen umfassende Tatbestand gerade dieses Rechtssatzes in einem bestimmten konkreten Geschehnis verwirklicht worden ist. Bei dieser Feststellung handelt es sich um eine Selbstverständlichkeit, die man aber deutlich herausarbeiten muß, wenn man sich das Zustandekommen einzel- wie kollegialrichterlicher Entscheidung (Stimmabgabe) klarmachen will. Im Anschluß an Larenz[381] soll diese logische Figur, die jede einzel- wie kollegialrichterliche Entscheidung (Stimmabgabe) aufweisen muß, als „*Syllogismus der Rechtsfolgebestimmung*" bezeichnet werden. In diesem Syllogismus bildet ein vollständiger Rechtssatz den Obersatz, die Unterordnung eines konkreten Sachverhalts unter den generell abstrakten Tatbestand des (vollständigen) Rechtssatzes den Untersatz; die Schlußfolge besagt dann, daß gerade auch in dem konkret umschriebenen Sachverhalt die im Rechtssatz genannte Rechtsfolge gilt, vom rechtsanwendenden Einzel-/ Kollegial-Richter ausgesprochen werden darf oder muß.

Was zunächst den „*Obersatz*", den oben näher umschriebenen Rechtssatz, betrifft, so kann dieser freilich nicht immer einfach aus dem Gesetzestext übernommen werden.[382] Man darf die Augen nicht vor der Tatsache verschließen, daß die normativen Maßstäbe richterlicher Rechtsfindung, insbesondere soweit es um die Voraussetzungsseite des bindenden Konditionalprogramms geht, von unterschiedlichem Bestimmtheitsgrade sind.[383] Außer in den (freilich seltenen) Fällen unzweideutiger Regelungen, an die der Richter unbedingt gebunden ist, bedürfen Gesetze der Auslegung und Interpretation, wobei freilich Art und Weise, der Gegenstand und die Rangfolge des Methodenkanons weitgehend ungeklärt sind. Selbst die „klassischen Auslegungsmethoden" scheinen heute keineswegs mehr gesichert. Die rechtsstaatliche Bindung des Richters an das Gesetz verlangt allerdings, daß der Richter grundsätzlich den Wortlaut der Norm in den Grenzen des möglichen Wortsinns respektiert.[384] Die Gewinnung des „*Untersatzes*", also der Aussage, ein konkretes Geschehen werde von dem Tatbestand des (vollständigen) Rechtssatzes erfaßt, allen generell, abstrakt umschriebenen Voraussetzungen t1 bis tn ließen sich den bestimmten konkreten Tatsachen s1 bis sn zuordnen, bezeichnet man als Subsumtionsschluß. Dieser Subsumtionsschluß, der anhand rationaler Kriterien weitgehend überprüfbar ist und gleichsam den Kern richterlicher Rechtsfindung beinhaltet, enthält die Aussage, daß die im Tatbestand des Rechtssatzes genannten Merkmale in dem Lebensvorgang, der zur Beurteilung ansteht, sämtlich verwirklicht sind. Um diese Aussage machen zu können, muß das konkrete Geschehen auf das Vorliegen aller dieser Merkmale

---

381 Larenz S. 150 f.; vgl. auch Zippelius S. 113 ff.

382 Larenz S. 153.

383 Klein DRiZ 1972, S. 333 (334).

384 Merten DVBl 1975, S. 677 (680); zu den verschiedenen Auslegungsmethoden vgl. nur Larenz S. 187 ff.; Zippelius S. 55 ff. je m.w.N.

hin beurteilt werden.[385] Sind sämtliche Merkmale des abstrakt generell gefaßten Tatbestandes durch eine der jeweiligen (positiven wie negativen) Voraussetzungen zuordenbare Tatsache des konkreten Geschehens verwirklicht, läßt sich also zu jedem gesetzlich erforderlichen Tatbestandsmerkmal eine konkrete Tatsache feststellen, die ihm subsumiert werden kann, gilt die gesetzliche Rechtsfolgenanordnung auch für diesen bestimmten Sachverhalt.

Der Richter kann die sich aus einem vollständigen Rechtssatz ergebende Rechtsfolge nach alledem nur dann bejahen, wenn er festzustellen vermag, daß alle tatbestandlich geforderten Voraussetzungen gerade dieses (durch andere Vorschriften möglicherweise ergänzten oder eingeschränkten bzw. erläuterten) Rechtssatzes in einem bestimmten Geschehen verwirklicht worden sind. Ist auch nur ein Merkmal des Tatbestandes nicht erfüllt oder eine negative Voraussetzung zu bejahen, kann die Rechtsfolge für diesen konkreten Sachverhalt nicht ausgesprochen werden. Um zu wissen, ob eine bestimmte individuelle Normierung einer Rechtsfolge die nach der Rechtsordnung richtige ist, bedarf es also stets des Hinzudenkens des gesamten Syllogismus der Rechtsfolgebestimmung.

III. Allgemeine Konsequenzen für die Fragestellung

1. Der Syllogismus der Rechtsfolgebestimmung als Frageobjekt

Die bisherigen Überlegungen haben ergeben: Abstimmung innerhalb des Kollegiums ist nicht nur ein die Entscheidung vorbereitender Akt; Stimmabgabe seitens der einzelnen Mitglieder des Spruchkollegiums ist vielmehr ebenso richterliche Sachentscheidung mit rechtlicher Kraft und rechtlicher Wirkung wie der Spruch des Einzelrichters. Erst diese Feststellung erlaubt es auch, einen gemeinsamen Bezugspunkt für alle im strafrichterlichen Kollegium auftauchenden Fragen ausfindig zu machen. Jede richterliche Entscheidung – und damit auch das Votum eines jeden Kollegiumsmitglieds – ist notwendig gesetzlich gebundenes Handeln in Form eines Syllogismus der von einem (vollständigen, konditional programmierten) Rechtssatz angeordneten oder zugelassenen Rechtsfolgebestimmung. Ebenso wie die Entscheidung des Einzelrichters einen geschlossenen Syllogismus im Hinblick auf die rechtssatz-

---

[385] Larenz S. 153 und 156 ff.; zur Bildung und rechtlichen Beurteilung des Sachverhalts vgl. auch Gribbohm MDR 1966, S. 975; Zippelius S. 105 ff. sowie insbes. Esser S. 27 ff. Für die Zwecke der vorliegenden Untersuchung genügt diese grob vereinfachende Darstellung des Subsumtionsmodells. Daß in der „richtigen" Auswahl der Prämissen eines logischen Schlusses die wesentlichen Probleme liegen, soll nicht verkannt werden. Akte, die der Subsumtion vorausgehen, geben für das hier erörterte Problem indes nichts her.

mäßig vorgesehene Rechtsfolge enthält, so muß auch das Votum des Kollegiumsmitglieds einen ebensolchen Syllogismus der Rechtsfolgebestimmung enthalten. Darf der (Einzel-/Kollegial-)Richter die in dem konditional programmierten Rechtssatz enthaltene Rechtsfolge nur dann anordnen, wenn alle tatbestandlich geforderten (positiven wie negativen) Voraussetzungen gerade dieses Rechtssatzes in einem bestimmten tatsächlichen Geschehen verwirklicht worden ist, so steht damit zugleich fest, daß der Kollegialrichter nur unter den gleichen Voraussetzungen ein die konkrete Rechtsfolge aussprechendes oder zulassendes Votum abgeben darf. Ist mithin jede Entscheidung (Stimmabgabe) durch einen an einen bestimmten Rechtssatz und einem konkreten Sachverhalt orientierten Syllogismus bedingt, so muß auch die das kollegialrichterliche Votum auslösende Frage auf den jeweils in Betracht kommenden Syllogismus der Rechtsfolgebestimmung gerichtet sein. Alle vom Vorsitzenden zur Abstimmung zu stellenden Fragen müssen also als gemeinsamen Bezugspunkt einen bestimmten Syllogismus der Rechtsfolgebestimmung aufweisen. Die Frage ist also immer darauf zu richten, ob eine bestimmte Rechtsfolge ausgesprochen werden darf, weil alle tatbestandlich geforderten Voraussetzungen gerade dieses (den Rechtsfolgenausspruch legitimierenden) Rechtssatzes in einem konkret zu umschreibenden Geschehnis verwirklicht sind.

Nur gelegentlich ist im Zusammenhang mit der Abstimmungsmethode auf den Syllogismus einer jeden richterlichen Entscheidung – und damit auch der kollegialrichterlichen Stimmabgabe – hingewiesen worden.[386] Die Ausführungen Belings lassen indes nicht den Schluß zu, er habe den Syllogismus als maßgebliches Objekt der Fragestellung angesehen; die Äußerungen Belings zur Bedeutung des Syllogismus für den Gegenstand der Abstimmung sind nicht frei von Widersprüchen und Unklarheiten. So weist Beling einerseits darauf hin, daß jede Entscheidung auf einem Syllogismus beruhe, durch einen Syllogismus notwendig bedingt sei;[387] eine Auflösung dieses Syllogismus in seine einzelnen Elemente und getrennte Abstimmung über diese einzelnen Gründe sei unzulässig.[388] Dies legt die Vermutung nahe, Beling habe als maßgeblichen Abstimmungsgegenstand nicht den Tenor schlechthin angesehen, sondern stets den durch einen bestimmten Syllogismus legitimierten Entscheidungsinhalt.[389] Insbesondere in einer Abhandlung, in der er die Unmöglichkeit der Stellung einer „abstrakten Rechtsfrage" nachweist, heißt es: „Wer sich den Syllogismus als Frageobjekt klar vor Augen stellt, kann unmöglich verkennen,

[386] Soweit ersichtlich nur Beling ZStW 37 (1916), S. 365 (377); ders. ZStW 42 (1921) S. 599 (608 Fn. 5); ders. S. 247; insbes. GA 67 (1919), S. 141 (145 ff.); außer Beling nur Eb. Schmidt III § 194 Rdn. 11.

[387] Beling ZStW 37 (1916) S. 365 (377); ders. GA 67 (1919) S. 141 (145); vgl. auch ders. S. 235 f.; ebenso Eb. Schmidt III § 194 Rdn. 11.

[388] Beling S. 245.

[389] Beling S. 245 f.; ders. ZStW 37 (1916) S. 365 (375 f.); ZStW 42 (1921) S. 599 (608 Fn. 5).

daß die Frage nach dem Gegebensein der Prämissen, unbeschadet ihrer relativen logischen Selbständigkeit, von der Syllogismusfrage umschlossen werden"; sowie später, daß die Syllogismusfrage als Ganzes behandelt werden müsse.[390] Diese Ausführungen sind aber ersichtlich von dem Bemühen getragen, darzulegen, daß eine gesonderte, die übrigen Kollegiumsmitglieder bindende Abstimmung (Entscheidung) über die „abstrakte Rechtsfrage" nicht möglich sei. Die scheinbar eindeutige Aussage wird auch sogleich relativiert, wenn in derselben Abhandlung mehrfach betont wird, es sei stets „über die Entscheidungsthemafrage ungeteilt abzustimmen (‚sollen wir so entscheiden?'), nicht über die einzelnen im Unterbau liegenden Momente".[391] Auch spätere Ausführungen Belings deuten darauf hin, daß er als maßgeblich allein den Entscheidungsinhalt angesehen hat, nicht aber einen bestimmten Syllogismus, der den Rechtsfolgenausspruch trägt, da „jeder (Richter) bei der Abstimmung über das Ergebnis (den Entscheidungsinhalt) den Syllogismus, den er Platz greifen lassen will, hervorteten zu lassen hat."[392] Schon früher hatte er ausgeführt, daß eine Abstimmung, die den Syllogismus zum Gegenstand habe, eine unzulässige Abstimmung „nach Gründen" sei.[393] Will man diese unklaren und widersprüchlichen Aussagen richtig würdigen, muß man sich klar machen, daß Beling die Entscheidung als Willenserklärung ansieht, für die der Syllogismus (ebenso wie die einzelnen objektiven und subjektiven Gründe) lediglich den *Unterbau* liefert,[394] während nach der hier vertretenen Ansicht jede individuelle Normierung einer Rechtsfolge anhand eines bestimmten Rechtssatzes, jede Entscheidung, selbst einen solchen Syllogismus aufweist. Auch Beling vertritt also letztlich eine andere als die hier gefundene Lösung.

Ist der gesamte Syllogismus der jeweiligen sich aus einem bestimmten Rechtssatz ergebenden Rechtsfolgenanordnung Gegenstand der Fragestellung, so ist insbesondere auch eine Entscheidung ausgeschlossen, die nicht von einem bestimmten mehrheitlich getragenen Syllogismus legitimiert wird. Denkbar wäre freilich, daß jeder Richter des Spruchkollegiums seinem Votum einen anderen Syllogismus zugrunde legt, jeder Richter von einem anderen eine identische Rechtsfolge zulassenden Rechtssatz bzw. anderen tatsächlichen Merkmalen ausgeht. Genau besehen handelt es sich dabei jedoch um ein Problem der Wahlfeststellung (allgemeiner: der Alternativentscheidung) innerhalb des Kollegiums, auf das unten noch gesondert einzugehen sein wird. Die bloße Frage, ob eine bestimmt geartete Rechtsfolge ausgesprochen werden darf (etwa ob das Verfahren einzustellen sei), verfehlt den Rechtsfolge-

390 Beling GA 67 (1919), S. 141 (149, 153).

391 Beling GA 67 (1919), S. 141 (143, 152, 155).

392 Beling S. 247.

393 Beling ZStW 37 (1916) S. 365 (377); ebenso Eb. Schmidt III § 194 Rdn. 11.

394 Beling ZStW 37 (1916) S. 365 (377), insbes. ders. S. 222, 231, 237.

syllogismus und läßt außer Betracht, daß kollegialrichterliche Rechtsfindung einen bestimmten gemeinsamen Bezugspunkt, infolge der Gesetzesbindung einen bestimmten vollständigen Rechtssatz, aufweisen muß. Legt jeder Richter seinem Votum einen anderen Rechtsfolgesyllogismus zugrunde, hat das Ergebnis, der bloße Entscheidungsinhalt, nicht mehr die Vermutung der Richtigkeit iSd Gesetzmäßigkeit für sich, läßt sich dann doch nicht sagen, die erforderliche Mehrheit habe auf den konkreten Sachverhalt ein bestimmtes Gesetz anwenden wollen. Für den Kernbestand der Schuldfrage ist dies auch durchweg anerkannt: Unstreitig ist nämlich, daß Totalabstimmung über jeden einzelnen in Betracht kommenden Straftatbestand erforderlich ist, die Schuldfrage stets dahin geht, ob der Angeklagte durch eine bestimmte Handlung einen bestimmten Straftatbestand rechtswidrig und schuldhaft verwirklicht hat.[395] Ganz entsprechendes gilt aber für alle im Strafprozeß möglicherweise zu treffenden Entscheidungen: die Richtigkeit des Entscheidungsinhalts erweist sich erst, wenn man den Syllogismus hinzudenkt, in dem ein bestimmter den Rechtsfolgenausspruch legitimierender Rechtssatz als Obersatz enthalten ist. Durch die Abstimmung sicherzustellen ist also nicht, daß sich der Wille der Mehrheit in dem potentiellen Entscheidungstenor widerspiegelt,[396] sondern insbesondere, daß die Rechtsfolgenanordnung von einem mehrheitlich getragenen Syllogismus legitimiert wird. Ist einerseits Zweck des Kollegialsystems, eine mutmaßlich richtige Entscheidung zu finden und ist die Richtigkeit der Entscheidung andererseits durch das Vorhandensein eines bestimmten Syllogismus der Rechtsfolgebestimmung bedingt (d. h. durch die Feststellung, alle tatbestandlich geforderten Voraussetzungen gerade dieses die Rechtsfolge umschreibenden Rechtssatzes seien in einem bestimmten Geschehnis verwirklicht), so kann Bezugspunkt der zur Abstimmung zu stellenden Fragen stets nur sein, ob ein bestimmter Rechtssatz auf einen konkreten Sachverhalt Anwendung finden kann und demzufolge die dem Tatbestand zugeordnete Rechtsfolge im konkreten Fall ausgesprochen werden darf.

Der Vorteil der hier gefundenen Lösung liegt zunächst darin, daß sie nicht an spezielle materiell strafrechtliche Gesichtspunkte (z. B. den Grundsatz in dubio pro reo) anknüpft oder einzelne nicht durchgängig geltende prozessuale Erwägungen (z. B. Tatbegriff iSd § 264 StPO; Begründungspflicht) zum Ausgangspunkt nimmt. Der Lösung liegt vielmehr ein allgemeines Prinzip zugrunde, die Erkenntnis nämlich, daß jede kollegialrichterliche Rechtsfolgenanordnung (Stimmabgabe) einen Syllogismus enthält, die Anwendung eines vollständigen Rechtssatzes auf einen konkreten Sachverhalt. Diese Erwägung gilt für alle materiell-rechtlichen wie prozeßrechtlichen Entscheidungen. Es

---

[395] Vgl. nur LR-Schäfer § 194 GVG Rdn. 6; KK-Hürxthal § 263 Rdn. 3; KMR-Paulus § 263 Rdn. 8; KMR-Müller (6.) § 194 GVG Anm. 1 b, bb; Koeniger S. 433; Gössel S. 277; ausf. schon Heinemann ZStW 15 (1895) S. 1 (59 ff.) und Beling GA 67 (1919), S. 141 (145 ff., 152 f.).

[396] So etwa Schlüchter Rdn. 582 S. 624; dazu bereits oben Teil 2 B II 4 b.

bedarf also nicht der Aufstellung eines allgemeinen Grundsatzes, um sogleich für eine bestimmte Gruppe von Entscheidungen ein anderes Prinzip zu konkretisieren.[397] Ebenso wenig bedarf es der Unterscheidung von Haupt- und Hilfsfragen einerseits und Nebenfragen andererseits.

Die hier vertretene Lösung stellt zugleich sicher, daß ein den Rechtsfolgenausspruch legitimierendes Gesetz (Normgefüge) nur dann zur Anwendung kommt, wenn die Mehrheit der Entscheider *alle* tatbestandlich geforderten Merkmale in einem konkreten tatsächlichen Geschehen verwirklicht findet, der Mehrheitswille auf das kumulative Vorhandensein sämtlicher tatsächlicher und rechtlicher Voraussetzungen der Rechtsfolgenanordnung gerichtet ist.[398] Mit der Feststellung, daß die zur Abstimmung zu stellenden Fragen stets dahin gehen müssen, ob eine rechtssatzmäßig vorgesehene Rechtsfolge eingreifen darf, weil sämtliche Merkmale des abstrakt-generell gefaßten Tatbestandes durch einen zuordenbaren tatsächlichen Geschehensablauf verwirklicht sind, ist freilich nur der Grundtypus der Fragestellung herausgearbeitet.

Mit einer einzigen solchen auf den Syllogismus der Rechtsfolgebestimmung gerichteten Frage ist insbesondere nicht schon die Endentscheidung in einem bestimmten Strafverfahren gewonnen; jede instanzbeendende Entscheidung ergibt sich erst aus einer Vielzahl zur Anwendung zu bringender vollständiger Rechtssätze, die sich gegenseitig bedingen, ergänzen oder modifizieren. Vor Erlaß eines verurteilenden Erkenntnisses sind beispielsweise zu klären Fragen der Zuständigkeit, ergeben sich häufig verschiedene Besetzungsrügen, sind insbesondere Verfahrensvoraussetzungen und Prozeßhindernisse zu klären, bedarf es im Laufe der Hauptverhandlung zahlreicher Beschlüsse über Beweisanträge und sonstige wesentliche Förmlichkeiten etc.; zu der Entscheidung über die Schuldfrage tritt (bejahendenfalls) die Frage hinzu, welche Strafe in welcher Höhe zu verhängen ist, ob sonstige Rechtsfolgen der Tat auszusprechen sind (insbesondere Maßregeln der Besserung und Sicherung sowie Verfall und Einziehung), bedarf es schließlich einer Kostenentscheidung. Jedes Mal ist die Anwendung eines vollständigen Rechtssatzes auf ein konkret umschriebenes Geschehnis Gegenstand der Abstimmung; so viele vollständige Rechtssätze in einem konkreten Fall möglicherweise zur Anwendung zu bringen sind, so viele getrennte Fragen sind in dem Kollegium zur Abstimmung zu stellen.

---

[397] So etwa LR-Schäfer § 194 GVG Rdn. 4 (Grundsatz: Abstimmung nach Teilen) und Rdn. 6 ff. (Totalabstimmung über die Schuldfrage).

[398] Daß dies für die Bejahung der Schuldfrage erforderlich ist, ist allgemein anerkannt; vgl. v. Kries S. 441 f.; Heinemann ZStW 15 (1895) S. 1 (27 f.); RGSt 2, 382; LR-Schäfer § 194 GVG Rdn. 8.

2. Notwendige Bestandteile einer jeden Frage

Geht man mit der hier vertretenen Ansicht davon aus, daß Bezugspunkt einer jeden Frage ein bestimmter Syllogismus der Rechtsfolgebestimmung ist, daß jede Frage also darauf zu richten ist, ob ein bestimmter (vollständiger) Rechtssatz auf einen konkreten Lebenssachverhalt angewandt werden darf, so stehen damit zugleich die wesentlichen Bestandteile einer jeden Frage in groben Umrissen wenigstens fest: der gesamte Tatbestand des die potentielle Rechtsfolge zulassenden Rechtssatzes als Obersatz, das gegebene Tatsächliche als unter den vollständigen Tatbestand zu Subsumierendes (Untersatz) sowie schließlich die Rechtsfolge, wie sie im Rechtssatz vorgesehen ist, als conclusio. Die Herauslösung der „abstrakten Rechtsfrage" ebenso wie der Frage nach den „nackten Tatsachen" ist ebenso wenig möglich[399] wie eine Abstimmung nach Elementen, da dann der jeweilige Syllogismus als Ganzes nicht mehr dem Willen der Mehrheit des Kollegiums entspräche.

Dieser sehr grobe Rahmen bedarf indes der Konkretisierung:

a) Der Tatbestand des vollständigen Rechtssatzes

Wesentlicher Bestandteil einer jeden Frage ist zunächst der die ins Auge gefaßte Rechtsfolge anordnende Tatbestand des vollständigen Rechtssatzes.[400] Entsprechend dem 1924 aufgehobenen § 293 I 2 RStPO genügt dabei nicht die nur rechtliche Bezeichnung entsprechend der Gesetzesüberschrift (etwa: ist der Angeklagte eines „Diebstahls", einer „Beihilfe zum Mord" schuldig; soll eine „Durchsuchung bei dem Verdächtigen" angeordnet werden?). Erforderlich ist vielmehr die Aufnahme aller gesetzlichen Tatbestandsmerkmale, die die Rechtsfolgenanordnung legitimieren. Kommt eine Verurteilung wegen Diebstahl (§ 242 StGB) in Betracht, ist also notwendiger Bestandteil der Frage, ob der Angeklagte „eine fremde bewegliche Sache einem anderen in der Absicht weggenommen hat, dieselbe sich rechtswidrig zuzueignen". Nicht unzulässig dürfte es freilich sein, die Gesetzesüberschrift *neben* den einzelnen Tatbestandsmerkmalen mit in die Frage aufzunehmen.[401]

Sehr häufig enthält indes eine gesetzliche Bestimmung mehrere gesetzliche Tatbestände. Durch verschiedene Verweisungen und unterschiedliche Schutzgüter enthält beispielsweise § 166 StGB genau genommen 88 verschiedene

[399] Vgl. bereits oben Teil 2 B I 4 b sowie insbesondere Beling GA 67 (1919), S. 141 (145 ff.).

[400] Insoweit deckt sich die hier vertretene Lösung mit der für das Geschworenengericht vorgeschlagenen „Hauptfrage"; dazu bereits oben Teil 2 A II 1 a und Dalcke S. 4 ff.

[401] Zur diesbezüglichen Kontroverse in den Geschworenengerichten vgl. v. Bar S. 174; Bischoff GA 42 (1894), S. 349 (352) sowie Dalcke S. 69 ff. m.w.N. und Oetker S. 225.

Tatbestände, die jeweils zu einer Bestrafung führen können. Hinsichtlich jeder dieser Voraussetzungsreihen, die je einen Tatbestand eines vollständigen Rechtssatzes darstellen, ist eine gesonderte Frage zu stellen, da jedem dieser verschiedenen Tatbestände mit je unterschiedlichen gesetzlichen Merkmalen die Rechtsfolge „Bestrafung“ zugeordnet ist, jeder mithin auch Ausgangspunkt eines besonderen Syllogismus sein kann. Eine Zusammenfassung mehrerer Tatbestände in einer gesetzlichen Vorschrift findet sich auch häufig im formellen Strafrecht, insbesondere etwa bei der Überwachung des Fernmeldeverkehrs (§ 100 a StPO): schon der auf bestimmte Tatsachen gestützte Verdacht, daß der Beschuldigte *eine* der dort genannten Katalogtaten begangen hat, rechtfertigt – sofern die weiteren Voraussetzungen vorliegen – die Überwachungsanordnung. Auch diese Vorschrift enthält also eine Vielzahl vollständiger Rechtssätze im obigen Sinne. Hinsichtlich jedes einzelnen in Betracht kommenden Rechtssatzes ist zunächst eine gesonderte Fragestellung erforderlich. Erst wenn sich für die Anwendung keines Rechtssatzes eine ausreichende Mehrheit findet, kann die Frage auftauchen, welche der verschiedenen Voraussetzungsreihen alternativer Feststellung zugänglich sind. Auf dieses Problem wird unten gesondert einzugehen sein.

Die jeweilige Frage muß sämtliche Voraussetzungen des einzelnen Rechtssatzes in sich aufnehmen, alle jeweils für den Rechtsfolgenausspruch erforderlichen gesetzlichen Merkmale des Tatbestandes umfassen.[402] Dies bedeutet allerdings zunächst nicht, daß die Frage die einzelnen gesetzlichen Merkmale in genau derselben Reihenfolge nennen müßte wie das Gesetz. Modifikationen in der Wortstellung sind durchaus zulässig und zum besseren Verständnis der Frage oftmals angebracht. Wesentlich ist hier, daß in die Frage sämtliche Merkmale des einzelnen Rechtssatzes aufgenommen werden, die die Rechtsfolgenanordnung bedingen.[403] Welche einzelnen Merkmale danach in die einzelne Frage aufgenommen werden müssen, welche Voraussetzungen den in die Frage einzustellenden Tatbestand (im weiteren Sinne) bilden, wird sich dabei in aller Regel unmittelbar aus dem zur Anwendung zu bringenden Gesetz ergeben, aus dem die Rechtsfolge anordnenden oder zulassenden Rechtssatz. Besonderer Erwähnung bedürfen lediglich die Fälle, in denen sich der anzuwendende vollständige Rechtssatz aus verschiedenen gesetzlichen Bestimmungen zusammensetzt; dies ist einmal dann der Fall, wenn der die Rechtsfolge aussprechende Tatbestand *ausdrücklich* auf eine andere gesetzliche Vorschrift Bezug nimmt oder *stillschweigend* das (Nicht-)Eingreifen anderer Normen voraussetzt.

---

[402] Dies kann auch durch Verweisung auf eine vorhergehende Frage geschehen; wenn etwa derselbe Rechtssatz auf einen anderen Sachverhalt angewandt werden soll; vgl. Dalcke S. 31.

[403] Vgl. für die Schuldfrage etwa Dalcke S. 34; Stenglein § 293 Anm. 9; Oetker GS 64 (1904), S. 55 (101 ff.).

Soweit der jeweils zur Anwendung zu bringende Straftatbestand ausdrücklich auf bestimmte andere gesetzliche Bestimmungen Bezug nimmt und auf die in ihnen enthaltenen Voraussetzungen verweist (etwa § 252 StGB auf „Diebstahl", § 250 I Nr. 3 StGB auf „schwere Körperverletzung", § 148 II StPO auf „Straftat nach § 129 a StGB", §§ 112 III, 112 a, 100 a StPO auf eine Vielzahl genau bezeichneter materieller Straftatbestände), ist die bloße Übernahme der generellen gesetzlichen Deliktsbezeichnung nicht ausreichend; erforderlich ist vielmehr, daß die einzelnen Merkmale der in Bezug genommenen Vorschrift in die Frage aufgenommen werden. So müßte etwa die Frage bei Raub (§ 249 StGB) enthalten, ob der Angeklagte bei der Wegnahme einer fremden beweglichen Sache in der Absicht, sich dieselbe rechtswidrig zuzueignen, Gewalt verübt hat.[404] Ganz entsprechendes gilt nach der hier vertretenen Lösung aber auch bei prozessualen Entscheidungen. Die Frage bezüglich der Überwachung des Fernmeldeverkehrs müßte daher – soweit der Obersatz in Rede steht – lauten, ob bestimmte Tatsachen den Verdacht begründen, daß der Betroffene als Täter einen Menschen heimtückisch getötet hat, § 100 a Nr. 2 StPO iVm § 211 II StGB.[405] Ähnlich verhält es sich in den Fällen, in denen lediglich eine generelle Verweisung vorliegt, etwa wenn in den Vorschriften über Anstiftung (§ 26 StGB), Beihilfe (§ 27 StGB) oder öffentliche Aufforderung zu Straftaten (§ 111 StGB) auf eine „(vorsätzliche) rechtswidrige Tat" Bezug genommen wird, oder wenn die Einstellung gem. §§ 153, a StPO vom Vorliegen eines „Vergehens", die Einstellung nach § 206 b von der Änderung des „Strafgesetzes" abhängig ist. Die je nach Sachlage in Betracht kommende akzessorische (vorsätzlich und rechtswidrig begangene) Haupttat,[406] der Vergehens- bzw. Straftatbestand ist durch die Bezugnahme bzw. Verweisung integrierter Bestandteil des vollständigen Rechtssatzes und ist daher mit allen seinen gesetzlichen Merkmalen in die jeweils zur Abstimmung zu stellende Frage mit aufzunehmen. Auch die in einer *Legaldefinition* enthaltenen Merkmale (etwa die in §§ 142 IV, 264 VI, VII, 268 II StGB genannten Voraussetzungen) bedingen die Rechtsfolgenanordnung und stellen zugleich besondere Anforderungen im Hinblick auf die Person des Täters, das Tatmittel bzw. das Tatobjekt. Sie sind damit zugleich Elemente des zusammengesetzten, vollständigen Rechtssatzes und bedürfen daher ebenfalls der Aufnahme in die zur Abstimmung zu stellende Frage. Im Falle des unerlaubten Entfernens vom Unfallort (§ 142 StGB) wäre danach etwa zu fragen, ob der Angeklagte, dessen Verhalten nach den Umständen zur Verursachung des Unfalls beigetragen haben kann, weil er ... sich nach dem Unfall im Straßenverkehr – am Orte X – vom Unfallort entfernte, bevor

[404] Ausführlich zur entsprechenden Fragestellung an die Geschworenen: Bischoff GA 42 (1894) S. 349 (352 ff.); Dalcke S. 69 ff.; Oetker S. 234 f. und ders. GS 64 (1904) S. 55 (88 ff.).

[405] Vgl. zur Fernsprechüberwachung jüngst BGH NJW 1986, S. 1183 f.

[406] Vgl. etwa Bischoff GA 42 (1894) S. 349 (355 ff.).

er ... Daß die Fragen in Anlehnung an den gesetzlich vorgegebenen Tatbestand des vollständigen Rechtssatzes zu formulieren sind, gilt schließlich auch dann, wenn die gesetzliche Bestimmung *stillschweigend* das (Nicht-)Eingreifen weiterer (unvollständiger) Rechtssätze voraussetzt. Ebenso wie die Anwendung der Tatbestände des Besonderen Teils des StGB nur möglich ist, wenn ein rechtswidriges und schuldhaftes Handeln vorliegt, alle strafprozessualen Zwangsmaßnahmen unter dem zumeist nicht ausdrücklich genannten rechtsstaatlichen Gebot der Verhältnismäßigkeit stehen, muß auch die zur Abstimmung zu stellende Frage diese (negativen) Tatbestandselemente ausdrücklich oder stillschweigend enthalten.[407] Werden Rechtfertigungs- bzw. Schuldausschließungsgründe ausdrücklich behauptet, so kann es sich zur Verdeutlichung empfehlen, nicht nur zu fragen, ob der Angeklagte einen bestimmten Straftatbestand rechtswidrig und schuldhaft verwirklicht hat, sondern den jeweiligen die Rechtsfolgenanordnung hindernden Rechtssatz mit seinen gesetzlichen Merkmalen in die Frage aufzunehmen. Bestandteil einer auf Körperverletzung (§ 230 StGB) gerichteten Frage wäre danach etwa, ob der Angeklagte einen anderen körperlich mißhandelt hat, ohne daß dies als Verteidigung geboten und erforderlich war, um einen gegenwärtigen rechtswidrigen Angriff von sich (oder einem anderen) abzuwenden.[408] Kommen mehrere Rechtfertigungsgründe in Betracht, handelt es sich jeweils um selbständige negative Geltungsanordnungen; da die Rechtsfolge indes nur dann angeordnet werden darf, wenn keiner der die Rechtsfolge hindernden Tatbestände eingreift, mithin alle diese negativen Elemente Bestandteil des vollständigen Rechtssatzes sind, muß auch die Frage diese näheren Umstände enthalten. Hierbei handelt es sich nicht um einen Fall alternativer Fragestellung: Sind nämlich (alternativ) verschiedene negative Geltungsanordnungen möglich (beispielsweise Notwehr oder Notstand), so bedeutet dies, daß weder die eine noch die andere eingreifen darf, soll die Rechtsfolge angeordnet werden dürfen. Das Nichteingreifen des einen (z. B. Notwehr) und – kumulativ – das Nichtvorliegen des anderen (z. B. Notstand) die Rechtsfolgenanordnung hindernden Tatbestandes muß also festgestellt werden.[409]

Entsprechendes gilt auch bei die Verhältnismäßigkeit der Maßnahme voraussetzenden strafprozessualen Eingriffsermächtigungen. Hier könnte etwa bei einer Liquorentnahme in die Frage aufgenommen werden, ob diese Maßnahme geeignet, erforderlich und verhältnismäßig ist.[410]

---

[407] Daß Rechtswidrigkeit und Schuld zum unbestrittenen Kern der Schuldfrage gehören, wurde bereits dargelegt, siehe oben Teil 2 A II 1 b aa. Zur Verhältnismäßigkeit als materieller Voraussetzung von Zwangsmaßnahmen Schlüchter Rdn. 165 u. 171, 169 u. 173; vgl. auch Kleinknecht Einl. Rdn. 20 ff.; § 81 a Rdn. 7.

[408] Vgl. Hücking GA 34 (1886), S. 216 (225 ff.).

[409] Bisher nicht geklärt ist die Frage, unter welchen Voraussetzungen alternative Feststellungen außerhalb des Unrechtstatbestands (Tatbestands im engeren Sinne) – z. B. also bei Rechtfertigungsgründen oder bei Entschuldigungsgründen – zulässig sind.

In welchen Fällen sich die Aufnahme auch aller gesetzlichen Merkmale der negativen Geltungsanordnung empfiehlt, kann indes nicht generell gesagt werden. Entscheidend ist stets nur, daß der gesamte Tatbestand des vollständigen Rechtssatzes Bestandteil der Frage ist.

b) Die zu subsumierenden Tatsachen

Ist Gegenstand der Fragestellung der jeweilige Syllogismus der Rechtsfolgebestimmung, so ist neben den gesetzlichen Merkmalen des Obersatzes das konkrete Geschehnis, auf das der Rechtssatz angewandt werden soll, für den die Rechtsfolge gelten soll, in die Frage mit aufzunehmen. Freilich genügt es nicht, nur diejenigen Umstände des Geschehens in die Frage aufzunehmen, die zur Feststellung der Identität der Tat im prozessualen Sinn, des einheitlichen historischen Vorgangs, erforderlich sind.[411] Damit wäre nämlich eine dem Gesetzmäßigkeitsprinzip entsprechende Entscheidung noch keineswegs stets sichergestellt, wäre außerdem eine Überprüfung der Rechtsanordnung in höherer Instanz ausgeschlossen, [412] ließe sich doch nicht feststellen, in welchen für erwiesen erachteten Tatsachen die Mehrheit der Kollegiumsmitglieder die gesetzlichen Merkmale des Straftatbestandes (§ 267 I 1 StPO) gefunden hat. Erst wenn die im Einzelfall dem Obersatz zuordenbaren Tatsachen des konkreten Geschehnisses mit in die Frage aufgenommen werden, steht zugleich fest, auf welchen Sachverhalt genau der Rechtssatz angewandt werden soll. Die Verpflichtung zur Angabe der für erwiesen erachteten Tatsachen in der Urteilsbegründung zwingt daher zwar nicht zu einer Abstimmung (Entscheidung) über jede einzelne Tatsache oder zur Zerlegung des Syllogismus zum Zweck der Entscheidung über die tatsächlichen (oder rechtlichen) Momente, belegt aber andererseits, daß eine bestimmte Tatsachengrundlage notwendiger Bestandteil eines jeden (nachprüfbaren) Entscheidungssyllogismus ist. Nicht ausreichend ist es daher, nur die Umstände mit in die Frage aufzunehmen, die zur Feststellung der Identität des historischen Vorgangs, zur zeitlichen und örtlichen Umschreibung des Prozeßgegenstands erforderlich sind („am ... zu ...“).[413] Darüber hinaus sind vielmehr auch die konkreten Sub-

---

410 Zum Verhältnismäßigkeitsgrundsatz vgl. Wolff/Bachof § 30 II b 1 S. 179 m.w.N.

411 So im Anschluß an § 293 RStPO ständige Rechtsprechung; vgl. insbes. RGSt 3, 250; RGRR 3, 819 (820 f.); ausführliche Rechtsprechungsnachweise bei Feddersen S. 146 ff.; Stenglein GS 34 (1882) S. 161 ff. – dort S. 170 ff. auch zu den einzelnen Partikulargesetzen.

412 Zu diesem Ergebnis führte auch die Rechtsprechung des Reichsgerichts; zu prüfen, ob der Sachverhalt sich zur Subsumtion unter des Gesetz eignet, hat es seit RGSt 1, 556 beständig abgelehnt; kritisch hierzu insbes. Dalcke S. 61 ff. und Stenglein GS 34 (1882) S. 161 ff. sowie ders. GS 44 (1891) S. 401 ff.; hierzu bereits Glaser, Erörterungen S. 50 ff.

413 So bereits Dalcke S. 61 ff.; vgl. auch v. Kries S. 615.

sumtionsobjekte Bestandteil der zur Abstimmung zu stellenden Fragen.[414] Ebenso wie der Anklagesatz gem. § 200 StPO eine Darstellung des zu subsumierenden Sachverhalts enthalten muß, sind auch bei der Abstimmung innerhalb des Kollegiums die subsumtionsrelevanten Tatsachen Bestandteil der jeweiligen Frage. Nicht genügt daher lediglich eine Frage dahingehend, ob der Angeklagte am ... zu ... einen anderen körperlich mißhandelt habe; zu fragen wäre vielmehr, ob der Angeklagte einen anderen körperlich mißhandelt habe, indem er am ... zu ... eine bestimmte Handlung vorgenommen, die die einzeln zu umschreibenden Folgen gehabt habe, und er daher gem. § 223 StGB strafbar sei. Entsprechendes gilt freilich auch für prozessuale Entscheidungen; so ist bei Erlaß eines Haftbefehls nach § 112 I, II Nr. 2 StPO in die Frage aufzunehmen, welche bestimmten Tatsachen die Fluchtgefahr begründen sollen.

Die hier vorgeschlagene Lösung führt nicht nur dazu, daß dann, wenn ein bestimmter feststehender Sachverhalt unterschiedliche rechtliche Beurteilungen erlaubt, hinsichtlich der Anwendung eines jeden Rechtssatzes eine gesonderte Frage zu stellen ist.[415] Vielmehr sind auch dann mehrere Fragen erforderlich, wenn verschiedene Sachverhalte möglich erscheinen, die eine identische rechtliche Beurteilung erlauben (können), wenn z. B. nicht aufklärbar ist, ob der Angeklagte das gleiche Tatbestandsmerkmal durch das eine oder andere Verhalten erfüllt hat, so wenn ungewiß bleibt, zu welchem Zeitpunkt und durch welche von mehreren möglichen Handlungen der Angeklagte das Tatbestandsmerkmal verwirklicht haben soll. Hinsichtlich jeder subsumtionsrelevanten Sachverhaltsvariante ist eine gesonderte Frage erforderlich, handelt es sich doch stets dann, wenn andere konkrete Tatsachen dem Obersatz zugeordnet werden, zugleich um einen anders gearteten Syllogismus der Rechtsfolgebestimmung.[416] Sieht jedes Kollegiumsmitglied den anzuwendenden Rechtssatz in einem anderen konkreten Geschehnis verwirklicht, handelt es sich genau betrachtet um eine Entscheidung aufgrund mehrdeutiger Tatsachenfeststellung,[417] um eine Alternativentscheidung des Kollegiums. Bezüglich jeder der möglichen Tatsachenalternativen ist daher zunächst eine gesonderte Frage erforderlich. Erst wenn sich keine ausreichende Mehrheit findet, die dem anzuwendenden Rechtssatz ein genau bestimmtes Geschehen zugrunde legen will, kann die Frage gestellt werden, ob der ins Auge gefaßte vollständige Rechtssatz auch auf die alternativ angenommenen Sachverhalte anwendbar ist. Nur dann ist nämlich auch überprüfbar, ob die disjunctiv (mehrheitlich) festgestellten Tatsachenalternativen sich gleichermaßen zur Subsumtion unter den identischen Rechtssatz eignen.

---

414 So schon Stenglein GS 34 (1882) S. 161 (170, 176 ff.) für die Schuldfrage.

415 Für die Schuldfrage vgl. nur LR-Schäfer § 194 GVG Rdn. 9; vgl. bereits oben Teil 2 B I 2.

416 Anders Eb. Schmidt III § 194 Rdn. 23.

417 Vgl. LR-Gollwitzer § 261 Rdn. 147.

Welche Subsumtionsobjekte in die Frage aufzunehmen sind, läßt sich nicht generell sagen. Erforderlich ist jedenfalls, daß der mehrheitlich festgestellte Sachverhalt, für den die rechtssatzmäßige Rechtsfolge gelten soll, unzweideutig feststeht und alle jeweils zu subsumierenden Tatsachen in der Frage enthalten sind, selbst wenn sie nicht stets ausdrücklicher Hervorhebung bedürfen. In der Regel wird die Frage, ob der Angeklagte einen bestimmten Straftatbestand durch ein genau umschriebenes Verhalten verwirklicht hat, nicht ohne genaue Angabe von Zeit und Ort der Tat gestellt werden können. Darüber hinaus wird in der weit überwiegenden Zahl der Fälle das Handlungsobjekt mit in die Frage aufzunehmen sein.[418] Insbesondere wird die Tathandlung, die dem Obersatz subsumiert werden soll, so genau wie möglich anzugeben sein (bei Aussagedelikten etwa die genaue Wiedergabe der vorgeworfenen Äußerung), daneben aber insbesondere auch die subjektive Tatseite. Da jedes gesetzliche Merkmal des Tatbestandes mit dem ihm zuzuordnenden (äußeren oder inneren) tatsächlichen Geschehen verknüpft sein muß, sind gegebenfalls auch die konkreten Umstände in die auf den jeweiligen Tatbestand (unterschiedlichen vollständigen Rechtssatz) gerichteten Frage aufzunehmen, die die besonderen persönlichen (gesetzlich geforderten) Eigenschaften des Täters ausmachen, die die besonderen Verwirklichungsformen der Tat (Vorsatz, Fahrlässigkeit; Versuch; Täterschaft, Teilnahme) darstellen etc.

Ganz entsprechend sind die Fragen aber auch bei den strafprozessualen Entscheidungen einzurichten. Hier bedürfen grundsätzlich ebenfalls alle gesetzlichen Merkmale eines zuordenbaren Faktums. In die Frage aufzunehmen sind daher etwa die die Zuständigkeit begründenden Umstände, die die Zwangsmaßnahmen oder den Ausschluß der Öffentlichkeit rechtfertigenden Tatsachen, die faktischen Momente, die die Ablehnung eines Beweisantrages rechtfertigen etc.

Ist entsprechend der hier vertretenen Lösung der jeweils in Betracht kommende Entscheidungssyllogismus einschließlich der den gesetzlichen Merkmalen jeweils zuordenbaren Tatsachen Gegenstand der Fragestellung, so bedarf es insbesondere auch nicht einer *zusätzlichen* Abstimmung über die (objektiven) Entscheidungsgründe.[419] Wird nämlich die Anwendung eines bestimmten Rechtssatzes auf einen genau bezeichneten Sachverhalt von der Mehrheit der Kollegiumsmitglieder bejaht, so ist selbstverständlich auch bei jeder der einzelnen Unterfragen, aus denen sich der Syllogismus der Rechtsfolgebestimmung zusammensetzt, die erforderliche Mehrheit gegeben.[420] Damit sind aber insbesondere auch die für erwiesen erachteten Tatsachen mehrheitlich festgestellt, in denen die gesetzlichen Merkmale der Straftat gefunden werden (vgl.

---

[418] Vgl. Dalcke S. 59 ff.

[419] Dafür Sachse ZStW 49 (1929) S. 306 ff.

[420] Beschränkt auf die Schuldfrage ebenso LR-Schäfer § 194 GVG Rdn. 8.

§ 267 I 1 StPO), bzw. das konkrete Geschehnis, für das die rechtssatzmäßig vorgesehene Rechtsfolge gelten soll.

c) *Die potentielle Rechtsfolge*

Schließlich bedarf der Aufnahme in die zur Abstimmung zu stellende Frage die rechtssatzmäßige vorgesehene Rechtsfolge selbst. Einer ausdrücklichen Hervorhebung der Rechtsfolge bedarf es freilich dann nicht, wenn der gesetzliche Tatbestand nur eine bestimmte Rechtsfolge zwingend anordnet, bei Verwirklichung eines Straftatbestandes etwa die Rechtsfolge „Bestrafung". Sind einem vom Gesetzgeber normierten Tatbestand indes mehrere mögliche Rechtsfolgen zugeordnet, im Falle des Ausbleibens des Angeklagten in der Hauptverhandlung gem. § 23O II StPO etwa Vorführung oder Haftbefehl, so muß die Frage auch auf die intendierte Rechtsfolge gerichtet sein. In diesen Fällen bedarf die jeweilige Rechtsfolge der ausdrücklichen Aufnahme in die vom Vorsitzenden zu formulierende Frage.

3. Fragestellung bei Alternativentscheidungen

Besonderer Betrachtung bedürfen schließlich noch die Fälle, in denen sich innerhalb des Kollegiums eine Mehrheit für einen bestimmten rechtssatzmäßigen Syllogismus der Rechtsfolgebestimmung nicht bildet. Dies kann einmal darauf zurückzuführen sein, daß Meinungsverschiedenheiten innerhalb des Kollegiums darüber bestehen, welcher von mehreren möglichen Rechtssätzen auf einen mehrheitlich angenommenen, genau bestimmten Sachverhalt anzuwenden ist (z. B. X hat einen ungedeckten EC-Scheck eingelöst; Richter A sieht hierin einen Betrug, § 263 StGB, Richter B eine Untreue gemäß § 266 I 1. Alt StGB, während Richter C keinen Straftatbestand verwirklicht sieht). Ebenso möglich ist aber auch, daß die Kollegiumsmitglieder zwar einen bestimmten, mehrheitlich angenommenen Rechtssatz anwenden wollen, jedes Kollegiumsmitglied indes von einem anderen nicht weiter aufklärbaren Sachverhalt ausgeht (der Angeklagte hat das Opfer mehrfach die Treppe hinuntergestoßen; unaufklärbar bleibt, welcher der Stürze zu den tödlichen Verletzungen führte; A nimmt an, es sei der erste, B nimmt an, es sei der zweite Sturz gewesen, während C von dem dritten Sturz als Todesursache ausgeht; alle Kollegiumsmitglieder wollen wegen Totschlags (§ 212 StGB) verurteilen).[421] Schließlich ist aber auch denkbar, daß die Meinungsverschiedenheiten sich sowohl auf das Faktum wie auf den anzuwendenden Tatbestand beziehen (bei X wird Diebesgut aufgefunden; Richter A nimmt an, daß X es selbst gestohlen habe, mithin gemäß § 242 StGB strafbar sei; Richter B geht davon aus, daß X die Gegenstände vom Vortäter käuflich erworben habe, mithin einer Hehlerei

[421] Vgl. einen solchen Fall bei BGH NStZ 1984, S. 214 ff.

gemäß § 259 StGB schuldig sei; Richter C will freisprechen, da beides nicht erwiesen sei). Ähnliche Konstellationen können sich ebenso bei strafprozessualen Entscheidungen ergeben.

a) Der Inhalt der Fragen

Damit angesprochen ist das Problem der Fragestellung und Abstimmung bei Wahlfeststellung bzw. (allgemeiner) Alternativentscheidungen im Strafverfahren. Die naheliegend scheinende Möglichkeit, die die tatsächlichen bzw. rechtlichen Prämissen der Entscheidung betreffende Ungewißheit selbst wieder durch die Abstimmung zu beseitigen, die „abstrakte Rechtsfrage" bzw. die „nackte Tatsachenfrage" mit bindender Wirkung vorweg zu entscheiden, würde eine bereits oben als unzulässig angesehene Abstimmung nach Gründen darstellen. Ebensowenig möglich ist aber, lediglich über die Rechtsfolge abzustimmen, die für dieselbe Rechtsfolge abgegebenen Stimmen schon dann zusammenzuzählen, wenn die Kollegiumsmitglieder je von unterschiedlichen tatsächlichen Voraussetzungen bzw. je von einem anderen rechtlichen Obersatz ausgehen.

Ausgangspunkt der Überlegungen, welchen Inhalt die vom Vorsitzenden zu stellenden Fragen in derartigen Fällen haben müssen, muß auch hier die Erwägung sein, daß kollegialrichterliche Rechtsfindung einen gemeinsamen Bezugspunkt aufweisen muß, kollegialrichterliche Stimmabgabe ebenso gesetzlich gebundene Sachentscheidung ist wie der Spruch des Einzelrichters. Daraus folgt zugleich, daß den Voten der Kollegiumsmitglieder in gleichem Umfang und in den gleichen gesetzlichen Grenzen Unbestimmtheit anhaften darf, wie der Entscheidung des Einzelrichters. Der Syllogismus der Rechtsfolgebestimmung ergibt sich freilich nicht aus unzweideutigen Tatsachen und einem bestimmten, darauf anzuwendenden Rechtssatz; die in den Syllogismus einzustellenden Prämissen stehen vielmehr alternativ nebeneinander. Dem ist auch durch eine entsprechende alternative Fassung der Fragen Rechnung zu tragen.[422] Wird eine solche alternative Frage bejaht, so liegt darin zugleich eine entsprechende kollegialrichterliche Alternativentscheidung, die Bejahung eines unbestimmte Prämissen enthaltenden Syllogismus der Rechtsfolgebestimmung. Nur soweit nach der gesetzlichen Konzeption eine inhaltlich unbestimmte Entscheidung zulässig ist, darf daher auch eine zur Abstimmung zu stellende Frage inhaltlich alternativ gefaßt sein.[423] Auch hier muß die Frage allerdings die alternativen tatsächlichen bzw. rechtlichen Momente enthalten,

---

[422] Zur alternativen Fassung der Fragen im Geschworenengericht vgl. Rubo GA 14 (1866) S. 377 ff.; Tippelskirch GA 15 (1867), S. 449 ff. u. S. 505 ff.; v. Bar ebenda S. 569 ff.; Oetker S. 275 ff.

[423] Für die an die Geschworenen gerichtete Schuldfrage ebenso Ostern S. 118 f.; v. Kries S. 617 f. und S. 589 ff.; Oetker S. 284.

sowie gegebenenfalls – als Voraussetzung einer Wahlfeststellung bzw. unbestimmten Entscheidung – die Zulässigkeit der Alternative.

Hinsichtlich der Zulässigkeit alternativer Fragen sind für den Bereich des *materiellen* Strafrechts die zur Wahlfeststellung entwickelten Grundsätze zu beachten.[424] Nur in den Fällen, in denen eine Entscheidung auf wahldeutiger Tatsachengrundlage in Betracht kommt, kann daher auch eine auf eine alternative Entscheidung gerichtete Frage zulässig sein. So kommt im Rahmen des Schuldspruchs Wahlfeststellung zunächst dann nicht in Betracht, wenn ein bestimmter Sachverhalt eindeutig feststeht und lediglich die Meinungen darüber auseinandergehen, welcher gesetzliche Tatbestand diesen Sachverhalt erfaßt; die Rechtsfrage ist stets eindeutiger Lösung fähig und bedürftig.[425] Eine alternativ gefaßte Frage dahingehend, ob X wegen Betrug (§ 263 StGB) oder wegen Untreue (§ 266 I 1. Alt StGB) zu bestrafen sei, weil er am ... zu ... einen ungedeckten EC-Scheck eingelöst habe, ist daher unzulässig. Dies gilt auch dann, wenn das Gesetz neben speziellen Merkmalen einen Oberbegriff verwendet (etwa in § 223 a StGB) oder sich mehrerer alternativ verbundener Merkmale als Umschreibung für einen einheitlichen Begriff bedient (etwa in § 217 StGB).[426] Im ersten Falle sind in die Fragen neben den tatsächlichen Momenten zunächst die speziellen Merkmale aufzunehmen; findet sich für eine so formulierte Frage keine Mehrheit, ist in die Frage schließlich der Oberbegriff aufzunehmen. Im letzteren Falle bedarf nur die Umschreibung selbst der Aufnahme in die Frage (im Falle des § 217 StGB also etwa „in oder gleich nach der Geburt"), da der Gesetzgeber hier durch die Art der Formulierung der Ungewißheit einer genauen Zuordnung Rechnung getragen hat.[427] Zulässig ist eine Wahlfeststellung und damit auch eine alternative Frage insbesondere bei Tatsachenalternativität ohne Gesetzesalternativität, so wenn Meinungsverschiedenheiten darüber bestehen, durch welche Handlung ein bestimmtes Tatbestandsmerkmal verwirklicht wurde.[428] In die Frage aufzunehmen sind in diesen Fällen neben den gesetzlichen Merkmalen die verschiedenen tatsächlichen Alternativen. Im obigen Beispielsfalle müßte die Frage daher etwa lauten, ob der Angeklagte einen Menschen getötet hat, indem er – jedesmal die tödlichen Folgen seines Handelns in Kauf nehmend – dem O entweder beim ersten oder beim zweiten oder beim dritten Stoß, der jeweils das Herabstürzen des O zur Folge hatte, die zum Tode führenden Verletzungen beibrachte.

---

[424] Zu den Voraussetzungen der Wahlfeststellung allgemein: LR-Gollwitzer § 261 Rdn. 134 ff.; KK-Hürxthal § 261 Rdn. 67 ff.; Montenbruck S. 29 ff.

[425] Wolter JuS 1983, S. 363; Ostern S. 78 ff.; v. Kries S. 590 f.

[426] Zu diesen Fällen v. Kries S. 591 f. und Ostern S. 85 ff. und S. 89 ff.

[427] Vgl. Ostern S. 85 ff.

[428] LR-Gollwitzer § 261 Rdn. 147; KK-Hürxthal § 261 Rdn. 72; Dreher/Tröndle vor § 1 Rdn. 41; zum Erfordernis eines sachlogischen Ausschließlichkeitsverhältnisses als Voraussetzung der Wahlfeststellung vgl. insbesondere BGHSt 12, 386 ff. und (kritisch) Hruschka JZ 1970, S. 637 ff.

Eine Verurteilung auf wahldeutiger Tatsachengrundlage kommt weiter insbesondere in den Fällen in Betracht, in denen Meinungsverschiedenheiten innerhalb des Kollegiums darüber bestehen, ob der Täter das eine oder das andere (rechtsethisch und psychologisch gleichwertige) Tatbestandsmerkmal derselben Vorschrift verletzt hat.[429] Eine solche, aus dem Urteilstenor nicht ersichtliche Alternativverurteilung und die diesbezügliche Fragestellung in alternativer Form im Geschworenengericht ist Gegenstand zahlreicher Entscheidungen des Reichsgerichts gewesen.[430] Auch soweit verschiedene Ausführungsarten in einer gesetzlichen Vorschrift zusammengefaßt sind, handelt es sich genau betrachtet um unterschiedliche Rechtssätze. Diesem Umstand muß auch die Fragestellung Rechnung tragen. In die Frage aufzunehmen sind daher neben den möglichen Sachverhaltsvarianten die gleichwertigen Tatbestandsmerkmale des Gesetzes. Ganz entsprechendes gilt auch für die Fälle der „echten Wahlfeststellung", d. h. bei Verurteilung aufgrund zweier oder mehrerer alternativ verletzter Strafbestimmungen. Die Zulässigkeit einer Alternativverurteilung ist hier davon abhängig, daß die Richter davon überzeugt sind, daß einer der mehreren möglichen, sich gegenseitig ausschließenden Geschehensabläufe mit Sicherheit gegeben ist und die verschiedenartigen in Betracht kommenden Strafbestimmungen rechtsethisch und psychologisch vergleichbar sind.[431] Neben den alternativ zur Anwendung zu bringenden Straftatbeständen muß die zur Abstimmung zu stellende Frage auch hier die mehreren möglichen Geschehensabläufe in sich aufnehmen. Im obigen Beispielsfall wäre daher die Frage etwa dahin zu formulieren, ob X das bei ihm vorgefundene Diebesgut entweder in der Zeit ... aus dem Hause des Eigentümers entwendet, mithin eine fremde bewegliche Sache in der Absicht weggenommen habe, sich dieselbe rechtswidrig zuzueignen, oder ob er sie in der Zeit vom ... bis ... von dem namentlich nicht bekannten Vortäter in Kenntnis ihrer Herkunft käuflich erworben habe, mithin eine Sache, die ein anderer gestohlen hat, angekauft habe, um sich zu bereichern. Die Zulässigkeit der Alternative ist Voraussetzung für die Wahlfeststellung, muß daher ebenfalls in die jeweilige Frage mit eingehen.

Ebenso dürfte die Frage auf den gesamten die alternativen Prämissen enthaltenden Syllogismus bei strafprozessualen Entscheidungen zu richten sein. In welchem Umfang bei strafprozessualen Rechtsfolgenanordnungen Alternativentscheidungen zulässig sind und welche Voraussetzungen insoweit erfüllt

---

[429] Vgl. LR-Gollwitzer § 261 Rdn. 148; KK-Hürxthal § 261 Rdn. 72; Dreher/Tröndle vor § 1 Rdn. 42.

[430] Vgl. die Nachweise bei Oetker S. 275 ff. und Dalcke S. 35 ff.; die dort vorausgesetzte Beschränkung auf einen bestimmten Straftatbestand kann heute als überwunden gelten.

[431] So die Formel der ständigen Rechtsprechung; im einzelnen ist vieles umstritten; vgl. Dreher/Tröndle vor § 1 Rdn. 42 mit ausf. Rechtsprechungsnachweisen, Montenbruck S. 29 ff.

sein müssen, ist bisher ungeklärt. Auch hier dürfte indes der allgemeine Grundsatz gelten, daß Rechtsfragen stets eindeutiger Lösung fähig und bedürftig sind, eine alternative Fragestellung insoweit also ausscheidet.

Im übrigen gilt ähnliches wie bei unbestimmten materiellrechtlichen Entscheidungen: Auch soweit eine strafprozessuale Alternativentscheidung zulässig ist, muß die zur Abstimmung zu stellende Frage alle alternativen Prämissen (tatsächlicher wie rechtlicher Art) des Rechtsfolgesyllogismus in sich aufnehmen.

b) Probleme der Stimmenzählung

Gegenstand der Fragestellung ist auch in den Fällen einer Alternativentscheidung der Syllogismus der Rechtsfolgebestimmung; die Besonderheit besteht lediglich darin, daß die in den Syllogismus einzustellenden tatsächlichen bzw. rechtlichen Prämissen nicht eindeutig sind, sondern alternativ in die Frage aufgenommen werden müssen. Aus der Art der Fragestellung ergibt sich hier indes das weitere Problem, unter welchen Voraussetzungen die Frage als von der gesetzlich geforderten Mehrheit bejaht gelten kann.[432] Auch in den Fällen alternativer Fragestellung ist nötig, daß die gesetzlich erforderliche Mehrheit den alternativ in der Frage vorformulierten Syllogismus bejaht. Nicht möglich ist es daher, die Voten, die sich lediglich für das Vorliegen einer Alternative aussprechen und die Voten, die vom Eingreifen allein der anderen Alternative ausgehen, zusammenzuzählen.[433] Bei einer solchen Addierung bliebe nämlich unberücksichtigt, daß ein Teil der Kollegiumsmitglieder möglicherweise *nur* die eine Alternative bejahen will, die andere aber mit Bestimmtheit ausschließen möchte. Für eine Bejahung des alternativ formulierten Syllogismus genügt es nicht, wenn ein Teil der Richter *lediglich* die eine, ein anderer Teil *lediglich* die andere Alternative für erwiesen erachtet, jeder aber die jeweils entgegengesetzte Möglichkeit für ausgeschlossen erachtet.[434] Sehen in einem Fall, in dem Verurteilung wegen Diebstahls oder Hehlerei in Betracht kommt, vier Richter der Großen Strafkammer den Angeklagten zwar als schuldig an, bejahen jedoch drei von ihnen nur Diebstahl unter Verneinung der Möglichkeit einer Hehlerei, während der vierte Richter für Wahlverurteilung stimmt, so ist der Angeklagte freizusprechen, da sich weder für eine Verurteilung nur wegen Diebstahls noch für eine Wahlfeststellung eine genügende Mehrheit findet.[435] Dies gilt gleichermaßen für alle von einem strafrichterlichen Kollegium zu fällenden Entscheidungen.

---

[432] Hierzu: Oppenhoff S. 175 f.; Rubo GA 14 (1866) S. 377 (378 ff.); Ostern S. 121 ff. sowie Oetker S. 276 Fn. 5; OLG Hamm JMBl NRW 1964, S. 7; LR-Schäfer § 194 GVG Rdn. 11; KMR-Paulus § 263 Rdn. 9.

[433] So aber Oetker S. 276 Fn. 5 und Ostern S. 126 f., die sich jedoch zu Unrecht auf Glaser S. 62 ff. berufen; wohl auch v. Bar GA 15 (1867) S. 569 (573).

[434] So schon Oppenhoff S. 175 f.

IV. Quantitative Entscheidungen aufgrund eines normativen Zweckprogramms

Steht die Rechtsfolge dem Grunde nach fest, so bedarf es häufig noch einer Entscheidung über die Höhe und den Umfang der Rechtsfolge. Eine Reihe gesetzlicher Vorschriften (beispielsweise §§ 46 II, 40 II StGB) enthalten derartige quantitative Entscheidungen steuernde Elemente, stellen mithin normative Zweckprogramme dar. Richterliche Entscheidungen über das Quantum einer Rechtsfolge sind aufgrund solcher Vorschriften (soweit sie überhaupt existieren) nicht konditional determiniert, sondern nur regelgeleitet.[436] Unter Beachtung der normativ generell umschriebenen Elemente soll der Richter dann, wenn die Rechtsfolge innerhalb eines vorgegebenen Rahmens unterschiedlich ausfallen kann (insbesondere bei Festsetzung einer Geldsumme; Anzahl und Höhe von Tagessätzen; Dauer einer Freiheitsstrafe; Dauer einer Maßregel der Besserung und Sicherung), eine sachgemäße Entscheidung treffen. Da die Entscheidung/Stimmabgabe des Kollegiumsmitglieds in diesen Fällen nicht einen Syllogismus der Rechtsfolgebestimmung beinhaltet, vielmehr nur einen Ausspruch über das Quantum der Rechtsfolge, kann auch nur letzteres Gegenstand der zur Abstimmung zu stellenden Frage sein. Die in den jeweiligen Zweckprogrammen enthaltenen unterschiedlichen leitenden Gesichtspunkte entziehen sich auch regelmäßig mehrheitlicher Feststellung, sind nur von dem entscheidenden (Kollegial-)Richter im Rahmen einer Gesamtabwägung zu beachtende Momente. Gegenstand der Fragestellung sind hier also nicht die einzelnen leitend-sollenden normativen Merkmale, sondern – ebenso, wie wenn eine die quantitative Entscheidung steuernde Vorschrift überhaupt fehlt – nur Höhe, Dauer bzw. Umfang der Rechtsfolge.

D. Konsequenzen für Fragestellung und Abstimmung im Strafverfahren

Im folgenden sollen nun die sich für das Strafverfahren ergebenden praktischen Konsequenzen aufgezeigt werden. Daß dabei nicht auf alle in Betracht kommenden Fragestellungen eingegangen werden kann, bedarf keiner besonderen Betonung. Gleichwohl soll versucht werden, jedenfalls die wichtigsten

---

[435] So zutreffend OLG Hamm JMBl NRW 1964, S. 7; dem folgend LR-Schäfer § 194 GVG Rdn. 11; KMR-Paulus § 263 Rdn. 9.

[436] Bei den unbenannten Strafänderungsgründen und den Regelbeispielen handelt es sich allerdings um Konditionalprogramme, da immer dann, wenn ein besonders schwerer bzw. minder schwerer Fall vorliegt, bei der Entscheidung über das Quantum ein anderer Strafrahmen zugrunde zu legen ist; bei der Unterscheidung Konditional-/Zweckprogramm handelt es sich um eine pragmatische Differenzierung.

Fallgruppen herauszuarbeiten, die sich im erstinstanzlichen Strafverfahren sowie in der Revisionsinstanz ergeben.

I. Fragestellung in der Tatsacheninstanz

Bei der folgenden Darstellung der in der Tatsacheninstanz auftauchenden Abstimmungsthemata soll die Abstimmungsreihenfolge zugrunde gelegt werden, die für die überwiegende Mehrzahl der Strafverfahren Geltung beanspruchen kann.[437] Die regelmäßige Reihenfolge in der Tatsacheninstanz ist: Zulässigkeit bzw. Zweckmäßigkeit einer Sachentscheidung betreffende formale Prozeßfragen, Schuldfrage, Straffrage, andere Rechtsfolgen der Tat, Kosten- und Auslagenentscheidung.[438] Erst anschließend soll auf einige laufende Entscheidungen und die diesbezügliche Fragestellung eingegangen werden, insbesondere auf Zwangsmaßnahmen sowie auf Entscheidungen bei der Beweisaufnahme.

1. Formale Prozeßentscheidungen

Prozeßerledigende Entscheidungen kommen sowohl bei fehlenden Prozeßvoraussetzungen (Verfahrenshindernissen)[439] als auch bei Eingreifen des Opportunitätsprinzips (§§ 153 ff. StPO) in Betracht.

a) Verfahrenshindernisse

Ist das (Nicht-)Vorliegen einer bestimmten Prozeßvoraussetzung zweifelhaft, so ist darüber abzustimmen, ob aufgrund gerade dieses Verfahrenshindernisses Einstellung erfolgen soll. Hat danach etwa die Staatsanwaltschaft das öffentliche Interesse an der Strafverfolgung verneint und bestehen Zweifel, ob der erforderliche Strafantrag form- und fristgerecht gestellt worden ist, so ist die vom Vorsitzenden zu stellende Frage darauf zu richten, ob das Verfahren wegen fehlenden Antrags einzustellen ist. Über die einzelnen das Antragserfordernis betreffenden Tatsachen (Antragsberechtigung, Antragsfrist etc.) darf nicht getrennt abgestimmt werden.[440] Sie sind vielmehr in die zur Abstimmung zu stellende Frage aufzunehmen, da nur bei Vorliegen aller

---

[437] Zur Abstimmungsreihenfolge im einzelnen unten Teil 2 E.

[438] Vgl. Peters Lb S. 488; Koeniger S. 433 f.; LR-Schäfer § 194 GVG Rdn. 5; nach zivilprozessualen Grundsätzen zu entscheidende Fragen (z. B. Entschädigung des Verletzten nach §§ 403 ff. StPO) sollen wegen ihrer geringen praktischen Bedeutung außer Betracht bleiben.

[439] Ausf. Darstellung der einzelnen Prozeßvoraussetzungen bei LR-Schäfer Einl. Kap. 12 Rdn. 1 ff.

[440] Heinemann ZStW 15 (1895) S. 217 (236) Fn 18; vgl. bereits oben Teil 2 A II 3.

Merkmale in tatsächlicher wie rechtlicher Hinsicht eine Verfolgung wegen des (Antrags-)Delikts in Betracht kommt. Ist das Verfahrenshindernis noch behebbar, etwa weil die Strafantragsfrist noch nicht abgelaufen ist, so ist darüber zu entscheiden, ob das Verfahren vorläufig einzustellen ist. Bei nicht behebbaren Verfahrenshindernissen, etwa wenn die Antragsfrist bereits abgelaufen ist, geht die Frage dahin, ob endgültig einzustellen ist. Insoweit handelt es sich nämlich jeweils um unterschiedliche Rechtsfolgen, auch wenn dieselbe Prozeßvoraussetzung in Rede steht: ist das Verfahrenshindernis noch behebbar, so kann die Tat Gegenstand eines neuen Verfahrens sein, sobald die fehlende Prozeßvoraussetzung nachgeholt ist.

Umstritten ist die richtige Art der Fragestellung und Abstimmung, wenn das (Nicht-)Vorliegen mehrerer Prozeßvoraussetzungen zweifelhaft ist.[441] Daß hier nicht im Hinblick auf die mögliche Urteils- (oder Beschluß-)Formel allgemein gefragt werden kann, ob das Verfahren (vorläufig oder endgültig) einzustellen sei,[442] sondern über jedes Verfahrenshindernis gesondert abzustimmen ist,[443] ergibt sich daraus, daß jede(s) eine bestimmte Prozeßvoraussetzung bzw. ein Verfahrenshindernis regelnde Norm(-gefüge) einen in sich geschlossenen vollständigen Rechtssatz darstellt, der vom Vorliegen weiterer Verfahrensvoraussetzungen unabhängig ist. Wenn nämlich auch nur eines von mehreren Verfahrenshindernissen bejaht wird, so ist bereits deswegen eine Sachentscheidung ausgeschlossen, ohne daß es auf das Vorliegen (Fehlen) weiterer Prozeßvoraussetzungen ankäme. Das Zusammentreffen mehrerer Verfahrenshindernisse ist rein zufällig und kann die Art der Fragestellung keineswegs beeinflussen.[444] Zu Recht hat Gössel in diesem Zusammenhang darauf hingewiesen, daß das Gesetz ein eigenes Institut der Unzulässigkeit des Verfahrens nicht kennt.[445] Mehrere jeweils in Betracht kommende Verfahrenshindernisse stehen vielmehr grundsätzlich gleichwertig nebeneinander, und es steht dem Gericht frei, ob es die Einstellung auf das eine oder das andere Verfahrenshindernis stützen will.[446] Nur wenn *jedes einzelne* von mehreren fraglichen Verfahrenshindernissen dargetan (bzw. – soweit in Betracht kommend – nach dem Grundsatz in dubio pro reo nicht auszuschließen) ist, kann das Gericht auch aus mehreren (dann allerdings kumulativen) Gründen die Einstellung aussprechen. Nicht der Umstand also, daß eine Begründung nicht möglich wäre, wenn allgemein über „Einstellung?“ abgestimmt

---

[441] Dazu oben Teil 2 A II 3.

[442] So aber Eb. Schmidt III § 194 Rdn. 14; Peters Lb. S. 490; Schlüchter Rdn. 582, S. 623 f.; zur Urteilsformel als Abstimmungsgegenstand oben Teil 2 B II 4 b.

[443] Wie hier: LR-Schäfer § 194 GVG Rdn. 4 a. E.; KMR-Müller (6.) § 194 GVG Anm. 1 b; Gössel S. 277; Heinemann ZStW 15 (1895) S. 217 (233).

[444] KMR-Müller (6.) § 194 GVG Anm. 1 b.

[445] Gössel S. 277.

[446] Vgl. zur Konkurrenz mehrerer Verfahrenshindernisse LR-Schäfer Einl. Kap. 11 Rdn. 35; LR-Meyer-Goßner § 206 a Rdn. 44.

würde,[447] sondern die Tatsache, daß bereits das Fehlen einer Prozeßvoraussetzung eine Sachentscheidung verbietet, daß bezüglich jeder Prozeßvoraussetzung ein selbständiger Rechtssatz dem Richter vorgegeben ist, führt dazu, daß über jedes Verfahrenshindernis getrennte Abstimmung erforderlich ist. Ebenso wie das „Schuldig" ohne titulus condemnationis ist hier die Einstellung ohne bestimmten Rechtsgrund ein bloßes „Phantom".[448, 449] Nimmt danach im Schöffengericht je ein Richter bereits rechtskräftige Aburteilung, Verjährung und Fehlen eines erforderlichen Strafantrages an, lehnt aber jeder das von den anderen angenommene Prozeßhindernis ab,[450] findet also keine der getrennt zu stellenden Einstellungsfragen die nötige Mehrheit, so ist eine Sachentscheidung unumgänglich. Daß hier jeder einzelne Richter im Ergebnis Einstellung will, ist nicht ausreichend: ebenso wie der Einzelrichter nicht offen lassen kann, aufgrund welchen Verfahrenshindernisses er das Verfahren einstellen will, kann auch das Kollegium die zu konkretisierende prozessuale Norm nicht unbestimmt lassen. Der bloß gemeinsame Wille einzustellen, rechtfertigt eine solche Entscheidung nicht.

Nur so ist im übrigen auch sichergestellt, daß nicht eine dem Angeklagten irgendwie günstige Entscheidung ergeht, sondern die Mehrheit des Kollegiums die eine bestimmte Prozeßvoraussetzung betreffende Rechtsnorm auf den Fall anwendet. Hinsichtlich jeder einzelnen Prozeßvoraussetzung ist allerdings ungeteilte Abstimmung in tatsächlicher wie rechtlicher Hinsicht erforderlich, bedürfen die jeweiligen tatsächlichen und rechtlichen Elemente des Syllogismus der Aufnahme in die Frage.

b) Einstellung und Beschränkung gemäß §§ 153 ff. StPO

Ähnliche Grundsätze gelten auch, soweit (vorläufige) Einstellung oder Beschränkung des Verfahrens nach dem Opportunitätsprinzip (§§ 153 ff. StPO) in Betracht kommt. Hier ist über jede der verschiedenen Einstellungs- und Beschränkungsmöglichkeiten gesondert zu entscheiden, da jede der verschiedenen Möglichkeiten eine selbständige rechtssatzmäßige Normierung erfahren hat, die Einstellung bzw. Beschränkung an je unterschiedliche tatsächliche wie rechtliche Voraussetzungen geknüpft ist. Nur wenn eine der Voraussetzungsreihen eine Mehrheit findet, darf eingestellt werden. Da die jeweilige konkrete Auflage bzw. Weisung zu der vorläufigen Einstellung ebenso hinzutritt wie die Strafverhängung zum Schuldspruch, ist zunächst zu fragen, ob das Verfahren gegen ... wegen des konkret zu bezeichnenden Ver-

---

[447] So aber LR-Schäfer § 194 GVG Rdn. 4 a. E.

[448] So für den Schuldspruch Bennecke/Beling S. 391 Fn. 22.

[449] Zu den praktischen Schwierigkeiten bei Zusammenfassung mehrerer Verfahrenshindernisse vgl. bereits oben Teil 2 A II 3.

[450] Vgl. die Beispiele bei Peters Lb. S. 490 und Schlüchter Rdn. 582 S. 623 f.

gehens vorläufig eingestellt werden soll, weil aufgrund geringer Schuld des Angeklagten bereits die Auflagen und Weisung des § 153 a I Ziff. 1-4 StPO geeignet sind, das öffentliche Interesse an der Strafverfolgung zu beseitigen; anschließend ist über die einzelne zu erbringende Leistung abzustimmen. Dabei ist im Rahmen des § 153 a StPO hinsichtlich jeder der in Frage kommenden Auflagen und Weisungen getrennt abzustimmen, da es sich jeweils um verschiedene anwendbare Rechtsfolgen handelt.

2. Schuldfrage

Liegen alle Prozeßvoraussetzungen vor und ist das Verfahren nicht nach §§ 153 ff. StPO eingestellt worden, so hat das Gericht über „die Schuldfrage" zu entscheiden. Geht man mit der herrschenden Meinung von dem Grundsatz aus, daß „die Schuldfrage" durch Totalabstimmung zu erledigen sei,[451] so scheint es zunächst darauf anzukommen, den Begriff der „Schuldfrage" näher zu konkretisieren, insbesondere festzustellen, was zu den zur Schuldfrage gehörigen „besonderen Umständen" im Sinne des § 263 II StPO zu zählen ist. Nach der hier vertretenen Auffassung ist demgegenüber allein ausschlaggebend, ob es sich jeweils um einen vollständigen Rechtssatz handelt, ob einem generell umschriebenen Tatbestand eine bestimmte Rechtsfolge zugeordnet ist. Maßgeblich für Inhalt und Umfang der vom Vorsitzenden zu stellenden Fragen ist also nicht, was im einzelnen zur Schuldfrage im Sinne des § 263 StPO zu rechnen ist, sondern über welchen (allgemeinen oder besonderen) Umstand innerhalb der gesetzlich umschriebenen Schuldfrage nach der gesetzlichen Konzeption eine gesonderte Entscheidung des Gerichts verlangt wird, weil eine selbständige Rechtsfolgenanordnung vorliegt. Die Frage, ob sich die auf die Schuldfrage bezügliche Totalbestimmung ohne weiteres und immer auch auf die in § 263 II StPO gemeinten „besonderen Umstände" zu beziehen hat,[452] kann daher auch nicht einheitlich beantwortet werden. Sie ist vielmehr für die nach Lage des Einzelfalles in Betracht zu ziehenden Umstände jeweils gesondert zu untersuchen. Im Vordergrund der weiteren Erörterungen steht daher auch nicht die Frage nach der Reichweite der „Schuldfrage", sondern die Überlegung, welche Umstände aufgrund materiell-rechtlicher oder prozessualer Vorschriften einen vollständigen Rechtssatz darstellen, welche Umstände nur einen unvollständigen Rechtssatz ausmachen.

Bereits oben wurde auf den Zusammenhang von Fragestellung und dogmatischer Funktion der einzelnen Merkmale hingewiesen.[453] Bei den folgenden

---

[451] KK-Mayr § 194 GVG Rdn. 2; KK-Hürxthal § 263 Rdn. 3; Peters Lb. S. 465 f.; Kern/Roxin § 47 C III 2 S. 259; Schlüchter Rdn. 582 S. 623 f.; LR-Gollwitzer § 263 Rdn. 5.

[452] Eb. Schmidt III § 194 Rdn. 15.

[453] Vgl. oben Teil 2 A II 1 b dd.

Erörterungen soll grundsätzlich die jeweils herrschende Auffassung zugrunde gelegt werden.

Zu Klarstellung: Im folgenden geht es allein um den Umfang des in die (auf den Syllogismus gerichteten) Frage einzustellenden rechtlichen Obersatzes. Dabei wird vorausgesetzt, daß die Mehrheit der Kollegiumsmitglieder von einem bestimmten tatsächlichen Geschehnis ausgeht. Soweit nämlich Meinungsverschiedenheiten über die tatsächlichen Momente bestehen, ist auch dann, wenn die Kollegiumsmitglieder einen bestimmten Rechtssatz anwenden wollen, eine mehrfache Abstimmung erforderlich.

a) Tatbestand im weiteren Sinne

Ausgangspunkt der Überlegungen muß sein, daß der Strafrichter und entsprechend die in einem Kollegium zusammengefaßten Richter darüber zu befinden haben, ob sich der Angeklagte im Sinne einer bestimmten gesetzlichen Vorschrift strafbar gemacht hat. Alle gesetzlich fixierten Merkmale, deren Vorliegen Voraussetzung für die Strafbarkeit ist, sämtliche Umstände, die das „ob" der Rechtsfolge Verurteilung aufgrund eines bestimmten titulus condemnationis betreffen,[454] sind daher Gegenstand einer einheitlichen gerichtlichen Entscheidung. Diese sogenannte „Schuldfrage" reicht über den das jeweilige Unrecht typisierenden Tatbestand (im engeren Sinne)[455] hinaus, ist vielmehr identisch mit der Frage, „ob ein bestimmt gearteter staatlicher Strafanspruch zur Existenz gelangt sei . . ."[456] Die jeweilige Frage umfaßt also den Tatbestand im weiteren Sinne.

aa) Unrechtstatbestand

Keiner weiteren Erörterung bedarf es danach, daß die einzelnen objektiven und subjektiven Tatbestandsmerkmale sowie die Rechtswidrigkeit und die Schuld jeweils gesonderter Abstimmung/Entscheidung nicht zugänglich sind.[457] In Anlehnung an § 293 RStPO muß die Frage: „Ist der Angeklagte schuldig . . . ?" stets auf einen genau zu bezeichnenden Straftatbestand gerichtet sein und die einzelnen tat- und täterbezogenen Merkmale umfassen, die die Strafbarkeit begründen. Entsprechend dürfen die Kollegialrichter immer nur über die einheitliche (Schuld-)Frage abstimmen, ob sich der Angeklagte durch eine konkrete (rechtswidrige und schuldhafte) Handlung im Sinne einer

---

454 Beling ZStW 37 (1916), S. 365 (375); Rosenfeld S. 95.

455 Hierzu: Wessels AT § 5 II 2 S. 32 f.; Stratenwerth Rdn. 171 ff., S. 70 ff.

456 Rosenfeld S. 95.

457 Vgl. RGSt 2, 379 (380 f.); RGSt 8, 218 (220); BGH MDR 1976, S. 989 f.; zur Unzulässigkeit einer Entscheidung/Abstimmung einzelner Elemente eines Rechtssatzes vgl. oben Teil 2 B I und C III.

bestimmten Gesetzesvorschrift strafbar gemacht hat. Bei mehreren in einer strafrechtlichen Bestimmung enthaltenen Straftatbeständen ist hinsichtlich eines jeden Rechtssatzes eine gesonderte Frage erforderlich, die alle kumulativ erforderlichen Merkmale in tatsächlicher wie rechtlicher Hinsicht umfaßt. Wird daher beispielsweise im Schöffengericht von jeweils einem Richter das Vorliegen eines Tatbestandsmerkmales, die Rechtswidrigkeit[458] bzw. die Schuld[459] verneint, so ist die auf den jeweiligen Straftatbestand gerichtete Schuldfrage zu verneinen, der Angeklagte (insoweit) freizusprechen,[460] da die Mehrheit der Kollegiumsmitglieder diesen Tatbestand auf den konkreten Fall nicht anwenden will.

bb) Objektive Strafbarkeitsbedingungen

Bis heute nicht abschließend geklärt ist, ob über die „objektiven Bedingungen der Strafbarkeit" (mit einfacher Mehrheit) gesondert abzustimmen ist.[461] Auch bei Beantwortung dieser Frage ist von der Erwägung auszugehen, daß über alle Merkmale, deren Vorliegen Voraussetzung für die Strafbarkeit eines bestimmten Verhaltens ist, über den „Tatbestand im weiteren Sinne"[462] einheitlich abgestimmt werden muß. Alle kumulativ erforderlichen, gesetzlichen Anforderungen, durch die das strafbare vom straflosen Verhalten abgegrenzt wird, sind Gegenstand der Abstimmung. Nur wenn alle Strafbarkeitsvoraussetzungen gegeben sind, kann das „ob" der Verurteilung, die Schuldfrage im Sinne eines bestimmten titulus bejaht werden. Dieser weite Tatbestandsbegriff, der nach der hier vertretenen Auffassung den Inhalt der Fragestellung bestimmt, umfaßt aber nicht nur die unrechtstypisierenden Merkmale der jeweiligen Strafbestimmung, die Rechtswidrigkeit und die Schuld, sondern gerade auch die objektiven Bedingungen der Strafbarkeit.[463] Hierbei handelt es sich ebenso um gesetzlich normierte Voraussetzungen für die Bejahung eines bestimmt gearteten Strafanspruchs wie bei den übrigen Merkmalen des Tatbestandes im weiteren Sinne.[464] Sie können daher auch von der alle diese Merkmale umfassenden Schuldfrage nicht gelöst werden. Von der jeweils auf einen bestimmten titulus gerichteten Schuldfrage werden daher auch die

---

[458] Aufgrund welcher Norm das Verhalten gerechtfertigt ist, spielt daher keine Rolle; in Betracht kommen in erster Linie §§ 32, 34 StGB, §§ 228, 904 BGB, § 127 I StPO.

[459] Als Schuldausschließungsgründe kommen in Betracht: §§ 17 S. 1, 35, 20 StGB.

[460] Gleiches gilt, wenn R1 ein Tatbestandsmerkmal verneint, R2 defensiven und R3 aggressiven Notstand bejahen.

[461] So etwa KK-Hürxthal § 263 Rdn. 8; Eb. Schmidt II § 263 Rdn. 7; LR-Gollwitzer § 263 Rdn. 15.

[462] Vgl. hierzu Wessels AT § 5 II 1 S. 31; Stratenwerth Rdn. 168 f., S. 69 f.; Lackner vor § 13 Anm. 5.

[463] Vgl. hierzu Wessels AT § 5 II 1 S. 31; Lackner vor § 13 Anm. 5.

[464] Stratenwerth Rdn. 196 f., S. 78 f.; Lackner vor § 13 Anm. 5; Wessels AT § 5 IV S. 39.

objektiven Bedingungen der Strafbarkeit umfaßt.[465] Daher ist eine auf die Nichterweislichkeit der ehrenrührigen Tatsache im Falle der üblen Nachrede (§ 186 StGB),[466] auf die in § 227 StGB umschriebene schwere Folge bei der Beteiligung an einer Schlägerei oder auf die Rauschtat bei § 323 a StGB[467] gerichtete besondere Frage seitens des Vorsitzenden nicht zulässig. Diese Umstände sind vielmehr jeweils mit in die Schuldfrage aufzunehmen.

cc) Persönliche Strafausschließungsgründe

In die vom Vorsitzenden zu stellende Frage mit einzubeziehen sind insbesondere auch die persönlichen Strafausschließungsgründe.[468] Insoweit handelt es sich nämlich um gesetzlich normierte Umstände, deren Gegebensein eine Strafbarkeit von vornherein ausschließt bzw. deren Nichtvorliegen Voraussetzung für die rechtssatzmäßig vorgesehene Rechtsfolge „Strafbarkeit" ist, und die auch im Gegensatz zu den persönlichen Strafaufhebungsgründen schon bei Begehung der Tat vorgelegen haben müssen.[469] Zu den persönlichen Strafausschließungsgründen gehören insbesondere die Indemnität von Abgeordneten (§ 36 StGB),[470] das jugendliche Alter von Abkömmlingen und Geschwistern beim Beischlaf (§ 173 III StGB) sowie das Angehörigenverhältnis im Falle der Strafvereitelung (§ 258 VI StGB).[471] Alle diese „vom Strafgesetz besonders vorgesehenen Umstände, welche die Strafbarkeit ausschließen ..." (§ 263 II StPO), sind in die auf einen bestimmten Straftatbestand gerichtete „Schuldfrage" mit aufzunehmen, da sie (als negative Elemente) zum Tatbestand im weiteren Sinne gehören.

dd) Persönliche Strafaufhebungsgründe

Umstritten ist insbesondere auch, ob die „persönlichen Strafaufhebungsgründe", also Rücktritt vom Versuch (§§ 24, 31 StGB) und tätige Reue (§§ 310, 311 c III; 139 IV StGB) mit in die einheitliche Hauptfrage einzubeziehen sind.[472] Daß sich je nach Art der Fragestellung bzw. Abstimmung erhebliche Unterschiede ergeben, zeigt folgendes Beispiel: in einem Verfah-

---

[465] So auch: Kern/Roxin § 47 C III b S. 258; Schlüchter Rdn. 582 S. 623 f.; v. Kries S. 442; Rosenfeld S. 95; Bennecke/Beling S. 389; Gerland S. 285.

[466] Vgl. ebenso Meerscheidt-Hüllessem S. 198.

[467] Weitere Beispiele bei Wessels AT § 5 IV 1 S. 40; Lackner vor § 13 Anm. 5 b je m.w.N.

[468] Vgl. etwa: v. Kries S. 443; Eb. Schmidt III § 194 Rdn. 21.

[469] Hierzu Wessels AT § 12 I 1 S. 111.

[470] Vgl. Lackner § 36 Anm. 3; die Immunität hingegen stellt bereits ein Verfahrenshindernis dar.

[471] Weitere Beispiele bei Wessels AT § 12 I 1 S. 111; Lackner vor § 13 Anm. 5 a.

[472] So etwa LR-Schäfer § 194 GVG Rdn. 15; Dalcke S. 89 ff.; v. Kries S. 447.

ren wegen versuchter Tötung geht – jeweils allein – ein Richter davon aus, der Angeklagte habe in Notwehr gehandelt, ein anderer nimmt Rücktritt an; wird hier eine einheitliche Frage gestellt, so ist der Angeklagte freizusprechen, während bei getrennter Fragestellung Verurteilung erfolgen muß.

Wären die persönlichen Strafaufhebungsgründe nicht zur Schuldfrage, sondern als bloße Rechtsfolgenbestimmung anzusehen,[473] so wäre insoweit jedenfalls eine gesonderte Abstimmung erforderlich. Bei den Strafaufhebungsgründen handelt es sich indes nach ganz überwiegender Meinung um „vom Strafgesetz besonders vorgesehene Umstände, welche die Strafbarkeit ausschließen", § 263 II StPO,[474] werden daher von der Schuldfrage im Sinne des § 263 StPO umfaßt. Nach den obigen Ausführungen ist damit freilich noch nicht ausgeschlossen, daß über diese Umstände getrennt abzustimmen ist. Diese Frage ist vielmehr unabhängig hiervon zu entscheiden und hängt davon ab, ob nach der gesetzlichen Konzeption insoweit ein die Versuchsstrafbarkeit einschränkender unvollständiger Rechtssatz gegeben ist oder aber eine selbständige Rechtsfolgenbestimmung.

Bei Beantwortung dieser Frage ließe sich nun zunächst darauf abstellen, daß durch Rücktritt bzw. tätige Reue der einmal entstandene Schuldvorwurf nicht getilgt werden könne;[475] bei der Frage der Schuld gehe es nämlich allein um die Verantwortlichkeit des Täters im Zeitpunkt der Versuchshandlung, nicht um eine Gesamtbewertung des Täterverhaltens.[476] Daher müsse auch streng getrennt werden zwischen Schuldausschließungsgründen bzw. den persönlichen Strafausschließungsgründen, die die Entstehung eines staatlichen Strafanspruchs von vornherein ausschlössen, und den Strafaufhebungsgründen: bei diesen gehe es (nur) darum, ob die bereits eingetretene Versuchsstrafbarkeit aus general- und/oder spezialpräventiven Strafzweckerwägungen ex post beseitigt werden könne, mithin um Konkretisierung eines „Gegenanspruchs" des Angeklagten.[477] Daher müsse auch zunächst über die Entstehung des staatlichen Strafanspruchs entschieden werden, sodann darüber, ob dieser Anspruch nachträglich wieder aufgehoben worden ist.[478] Zu § 295 II RStPO[479] wurde entsprechend von einigen Autoren die Ansicht vertreten, daß die Aufhebungsgründe stets durch eine Nebenfrage festgestellt werden müßten.[480]

---

[473] So wohl Wittern S. 14 und 24 ff. und Burkhardt S. 116 ff.

[474] KK-Hürxthal § 263 Rdn. 4; LR-Gollwitzer § 263 Rdn. 7; KMR-Paulus § 263 Rdn. 7; vgl. auch Hahn, StPO Bd. I S.927 ff.

[475] Wessels AT § 14 IV 1 S. 140 m.w.N.; so schon RGSt 16, 347 (348 f.).

[476] Stratenwerth Rdn. 707 S. 206.

[477] So ausdr. Wittern S. 30; v. Kries S. 447, der hier Umkehr der Beweislast annimmt.

[478] Ausf. Oetker S. 208 ff., der jedoch den Rücktritt ausnehmen will; Feisenberger § 194 GVG Anm. 4 b; LR-Schäfer § 194 GVG Rdn. 15.

[479] "Eine Nebenfrage *kann* auch auf solche vom Strafgesetz besonders vorgesehenen Umstände gerichtet werden, durch welche die Strafbarkeit wieder aufgehoben wird".

Eine getrennte Abstimmung würde die persönlichen Strafaufhebungsgründe aber den „besonderen Umständen“ gleichstellen, bei deren Vorliegen dem Gericht die (fakultative) Möglichkeit eröffnet ist, aufgrund eines bestimmten „Nachtatverhaltens“ des Angeklagten die Strafe zu mildern oder ganz von Strafe abzusehen. Eine solche Gleichstellung mit den Vorschriften, die bei „tätiger Reue“ die Möglichkeit eines Strafverzichts eröffnen (z. B. §§ 83 a, 84 V, 311 c I, II, 316 a II StGB), verbietet sich aber schon deshalb, weil der Täter bei obligatorischer Strafaufhebung freizusprechen, bei fakultativem Absehen von Strafe dagegen (mit der Kostenfolge aus § 467 I StPO) schuldig zu sprechen ist.[481] Die Frage aber, ob der Angeklagte aufgrund einer bestimmten Strafbestimmung schuldig zu sprechen ist, bildet eine „wertliche Einheit“.[482] Der Angeklagte kann nämlich nur dann verurteilt werden, wenn die „Frage, ob ein bestimmt gearteter staatlicher Strafanspruch zur Existenz gelangt sei *und* noch bestehe“, bejaht wird.[483] Allein dies wird auch der materiell-rechtlichen Konzeption der persönlichen Strafaufhebungsgründe gerecht: ihr Nichtvorliegen gehört zu den materiellen Voraussetzungen der Strafbarkeit, zu den den Tatbestand im weiteren Sinne ausmachenden Umständen, von denen schon das Recht zu strafen abhängt.[484] Nach den obigen Ausführungen gehören aber alle (materiellen) Voraussetzungen des „ob“ der Verurteilung zur einheitlich zu stellenden „Schuldfrage“. Daher sind auch die persönlichen Strafaufhebungsgründe einer gesonderten kollegialrichterlichen Entscheidung nicht zugänglich. Über sie ist vielmehr im Zusammenhang mit der „Schuldfrage“, d. h. der Frage, ob der Angeklagte strafbar ist, zu entscheiden.[485]

ee) Qualifizierungen, Privilegierungen

In den Fällen, in denen der Angeklagte ein qualifizierendes und/oder privilegierendes Merkmal verwirklicht haben kann, erhebt sich das Problem, ob über das Gattungsdelikt und über die „vom Strafgesetz besonders vorgesehenen Umstände, welche die Strafbarkeit ... vermindern oder erhöhen“ (§ 263 II 2. und 3. Alt. StPO) jeweils getrennt zu entscheiden/abzustimmen ist.

Hier liegt der Versuch nahe, zunächst darüber abzustimmen, ob das Grunddelikt gegeben ist, und erst nach dessen Bejahung zu fragen, ob (auch) der

---

480 So insbes. Dalcke S. 90; Stenglein § 295 Anm. 1 a. E. u. Anm. 6; Wittern S. 31 ff.

481 Lackner § 24 Anm. 8 a. E.

482 Beling ZStW 42 (1921), S. 599 (614 Fn. 8).

483 Rosenfeld S. 95; KMR-Müller (6.) § 194 GVG Anm. 1 b, bb (3).

484 Stratenwerth Rdn. 196 f. S. 78 f.

485 Wie hier: Gerland S. 285; Rosenfeld S. 96; Henkel S. 254; Beling ZStW 42 (1921) S. 599 (614 Fn. 8); Haymann FG für Stammler S. 395 (427); Eb. Schmidt III § 194 Rdn. 21; KMR-Müller (6.) § 194 GVG Anm. 1 b, bb (3).

qualifizierende bzw. privilegierende Umstand vom Täter verwirklicht wurde. Ob eine entsprechende Aufteilung in „Haupt"- und „Nebenfragen" erfolgt, oder ob eine einheitliche Frage gestellt wird, soll – da beide Abstimmungsarten zulässig seien – allein vom Ermessen des Vorsitzenden abhängen und sich nach Gesichtspunkten der Zweckmäßigkeit und Klarheit (Übersichtlichkeit) der Fragestellung bestimmen.[486] Daß allerdings je nach Art der Abstimmung unterschiedliche Ergebnisse herauskommen können, zeigt folgendes Beispiel: in einem schwurgerichtlichen Verfahren wegen Körperverletzung mit Todesfolge (§ 226 StGB) gehen Richter R1 bis R4 davon aus, daß der Angeklagte der Täter gewesen sei, was allein R5 verneint; R4 ist allerdings der Ansicht, daß der Tod des Verletzten nicht durch die Körperverletzung verursacht wurde, was die übrigen Richter einschließlich R5 jedoch für erwiesen erachten. Würde die Frage hier unmittelbar darauf gerichtet, ob der Angeklagte aus § 226 StGB verurteilt werden kann, so müßte dies mit den Stimmen von R4 und R5 verneint werden; wäre geteilte Fragestellung zulässig, und würde zunächst über den Grundtatbestand abgestimmt, so wäre § 223 StGB mit vier gegen eine Stimme zu bejahen; ebenso müßte die weitere Frage, ob der Tod auf die Körperverletzung zurückzuführen ist, gegen die Stimme von R4 bejaht werden, da auch R5 bei der Entscheidung über das Vorliegen dieses Qualifikationsmerkmals davon ausgehen muß, daß der Angeklagte das Grunddelikt (§ 223 StGB) verwirklicht hat. Aufgrund der Bindungswirkung[487] können also unterschiedliche Ergebnisse – hier Verurteilung wegen Körperverletzung mit Todesfolge, § 226 StGB, oder (nur) wegen einfacher Körperverletzung, § 223 StGB – herauskommen, je nachdem in welcher Richtung der Vorsitzende sein Ermessen ausübt.

Daß aber eine *allein* auf das qualifizierende bzw. privilegierende Moment gerichtete Frage unzulässig ist, ergibt sich schon daraus, daß diese Umstände als solche noch keinen vollständigen Rechtssatz darstellen: das strafschärfende (strafmildernde) Merkmal ist nämlich untrennbarer Bestandteil des Qualifikations- bzw. Privilegierungstatbestandes.[488] Die qualifizierenden und privilegierenden Abwandlungen haben Tatbestandsqualität, führen im Verhältnis zum Grundtatbestand zu verschiedenen Tatbeständen, die in einem bestimmten

---

[486] So LR-Schäfer § 194 GVG Rdn. 16; KMR-Müller (6.) § 194 GVG Anm. 1 b, bb (3); zu § 295 I RStPO, der solche Nebenfragen ausdrücklich zuließ, Stenglein § 295 Anm. 1, 6; Dalcke S. 86ff.; Feddersen S. 168ff. mit ausf. Nachw. zur Rechtsprechung; vgl. zur Entstehungsgeschichte Hahn StPO I S. 927 ff. und II S. 1889 ff.

[487] v. Bar KVJR 1868, S. 467 (499);Oetker S. 122; Altvater DJZ 1906, Sp. 70; Binding S. 174; ders. Abh. II S. 141 (160) vertreten die Auffassung, daß der hinsichtlich des Gattungsdelikts überstimmte Richter auch den qualifizierenden/privilegierenden Umstand verneinen müsse (!). Dies ist mit der *gesetzlichen* Bindung des Richters nicht zu vereinbaren (dazu oben Teil 2 B 4 c); auch v. Kries S. 446: die falsche Fragestellung müsse durch eine „zweite Inkorrektheit geheilt werden".

[488] v. Kries S. 445; Rosenfeld S. 96; Heinemann ZStW 15 (1895) S. 1 (87 ff.); Bennecke/Beling S. 390.

Stufenverhältnis zueinander stehen.[489] Durch Hinzufügen einzelner Tatbestandsmerkmale wird eine vom Ausgangstatbestand verschiedene, selbständige Strafvorschrift gebildet.[490] Der Qualifikations- bzw. Privilegierungstatbestand stellt eine um bestimmte Merkmale erweiterte, selbständige Strafbestimmung, einen vom Grundtatbestand verschiedenen (vollständigen) Rechtssatz dar. Unzulässig ist es daher auch, über einzelne Merkmale dieses spezielleren Tatbestandes getrennt abzustimmen, die Frage also allein darauf zu richten, ob das qualifizierende (privilegierende) Moment gegeben ist. Abstimmungsmäßig sind daher Qualifikations- und Privilegierungstatbestände wie ein delictum sui generis zu behandeln. Von Relevanz und in der neueren Literatur umstritten ist daher nur, in welcher Reihenfolge diese selbständigen Abstimmungsgegenstände zu erledigen sind.

Fest steht jedenfalls, daß nicht allein nach dem Gegebensein des qualifizierenden bzw. privilegierenden Moments als solchem gefragt werden darf, die dem Vorsitzenden zu stellende Frage vielmehr auf den vollen Tatbestand des spezielleren Delikts (Grundtatbestand *und* strafschärfende/strafmildernde Tatumstände) gerichtet werden muß. Im obigen Beispielsfalle ist daher jeweils getrennte Abstimmung über Körperverletzung mit Todesfolge (§§ 223, 226 StGB) einerseits und einfache Körperverletzung (§ 223 StGB) andererseits, gegebenenfalls auch über fahrlässige Tötung (§ 222 StGB) erforderlich. Kommen mehrere Qualifizierungen in Betracht, so ist über jede gesondert abzustimmen.

Daß eine getrennte Entscheidung über jedes schärfere oder mildere *Sonderdelikt* herbeizuführen ist, bedarf danach keiner näheren Begründung. Ist etwa Anklage wegen Raub (§ 249 StGB) erhoben, so genügt nicht schon Abstimmung über Diebstahl (§ 242 StGB) und Nötigung (§ 240 StGB), da auch bei Bejahung beider Tatbestände noch kein Raub angenommen werden kann.

b) Verschiedene Schuldspruchmöglichkeiten

Daß über die verschiedenen Schuldspruchmöglichkeiten, über jeden in Betracht kommenden titulus condemnationis stets gesondert abzustimmen ist, ist in der Literatur unbestritten,[491] ergibt sich nach der hier vertretenen Lösung aber auch daraus, daß jede dieser zu konkretisierenden Strafbarkeitsbestimmungen einen in sich geschlossenen, selbständigen Rechtssatz darstellt. Hinsichtlich jedes möglicherweise verletzten Straftatbestandes ist daher vom Vorsitzenden eine gesonderte Frage zu stellen, ob alle Voraussetzungen dieser Vorschrift in einem konkreten Fall verwirklicht sind. So ist etwa, wenn der

---

489 Wessels AT § 4 II 1 S. 28; ebenso wohl LR-Gollwitzer § 263 Rdn. 8.

490 BGH GA 1953, S. 152 (153).

491 LR-Schäfer § 194 GVG Rdn. 9; LR-Gollwitzer § 263 Rdn. 5; Gössel S. 277; KMR-Müller (6.) § 194 GVG Anm. 1 b, bb (2).

Angeklagte durch eine Handlung zu mehreren selbständigen Straftaten angestiftet haben soll, für jede Anstiftung eine gesonderte Frage zu stellen,[492] ebenso wie bei einer Trunkenheitsfahrt mit Unfall und anschließender Fahrerflucht hinsichtlich jedes möglicherweise zu bejahenden Straftatbestandes eine gesonderte Abstimmung/Entscheidung des Gerichts erforderlich ist.[493] Nichts anderes gilt aber auch dann, wenn in derselben Strafbestimmung mehrere Begehungsformen, Tatmittel oder Tatobjekte durch ein „oder" alternativ zusammengefaßt sind. Nur *eine* auf die „tatbestandsmäßige Schuld" gerichtete Abstimmung, die alleinige Frage, ob die strafrechtliche Bestimmung in einem bestimmten Fall verwirklicht worden sei,[494] ist schon deswegen nicht ausreichend, da es sich jeweils um in einer Strafvorschrift zusammengefaßte, gleichwohl aber selbständige Tatbestände handelt. Ebenso wie bei der echten Wahlfeststellung zwischen verschiedenen Delikten, ist daher auch hier zunächst eine auf den speziellen Tatbestand gerichtete Frage erforderlich, bevor eine alternative Frage bezüglich der mehreren in einer Strafbestimmung verwirklichten Tatbestände gestellt werden darf.

Daß bei mehreren möglichen strafbaren Handlungen für jede einzeln festzustellen ist, ob hierin eine Verletzung einer oder mehrerer Straftatbestände gesehen werden kann, bedarf keiner besonderen Betonung.

c) *Wahlfeststellung*

Soweit (echte/unechte) Wahlfeststellung in Betracht kommt, muß zuerst über jede der verschiedenen Schuldspruchmöglichkeiten getrennt abgestimmt werden; erst wenn sich für keinen der Tatbestände eine ausreichende Mehrheit gefunden hat, kann über die Alternativentscheidung selbst abgestimmt werden.

3. Straffrage

Ist auf diese Weise der im Einzelfall anwendbare Tatbestand im weiteren Sinne von der Kollegiumsmehrheit festgestellt, so ist damit nur in den seltensten Fällen zugleich der Strafrahmen festgelegt, innerhalb dessen die konkrete Strafe zu finden ist. In zahlreichen Fällen enthält die zur Anwendung zu bringende strafrechtliche Bestimmung Umstände, welche die Strafbarkeit vermindern oder erhöhen. Inwieweit diese gesetzlich normierten Strafeinschränkungsgründe[495] bzw. straferweiternden Merkmale auch nach der hier vertrete-

---

[492] RGR 5, 202 ff. = RGSt 8, 153 ff.

[493] Zur Konkurrenzfrage vgl. unten Teil 2 D I 3 b.

[494] Dies halten für ausreichend: Eb. Schmidt III § 194 Rdn. 23; Hellweg S. 321 Fn. 13; Stenglein § 292 Anm. 1; Geyer S. 748 ff.; Lilienthal S. 54 f.; RG JW 1903, S. 134; RGR 3, 93 ff.; RGR 4, 86 (88); RGSt 12, 347 (351 f.); RGSt 36, 18 ff.

[495] Vgl. Wessels AT § 12 II 1 S. 111 f.

nen Lösung mit in die zur Abstimmung zu stellende Schuldfrage einbezogen werden können, wird zunächst zu erörtern sein.

a) Strafschärfungen und -milderungen

Nach § 263 II StPO gehören zur Schuldfrage „auch solche vom Strafgesetz besonders vorgesehene Umstände, welche die Strafbarkeit ... vermindern oder erhöhen". Welche Umstände außer den eben behandelten Privilegierungen und Qualifizierungen hierher zu rechnen sind, ist bis heute nicht abschließend geklärt, hängt auch weitgehend von der materiell-rechtlichen Einordnung der jeweiligen Umstände ab.

Bereits die Motive stellten in dieser Hinsicht jedenfalls klar, daß „der Absatz 2 in den Bereich der Schuldfrage nur diejenigen strafmindernden Umstände verweist, welche als solche von dem Strafgesetz besonders vorgesehen sind, schließt ... (aber) diejenigen Fälle aus, in denen das Strafgesetz den Eintritt einer geringeren Strafe von dem Vorhandensein mildernder Umstände im allgemeinen abhängig macht und stellt damit fest, daß die Entscheidung über solche mildernden Umstände zur Strafzumessung gehört."[496] Völlig zutreffend geht daher auch die ganz herrschende Meinung davon aus, daß – wenn überhaupt – zu den in § 263 II StPO genannten Umstände neben Qualifizierungen und Privilegierungen nur gesetzlich abschließend normierte Merkmale gehören können, bei deren Vorliegen zwar eine Strafschärfung bzw. eine Strafmilderung bis hin zum Absehen von Strafe möglich ist, die aber keine unrechtstypisierende Ausformung erfahren haben.[497] Nicht erfaßt und daher auch erst im Zusammenhang mit der Straffrage zu entscheiden sind somit die *unbenannten* Strafänderungen im Sinne des § 12 III StGB,[498] insbesondere also, ob ein „besonders schwerer Fall" bzw. ein Regelbeispiel, sowie ob ein „minder schwerer Fall" vorliegt.[499]

Aber auch mit der (durchaus anfechtbaren) Zuordnung der *benannten* Strafänderungen zur Schuldfrage ist für die Art der Abstimmung nichts gewonnen, da es nach der hier vertretenen Ansicht allein darauf ankommt, ob ein unvollständiger, den anzuwendenden Straftatbestand erläuternder bzw. komplettierender Rechtssatz vorliegt. Daß die hier erörterten „besonderen

---

[496] Hahn StPO Bd. I S. 204 f.

[497] Heinemann ZStW 15 (1895), S. 217 (219 ff.); KMR-Paulus § 263 Rdn. 7; LR-Gollwitzer § 263 Rdn. 8 ff.; Eb. Schmidt II § 263 Rdn. 5 f. jew. mit zahlreichen Beispielen.

[498] Anders nur v. Kries S. 444 Fn. 1 und neuestens Schlüchter Rdn. 582 S. 624.

[499] Werden benannte Strafänderungen als (zwingende) Beispiele für unbenannte Milderungs- oder Schärfungsgründe verwendet, so gehören sie trotzdem zu dem genus „mildernde Umstände" und damit zur Straffrage; Lackner § 12 Anm. 2 b; Eb. Schmidt II § 263 Rdn. 9; anders für § 213, 1. Alt. etwa LR-Gollwitzer § 263 Rdn. 8; KMR-Paulus § 263 Rdn. 7.

Umstände" aber nicht in die Frage mit einbezogen werden können, „ob" der Angeklagte aufgrund einer gesetzlichen Bestimmung verurteilt werden kann, ergibt sich schon daraus, daß die benannten Strafänderungen nicht zu den Voraussetzungen der Strafbarkeit, dem Tatbestand im weiteren Sinne, gehören: Das „ob" der Verurteilung aufgrund eines bestimmten titulus wird durch ihr Vorliegen nicht beeinflußt. Für die benannten Strafänderungen hat Eb. Schmidt[500] den Begriff der „Modifikation der Schuldfrage" gebraucht: Diese Umstände beeinflussen nur den Schuldumfang, nicht aber die Frage, ob der Angeklagte überhaupt schuldig ist.[501] Insbesondere bei den mildernden benannten Strafänderungen wie §§ 157, 158 StGB wird deutlich, daß zwei vollständige Rechtssätze vorliegen, der zweite benannte Strafänderungen enthaltende lediglich den Strafumfang regelt: der Angeklagte ist auch bei fakultativem Absehen von Strafe schuldig zu sprechen. Über die jeweils in Betracht kommende benannte Strafänderung ist daher nicht nur fakultativ,[502] sondern zwingend eine gesonderte gerichtliche Entscheidung erforderlich. Daß bezüglich der Strafeinschränkungsgründe, d. h. der Vorschriften, die dem Richter gestatten, unter bestimmten gesetzlichen Voraussetzungen von Strafe abzusehen oder die Strafe zu mildern (z. B. §§ 83 a, 86 IV, 87 III, 98 II 1, 139 I, 157, 158, 311 c I, II, 316 a II, 316 c IV, 323 V, 330 b I 1 StGB), aber auch bezüglich der benannten Strafschärfungsgründe jeweils eine von der Schuldfrage unabhängige, gesonderte Frage erforderlich ist, wird unmittelbar einleuchten, wenn man sich vor Augen hält, daß in diesen Fällen lediglich ein anderer Strafrahmen gelten soll, es sich genau betrachtet mithin um Entscheidungen bei der Straffestsetzung handelt. Alle benannten (wie unbenannten) Strafänderungsgründe (einschließlich der Regelbeispiele) sind daher auch abstimmungsmäßig nicht zur Schuldfrage, sondern zur Straffrage zu rechnen.[503] Soweit die Strafrahmenverschiebung an besondere gesetzliche Voraussetzungen geknüpft ist, sind die jeweiligen für die Strafänderung erforderlichen Merkmale in die Frage mit aufzunehmen. In Fällen, in denen etwa mehrere alternative Regelbeispiele in der Strafzumessungsvorschrift zusammengefaßt sind, ist hinsichtlich einer jeden Voraussetzungsreihe eine gesonderte Fragestellung erforderlich. Bei mehreren in Betracht kommenden benannten oder unbenannten Strafänderungen ist über jede gesondert abzustimmen. Ist danach etwa der Ehemann angeklagt, zugunsten seiner Ehefrau eine uneidliche Falschaussage gemacht zu haben, steht außerdem in Rede, ob

[500] Eb. Schmidt III § 194 Rdn. 20.

[501] LR-Schäfer § 194 GVG Rdn. 16.

[502] So aber Eb. Schmidt III § 194 Rdn. 20; LR-Schäfer § 194 GVG Rdn. 16.

[503] Daß die benannten Strafänderungsgründe zur Schuldfrage gerechnet werden, hat ausschließlich historische Bedeutung: der Gesetzgeber wollte über diese Umstände die Geschworenen entscheiden lassen; vgl. Hahn StPO Bd. I S. 204, 917 ff. Dies übersehen die Autoren, die die Strafänderungen zur Schuldfrage zählen, so etwa LR-Gollwitzer § 263 Rdn. 8 f.; Eb. Schmidt II § 263 Rdn. 5; KK-Hürxthal § 263 Rdn. 5 f.

er diese rechtzeitig berichtigt hat, so ist zunächst über § 153 StGB, sodann getrennt über die fakultativen Strafmilderungen Aussagenotstand (§ 157 StGB) und Berichtigung (§ 158 StGB) zu entscheiden. Für die Annahme einer Strafmilderung ist allerdings nicht ausreichend, daß ein Richter des Schöffengerichts Aussagenotstand (§ 157 StGB), ein anderer rechtzeitige Berichtigung (§ 158 StGB) annimmt, jeder die von dem anderen bejahte Strafänderung aber verneint. Jeder der den Strafrahmen ändernden Bestimmungen ist hier mit der gesetzlichen Mehrheit verneint worden.

b) Konkurrenzen

Das Problem, ob das Konkurrenzverhältnis bei verschiedenen von der Mehrheit des Kollegiums bejahten Delikten durch gesonderte Abstimmung festzustellen ist, wird in der neueren Literatur nicht erörtert.[504] Bei der Frage, ob „Tateinheit" (§ 52 StGB) oder „Tatmehrheit" (§ 53 StGB) gegeben ist, ob „echte" oder „unechte" Konkurrenz verschiedener Strafbestimmungen vorliegt, geht es nicht um das „ob" der Gesetzesverletzung.[505] In Rede steht vielmehr, in welchem Verhältnis die verschiedenen durch eine oder mehrere Handlungen verletzten Strafbestimmungen zueinander stehen und wie dementsprechend die Strafe zu bemessen ist bzw. nach welchen Grundsätzen sich die Festsetzung der jeweiligen Rechtsfolgen zu richten hat. Da das Konkurrenzverhältnis nicht zu den Voraussetzungen der Strafbarkeit gerechnet werden kann, vielmehr nur die „Strafbemessung bei mehreren Gesetzesverletzungen" betrifft, muß sie auch stets getrennt von der Frage nach dem Tatbestand im weiteren Sinne beantwortet werden.[506] Nicht zulässig ist es danach, in die Frage, ob der Angeklagte eine bestimmte gesetzliche Vorschrift verletzt hat, den Zusatz „... durch dieselbe/eine selbständige Handlung ..." aufzunehmen.[507] Die Bejahung einer so gestellten Frage wäre auch notwendig unvollständig, da über die unechte Konkurrenz damit noch nichts ausgesagt wäre; eine tatbestandsmäßige, rechtswidrige und schuldhafte Gesetzesverletzung kann aber nicht schon deswegen verneint werden, weil der jeweilige Tatbestand verdrängt wird.

Nach alledem ist vom Vorsitzenden eine gesonderte Frage dahin zu stellen, ob „Tateinheit" (§ 52 StGB) bzw. ob „Tatmehrheit" (§ 53 StGB) vorliegt. Nicht zulässig ist allerdings eine weitere Aufteilung der Entscheidung; keine

---

504 Zur älteren Literatur vgl. etwa Stenglein § 293 Anm. 13; der bloße Hinweis, das Konkurrenzverhältnis gehöre zur Schuldfrage (so KMR-Paulus § 263 Rdn. 7), hilft nach der hier vertretenen Auffassung allein nicht weiter.

505 Daß bei unechter Konkurrenz ein Tatbestand verdrängt wird (vgl. im einzelnen Wessels § 17 V, VI, S. 184 ff.), schließt eine Gesetzesverletzung keineswegs aus.

506 Eine solche Fragestellung wurde nicht beanstandet von RGSt 53, 221 (222 f.).

507 So aber wohl Stenglein § 293 Anm. 13 f.; vgl. auch Beling S. 248 f.

gesonderte Abstimmung darf daher erfolgen, warum „dieselbe Handlung" im Sinne von § 52 StGB angenommen wird.

c) Haupt- und Nebenstrafe

Sind auf diese Weise durch schrittweise Einigung die zur Anwendung zu bringenden Straftatbestände mehrheitlich festgestellt worden und ist alsdann durch gesonderte – gegebenenfalls auch mehrfache – Fragestellung der im Einzelfall maßgebliche Strafrahmen von der Kollegiumsmehrheit festgelegt,[508] so stellt sich schließlich die Frage, welche Strafe im konkreten Fall ausgesprochen werden soll. Insoweit handelt es sich in erster Linie um eine quantitative Entscheidung. Stellt das Gesetz mehrere Strafarten zur Verfügung, so kann zunächst ermittelt werden, welche Hauptstrafart die maßgebende sein soll, alsdann über die Frage der Höhe der Freiheitsstrafe bzw. der Anzahl der Tagessätze abgestimmt werden.[509] Ebenso möglich ist aber auch, die zur Abstimmung zu stellende Frage unmittelbar auf das Quantum einer bestimmten Strafart (z. B. 1 Jahr Freiheitsstrafe?, 300 Tagessätze Geldstrafe?) zu richten.

Im Falle der Verhängung einer Freiheitsstrafe ist alsdann jeweils gesondert darüber abzustimmen, ob die Strafe zur Bewährung ausgesetzt (§§ 56ff. StGB), inwieweit ausnahmsweise Untersuchungshaft nicht angerechnet werden soll (§ 51 StGB). Hat sich die Mehrheit des Kollegiums für eine bestimmte Anzahl von Tagessätzen ausgesprochen, nach denen sich die Ersatzfreiheitsstrafe bemißt (§ 43 StGB), so ist weiter über die Höhe eines jeden Tagessatzes abzustimmen.

Gesonderte Abstimmung ist schließlich erforderlich über die Nebenstrafe nach § 44 StGB. Hier ist zunächst zu fragen, ob überhaupt ein Fahrverbot ausgesprochen werden soll, alsdann über die Dauer der Nebenstrafe abzustimmen.

4. Sonstige Rechtsfolgen der Tat

In zahlreichen Fällen sieht das Gesetz vor, daß Maßregeln der Besserung und Sicherung (§§ 61 ff. StGB) verhängt werden können. Keiner besonderen

---

[508] Daß vor Festsetzung der konkreten Strafe zunächst der Strafrahmen festzustellen ist, ist allgemeine Ansicht; vgl. nur BGH NStZ 1983, S. 407; für die Fragestellung anders noch Heinemann ZStW 15 (1895) S. 217 (221 ff.) und Gerland S. 285.

[509] So die wohl herrschende Meinung: vgl. nur LR-Schäfer § 196 GVG Rdn. 5; Eb. Schmidt III § 194 Rdn. 26; KMR-Müller (6.) § 194 GVG Anm. 1 b, cc (2); Kissel § 196 Rdn. 5; Koeniger S. 433f.; die bzgl. des Verhältnisses Freiheits-/Geldstrafe denkmögliche – arg. e §§ 47 I, 43 StGB – vorrangige Frage nach der Zahl der Tage(-ssätze) dürfte wegen der Bemessungsvorschrift des § 39 StGB sowie aufgrund der systematischen Trennung von Geld- und Freiheitsstrafe im 3. Abschnitt, 1. Titel des StGB (AT) ausgeschlossen sein.

Begründung bedarf es, daß über jede einzelne in Betracht kommende Maßregel gesondert abzustimmen ist. Aber auch dann, wenn ein und dieselbe Maßregel unter verschiedenen alternativ möglichen Voraussetzungen verhängt werden kann (Unterbringung nach § 63 StGB kann verhängt werden, wenn der Angeklagte die rechtswidrige Tat entweder im Zustand der Schuldunfähigkeit oder im Zustand verminderter Schuldfähigkeit begangen hat), ist über jede der möglichen Voraussetzungsreihen (in tatsächlicher wie rechtlicher Hinsicht) getrennt abzustimmen. Erst wenn sich weder für den einen noch für den anderen je gesondert zur Abstimmung zu stellenden vollständigen Rechtssatz und den an den bestimmten Rechtssatz anknüpfenden Entscheidungssyllogismus nicht die erforderliche Mehrheit findet, ist über die Alternativentscheidung als solche abzustimmen.[510] Ist eine Alternativentscheidung im konkreten Fall nicht zulässig[511] oder findet sich für die alternativ gefaßte Frage nicht die erforderliche Mehrheit, so kann die Maßregel nicht angeordnet werden.

Auch bei den übrigen möglichen Rechtsfolgen der Tat (insbesondere Verfall und Einziehung nach §§ 73 ff. StGB) sind in die auf den jeweiligen Entscheidungssyllogismus gerichteten Fragen der je in Betracht kommende vollständige Rechtssatz und die tatsächlichen Momente aufzunehmen. Hinsichtlich jeder der möglichen Voraussetzungsreihen ist auch hier getrennte Abstimmung erforderlich, im Falle der Einziehung daher zunächst darüber, ob die Voraussetzungen des § 74 II Nr. 1, I StGB vorliegen, alsdann, ob die Einziehung nach §§ 74 I, 74 a Ziff. 1 StGB zulässig ist.

5. Kosten- und Auslagenentscheidung

Jede instanzbeendende Entscheidung bedarf einer Entscheidung, von wem die Kosten des Verfahrens zu tragen sind (§§ 464 I, 464 a I StPO) sowie darüber, wer die notwendigen Auslagen trägt (§§ 464 II, 464 a II StPO). Hinsichtlich der Kosten und Auslagengrundentscheidung ist je eine gesonderte Frage zur Abstimmung zu stellen. Hinsichtlich jedes möglichen Kosten- bzw. Auslagenschuldners (Verurteilter, Staatskasse, Anzeigeerstatter, Antragsteller, Privatkläger, vgl. §§ 469 ff. StPO) ist eine gesonderte Abstimmung erforderlich. Auch hier ist getrennte Abstimmung im Hinblick auf jeden vollständigen, potentiell zur Anwendung zu bringenden Rechtssatz erforderlich. Soweit daher beispielsweise das Gericht fakultativ davon absehen kann, der Staatskasse notwendige Auslagen des Angeschuldigten aufzuerlegen (§ 467 III 2 StPO), handelt es sich um einen selbständigen Ausnahmetatbestand von

[510] Für § 63 StGB im Ansatz ebenso Peters Lb. (3.) S. 463 f. Fall 55.

[511] So für § 63 StGB Peters Lb. (3.) S. 463f. Fall 55; a. A. Dreher/Tröndle § 63 Rdn. 4 m.w.N.

der Erstattungspflicht des Staates; über diesen Rechtssatz ist daher gesondert abzustimmen.

6. Sonstige prozessuale Entscheidungen

Im strafrichterlichen Kollegium sind außer den bisher erörterten in aller Regel eine ganze Reihe weiterer Entscheidungen zu treffen.

So bedarf bei der Großen Strafkammer und dem erstinstanzlich zuständigen OLG-Senat kollegialrichterlicher Entscheidung zunächst, ob das Hauptverfahren eröffnet werden soll. Insoweit gelten genau die gleichen Grundsätze, wie sie oben zu den formalen Prozeßentscheidungen und zur Schuldfrage entwickelt wurden. Daher ist zunächst über die einzelnen fraglichen Prozeßvoraussetzungen und Verfahrenshindernisse getrennt abzustimmen. Alsdann ist ganz entsprechend wie bei der Schuldfrage darüber abzustimmen, ob der Angeschuldigte nach dem Ergebnis des vorbereitenden Verfahrens hinreichend verdächtig erscheint, einen bestimmten Straftatbestand rechtswidrig und schuldhaft durch die ihm vorgeworfene Handlung verwirklicht zu haben. Hinsichtlich jedes möglicherweise erfüllten Tatbestandes ist eine getrennte Frage zur Abstimmung zu stellen.[512] Bei einer solchen Fragestellung ergeben sich zugleich die im Eröffnungsbeschluß darzulegenden Änderungen gegenüber der Anklageschrift (vgl. § 207 II StPO).

Aus der Fülle der möglichen Entscheidungen im Laufe eines Strafverfahrens, bei denen stets über die Anwendung eines bestimmten vollständigen Rechtssatzes auf ein konkretes Geschehnis abzustimmen ist, seien hier beispielhaft drei Fälle herausgegriffen, die in der Literatur zumindest teilweise angesprochen wurden:

a) Ablehnung eines Beweisantrags und Verlesung

Im Zusammenhang mit der Beweiserhebung ist regelmäßig über zahlreiche Beweisanträge, über die Verlesung von Urkunden etc. zu entscheiden. Daß über jeden Beweisantrag gesondert abzustimmen und zu entscheiden ist, bedarf kaum der Erwähnung. Auch hinsichtlich des einzelnen Beweisantrages kann mehrfache Abstimmung erforderlich sein, soweit mehrere Ablehnungsgründe in Betracht kommen. Unzulässig ist also insbesondere die einfache Frage, ob der Beweisantrag mit folgendem Inhalt ... abzulehnen sei. Jeder der in § 244 III-VI StPO normierten Ablehnungsgründe stellt einen je vollständigen Rechtssatz dar, über dessen Anwendung im Einzelfall zu entscheiden/abzustimmen ist. Über jeden der in Betracht kommenden Ablehnungsgründe (z. B. Unzulässigkeit der Beweiserhebung, Offenkundigkeit,

---

[512] Vgl. im einzelnen oben Teil 2 D I 2, ebenso v. Kries S. 449 f.; Heinemann ZStW 15 (1895) S. 217 (238 f.).

Bedeutungslosigkeit, Prozeßverschleppung) ist je eine gesonderte Mehrheitsentscheidung herbeizuführen.

Entsprechendes gilt auch für die Verlesung von Urkunden und Vernehmungsniederschriften im Rahmen der Beweiserhebung.[513] Auch hier ist für jeden rechtssatzmäßig vorgesehenen Syllogismus der Rechtsfolgebestimmung eine gesonderte Frage erforderlich und nicht allein über den potentiellen Entscheidungsinhalt abzustimmen. Hinsichtlich jedes in § 251 Ziff. 1-4 StPO enthaltenen Rechtssatzes ist eine gesonderte Frage erforderlich, die die gesetzlichen Voraussetzungen neben den tatsächlichen Momenten enthält. Getrennt abzustimmen ist daher darüber, ob die Vernehmungsniederschrift verlesen werden darf, weil der Zeuge verstorben ist, ob sie verlesen werden darf, weil der Aufenthalt des Zeugen nicht zu ermitteln ist etc. Wenn sich für keinen der zur Anwendung zu bringenden, die Verlesung zulassenden Rechtssätze eine ausreichende Mehrheit findet, auch eine mehrheitlich getragene Alternativentscheidung nicht zustande kommt, muß die Verlesung unterbleiben.

b) Vereidigung eines Zeugen

Ebenso ist mehrfache Abstimmung erforderlich, wenn ein Absehen von der Vereidigung eines Zeugen in Rede steht. Daß die Voraussetzungen eines Vereidigungsverbots (§ 60 StPO) und die Voraussetzungen, unter denen das Gericht von Vereidigung absehen kann (§ 61 StPO), getrennt zur Abstimmung zu stellen sind (insoweit auch eine Alternativentscheidung nicht in Betracht kommt), folgt schon daraus, daß die in § 60 StPO enthaltenen Gründe die Nichtvereidigung zwingend zur Folge haben, bei Vorliegen der in § 61 StPO genannten Umstände das Gericht eine Ermessensentscheidung zu treffen hat. Eine ungetrennte Abstimmung darüber, ob Vereidigung stattzufinden hat oder nicht,[514] ist also unstatthaft. Kommt als Vereidigungsverbot sowohl mangelnde Verstandesreife (§ 60 Nr. 1 StPO) als auch Teilnahmeverdacht (§ 60 Nr. 2 StPO) in Betracht, so ist hinsichtlich der Anwendbarkeit eines jedes Rechtssatzes, eines jeden Ausnahmetatbestandes, eine gesonderte Frage zu stellen. Findet sich weder für das eine noch für das andere Vereidigungsverbot eine ausreichende Mehrheit, so ist der Zeuge zu vereidigen.

c) Strafprozessuale Zwangsmaßnahmen

In der Literatur häufiger erörtert ist schließlich die Abstimmungsmethode bei Erlaß eines Haftbefehls nach §§ 112 ff. StPO. Bei der Entscheidung, ob Haftbefehl erlassen werden soll, wird nach der hier vertretenen Lösung nicht

---

[513] Hierzu Heinemann ZStW 15 (1895) S. 217 (237 f.).

[514] So v. Kries S. 449.

über die einzelnen Voraussetzungen des Haftbefehls (dringender Tatverdacht, Haftgrund, Verhältnismäßigkeit) abgestimmt, da eine solche Aufteilung nicht inhaltlich selbständige Entscheidungen, sondern nur Gründe/Elemente für dieselbe Entscheidung zur Abstimmung stellen würde.[515] Andererseits ist aber auch nicht ausreichend, daß lediglich darüber abgestimmt wird, ob Haftbefehl erlassen werden soll.[516] Genau betrachtet enthalten §§ 112, a StPO nämlich verschiedene Eingriffsermächtigungen, unterschiedliche die Verhaftung legitimierende Rechtssätze. Ein Haftbefehl darf nur dann erlassen werden, wenn (neben dem dringenden Tatverdacht) ein bestimmter Haftgrund mehrheitlich bejaht wird. Daher ist auch hier über jede der möglichen Voraussetzungsreihen getrennt abzustimmen.[517] Nimmt daher ein Kollegiumsmitglied Fluchtgefahr (§ 112 II Nr. 2 StPO), ein anderes Verdunkelungsgefahr (§ 112 II Nr. 3 StPO) an, so ist zunächst darüber abzustimmen, ob der Beschuldigte der genau bezeichneten Tat dringend verdächtig ist und aufgrund bestimmter zu benennender Umstände die Gefahr besteht, daß er sich dem Verfahren entziehen werde. Wird diese Frage von der Mehrheit der Kollegiumsmitglieder verneint, so ist anschließend zu fragen, ob der Beschuldigte der genau bezeichneten Tat dringend verdächtig ist und das näher zu umschreibende Verhalten des Beschuldigten den dringenden Verdacht begründet, er werde auf Zeugen in unlauterer Weise einwirken und so die Ermittlung der Wahrheit erschweren. Wird auch diese Frage von der Mehrheit der Kollegiumsmitglieder verneint, so ist (die Unzulässigkeit einer Alternativentscheidung unterstellt)[518] der Erlaß eines Haftbefehls nicht möglich. Nur bei einer solchen Fragestellung ist sichergestellt, daß die gesetzlich erforderliche Mehrheit alle kumulativ erforderlichen Voraussetzungen eines bestimmten im Einzelfall zur Anwendung zu bringenden Rechtssatzes bejaht.

Auch bei den übrigen strafprozessualen Zwangsmaßnahmen ist über jede Eingriffsermächtigung, jeden den Eingriff legitimierenden Rechtssatz eine getrennte Abstimmung erforderlich.

II. Abstimmung im Revisionsverfahren

Bei der folgenden Darstellung der im Revisionsverfahren auftauchenden wesentlichen Abstimmungsthemata soll die Reihenfolge zugrunde gelegt werden, die für die Mehrzahl dieser Verfahren Geltung beanspruchen kann: Zulässigkeit der Revision, formale Prozeßentscheidungen, Verfahrens- und Sachrügen, schließlich Schuldspruchberichtigung und Zurückverweisung.

---

515 KMR-Müller (6.) § 194 GVG Anm. 1 b.

516 So aber: v. Kries S. 449; Binding Abh. II S. 141 (150 f.); Feisenberger § 194 GVG Anm. 4 a; ähnlich wohl auch KMR-Müller (6.) § 194 GVG Anm. 1 b.

517 Im Ergebnis ebenso Heinemann ZStW 15 (1895) S. 217 (240 f.).

518 So z. B. Heinemann ZStW 15 (1895) S. 217 (240 f.).

1. Zulässigkeit der Revision

Zunächst bedarf es der Entscheidung, ob die Revision zulässig ist. Daß nicht nur allgemein die Frage zur Abstimmung gestellt werden kann, ob die Revision zulässig ist, folgt schon daraus, daß der judex a quo gemäß § 346 I StPO eine formelle Vorprüfung vorzunehmen hat.[519] Jede die Zulässigkeit des Rechtsmittels bedingende oder hindernde Rechtsnorm stellt vielmehr einen je vollständigen Rechtssatz dar: Eine Revision darf immer, aber auch nur dann verworfen werden, wenn die in §§ 346 I, 349 I StPO in Bezug genommenen Voraussetzungen (die Zulässigkeit hindernden Tatsachen) nachgewiesen, d. h. mehrheitlich festgestellt sind. Daher ist getrennte Abstimmung erforderlich über die Statthaftigkeit der Revision (§ 333 StPO bzw. § 335 I StPO), die Rechtsmittelberechtigung, die Einhaltung der verschiedenen Frist- und Formvorschriften für die Einlegung der Revision und die Revisionsbegründung. Für eine Verwerfung der Revision als unzulässig ist daher nicht ausreichend, daß ein Mitglied des Kollegiums nur die Einlegungsfrist, ein Mitglied allein die Revisionsbegründungsfrist als nicht gewahrt ansieht, jede der diesbezüglichen getrennten Fragen aber nicht die gesetzlich erforderliche Mehrheit findet.

Eine gesonderte Frage ist schließlich dann erforderlich, wenn die Zuständigkeit des Gerichts zweifelhaft ist (§ 348 StPO). Getrennt abzustimmen ist in diesem Fall darüber, ob das Gericht, an das die Akten gesandt wurden, unzuständig ist sowie darüber, welches das zuständige Revisionsgericht ist.

2. Formale Prozeßentscheidungen

Über das Vorliegen der einzelnen Prozeßvoraussetzungen und Verfahrenshindernisse ist – ebenso wie in der Tatsacheninstanz – jeweils getrennt abzustimmen; jedes Verfahrenshindernis ist Gegenstand einer gesondert zur Abstimmung zu stellenden Frage. Insoweit kann daher auf die obigen Ausführungen verwiesen werden.

3. Abstimmung über die Aufhebung des Urteils

Ist die Revision zulässig und besteht kein Verfahrenshindernis, so ist der Weg frei für die Prüfung der vom Beschwerdeführer erhobenen Revisionsrügen, seien sie materiell-rechtlicher oder prozessualer Art. Für das Revisionsgericht ergeben sich dabei stets so viele Abstimmungsthemata, wie Aufhebungsgründe in Betracht kommen, d. h. als Gesetzesverletzungen vorliegen können. Stets ist daher zu fragen, ob das Urteil wegen dieses Gesetzesverstoßes aufzuheben ist.[520]

[519] Vgl. Schlüchter Rdn. 715 ff.S. 779 ff.; Kleinknecht § 346 Rdn. 1 ff.

[520] Beling GA 67 (1919) S. 141 (160).

a) Verfahrensrügen

Wird das Urteil (auch) wegen Verletzung einer Rechtsnorm über das Verfahren angefochten, so ist regelmäßig zunächst über die Aufhebung des Urteils wegen des Verfahrensfehlers zu entscheiden. Dabei sind so viele Abstimmungsgänge erforderlich als Prozeßrügen erhoben worden sind, jedesmal mit dem Abstimmungsthema, ob dieses Verstoßes halber das Urteil aufzuheben ist. „In dieser Frage sind einheitlich nicht nur die Rechtsfrage und die Tatsachenfrage, sondern alle deren Elemente und namentlich auch die einzelnen juristischen Argumente ... zusammengefaßt und selbstverständlich auch die Kausalitätsfrage" im Sinne der §§ 337, 338 StPO „mit inbegriffen".[521] Über jede einzelne prozessuale Rüge ist danach ungeteilt, im ganzen abzustimmen, nicht aber über die einzelnen Elemente der geltend gemachten Verfahrensrüge. Soweit danach etwa eine ungesetzliche Beschränkung der Öffentlichkeit (§ 338 Nr. 6 StPO) gerügt wird, ist also nicht darüber abzustimmen, ob ein die Öffentlichkeit ausschließender Beschluß vorlag, ob dieser Beschluß ausgeführt wurde, ob die Öffentlichkeit vor der Urteilsbegründung wiederhergestellt wurde etc. Vielmehr sind alle subsumtionsrelevanten Tatsachen mit in die einheitliche Frage aufzunehmen, ob das Urteil aufgrund einer mündlichen Verhandlung ergangen ist, bei der die Vorschriften über die Öffentlichkeit des Verfahrens verletzt wurden, weil ... und es deshalb aufzuheben ist. Findet sich eine (einfache) Mehrheit, die die so gestellte Frage bejaht, so ist das Urteil aufzuheben.[522] Innerhalb der verschiedenen Verfahrensrügen ist zunächst darüber abzustimmen, ob das Urteil wegen eines absoluten Revisionsgrundes (§ 338 StPO) aufzuheben ist. Erst dann ist über die einzelnen relativen Revisionsrügen zu entscheiden.

Ist die einzelne Verfahrensrüge nach Ansicht der Mehrheit des Kollegiums begründet, die Entscheidung der Vorinstanz also aufzuheben, so ist anschließend über die Zurückverweisung (§ 354 II, III StPO) zu entscheiden.

b) Sachrüge

Ist eine erhobene Verfahrensrüge erfolglos geblieben oder allein die Verletzung materiellen Rechts gerügt, so soll nach einer verbreiteten Ansicht in der Literatur zunächst darüber abzustimmen sein, ob eine bestimmte prozeßerledigende Entscheidung des Revisionsgerichts gemäß § 354 I StPO zu erlassen sei; erst wenn sich dabei keine Mehrheit ergebe, sei über die Aufhebung des Urteils wegen sachlich-rechtlicher Mängel zu entscheiden.[523] Dabei wird frei-

---

[521] Beling GA 67 (1919) S. 141 (163).

[522] Beling GA 67 (1919) S. 141 (163); ders. S. 428; Haymann FG für Stammler S. 395 (428 f.); nur in der Terminologie anders Heinemann ZStW 15 (1895) S. 1 (85 f.).

[523] So im Anschluß an Haymann FG für Stammler S. 395 (428 f.): Eb. Schmidt III § 194 Rdn. 31; Beling S. 428 f.; anders ders. GA 67 (1919) S. 141 (163 ff.).

lich verkannt, daß eine eigene Sachentscheidung nur dann möglich ist, wenn das Urteil der Vorinstanz aufgehoben ist. Von einer vorherigen Aufhebung geht insbesondere auch der die eigene Sachentscheidung regelnde § 354 I StPO aus. Daher ist auch dann, wenn eine Sachrüge erhoben ist, zunächst darüber abzustimmen, ob das Urteil der Vorinstanz auf einer Verletzung materiellen Rechts beruht und deshalb aufzuheben ist; erst mit der Aufhebung wird der Weg frei für eine eigene Sachentscheidung des Revisionsgerichts.[524]

Wird die Verletzung materiellen Rechts gerügt, so überprüft das Revisionsgericht die gesamte materiell-rechtliche Seite des Urteils. Dies führt freilich nicht dazu, daß die materiell-rechtliche Rüge in einem Zug zu erledigen ist,[525] lediglich die eine Frage zu stellen ist, ob das Urteil auf der Verletzung materiellen Rechts beruht. Vielmehr ist für jeden einzelnen möglichen Sachurteilsverstoß die Aufhebungsfrage gesondert zu stellen.[526] Daraus folgt freilich nach der hier vertretenen Lösung nicht, daß z. B. bei einer Verurteilung wegen Diebstahls (§ 242 StGB) getrennt darüber abzustimmen ist, ob das Untergericht 1. den Begriff der „Sache" verkannt habe, ob das Untergericht 2. zu Recht von der Fremdheit der Sache ausgegangen sei, und ob es 3. nach den zugrunde liegenden Feststellungen die Zueignungsabsicht bejahen konnte.[527] Auch in der Revisionsinstanz bestimmt der Syllogismus der rechtssatzmäßigen Rechtsfolgebestimmung den Gegenstand der Fragestellung. Nur wenn und soweit die Revision begründet ist, kommt eine Aufhebung des Urteils in Betracht (§ 353 I StPO). Begründet ist die Revision dann, wenn das Urteil auf einer Verletzung des (hier: materiellen) Gesetzes beruht (§ 337 I StPO), d.h. die einzelne Rechtsnorm nicht oder nicht richtig angewandt wurde (§ 337 II StPO). Die Abstimmung in der Revisionsinstanz muß daher nach der hier vertretenen Ansicht stets darauf gerichtet sein, ob die Vorinstanz einen bestimmten Straftatbestand oder eine bestimmte materiell-rechtliche Rechtsfolgenbestimmung nicht oder zumindest fehlerhaft angewandt hat und ob das Urteil auf der Nichtanwendung bzw. der fehlerhaften Anwendung des einzelnen (vollständigen) Rechtssatzes beruht. Nicht jeder einzelne Rechtspunkt, der überhaupt juristisch selbständig ist, ist daher einer gesonderten Abstimmung zu unterwerfen.[528] Warum die einzelne Rechtsnorm, der materiell-rechtliche Rechtssatz fehlerhaft angewandt wurde, ist lediglich eine Frage der Begründung, nicht aber selbst Entscheidungsgegenstand. Auch in der Revisionsinstanz ist also die Frage – ebenso wie in der Tatsacheninstanz – in enger Anlehnung an den zur Anwendung zu bringenden Rechtssatz zu formulieren.

---

[524] So auch Beling GA 67 (1919) S. 141 (163, 166 f.); vgl. auch Peters Lb. S. 664.

[525] Vgl. Beling GA 67 (1919) S. 141 (161).

[526] Beling S. 428; ebenso Eb. Schmidt III § 194 Rdn. 32.

[527] So aber Beling GA 67 (1919) S. 141 (161 f.).

[528] So aber Beling GA 67 (1919) S. 141 (161 f.); ders. S. 428; ebenso v. Kries S. 451; Heinemann ZStW 15 (1895) S. 1 (84 f.).

Gegenstand der Frage bei einer Sachrüge ist also stets, *ob* die Rechtsnorm (der bestimmt zu bezeichnende Straftatbestand oder die materiell-rechtliche Rechtsfolgenbestimmung) fehlerhaft angewandt wurde und das Urteil darauf beruht. Im obigen Beispielsfalle ist also nicht über die einzelnen Tatbestandsmerkmale des § 242 StGB getrennt abzustimmen, vielmehr allein darüber, ob die tatsächlichen Feststellungen im Urteil die Anwendung des Diebstahlstatbestandes tragen. Nimmt je ein Mitglied des Revisionsgerichts an, daß ein anderes Tatbestandsmerkmal (Sache, Fremdheit, Zueignungsabsicht) zu Unrecht vom Untergericht bejaht worden sei, ist die Frage zu bejahen, das Urteil aufzuheben. Daß über jeden einzelnen die fehlerhafte Anwendung der (materiellen) Rechtsnorm begründenden Punkt gesondert abzustimmen wäre, folgt auch nicht daraus, daß das Untergericht bei Zurückverweisung an die rechtliche Beurteilung, die der Aufhebung zugrundeliegt, gebunden ist, § 358 I StPO.[529] Eine ebensolche Bindungswirkung entfalten untergerichtliche Entscheidungen nämlich auch insoweit, als sie nicht aufgehoben werden, insbesondere also im Falle der Teilanfechtung und -aufhebung.[530] Aus der Tatsache, daß auch untergerichtlichen Entscheidungen und Tatsachenfeststellungen Bindungswirkung zukommen kann, ist indes, soweit ersichtlich, nirgends abgeleitet worden, daß über diese einzelnen Punkte gesondert abgestimmt werden müsse. Darüber hinaus ergreift die Bindungswirkung des § 358 I StPO nur diejenigen Entscheidungsgründe des Revisionsurteils, die *unmittelbar* zur Aufhebung des angefochtenen Urteils geführt haben.[531] Dies bedeutet jedoch in erster Linie, daß das im weiteren Verfahren mit der Sache befaßte Gericht gehindert ist, dieselbe Rechtsnorm auf einen unverändert gebliebenen Sachverhalt anzuwenden. Bestehen Meinungsverschiedenheiten innerhalb des Revisionsgerichts darüber, warum die in Rede stehende Rechtsnorm nicht richtig angewendet worden ist und läßt sich insoweit auch eine Mehrheitsmeinung nicht finden – was nur in seltensten Fällen vorkommen wird –, so steht nichts entgegen, die Bindungswirkung auf diese rechtliche Beurteilung zu beschränken. Die Pflicht zur Abstimmung über jeden einzelnen Rechtspunkt folgt auch nicht aus der Eigenart der Aufgabe des Revisionsgerichts, nur über einzelne Rechtsfragen zu entscheiden.[532] Das Revisionsgericht hat nämlich nicht allein Rechtsfragen zu entscheiden; Aufgabe des Revisionsgerichts ist vielmehr, die Anwendung des (vollständigen) Rechtssatzes auf den im untergerichtlichen Urteil festgestellten Sachverhalt zu prüfen, den Subsumtionsvorgang bezüglich der einzelnen Rechtsnorm insgesamt zu kontrollieren.[533] Dementsprechend muß die Frage im Revisionsgericht stets

529 So aber Beling GA 67 (1919), S. 141 (161 f.); ders. S. 428; v. Kries S. 451.

530 Vgl. BGH MDR 1982, S. 422 f.; BGH MDR 1981, S. 244 ff. je m.w.N.

531 Kleinknecht § 358 Rdn. 1; Schlüchter Rdn. 756.1 S. 831.

532 So aber insbes. v. Kries S. 451 f.

533 Peters Lb. S. 638 ff.

darauf gerichtet sein, ob der materiell-rechtliche Rechtssatz vom Untergericht zu Recht bejaht bzw. verneint wurde, das Urteil deshalb aufzuheben ist.

Soweit die Sachrüge sich auf mehrere selbständige materiell-rechtliche Rechtssätze bezieht, ist bezüglich der ordnungsgemäßen Anwendung einer jeden materiell-rechtlichen Rechtsnorm eine gesonderte Frage zur Abstimmung zu stellen. Werden die jeweiligen Fragen, ob das Urteil auf der fehlerhaften Anwendung eines Straftatbestandes oder einer anderen materiell-rechtlichen Rechtsfolgenbestimmung beruht, von der Mehrheit des Kollegiums verneint, so ist die Revision als unbegründet zu verwerfen. Ist dagegen eine oder mehrere der Aufhebungsfragen bejaht worden, so ist das Urteil insoweit aufzuheben, als die Sachrüge durchgreift.

4. Eigene Sachentscheidung und Zurückverweisung

Wurde das Urteil der Vorinstanz aufgehoben, ergeben sich für das Revisionsgericht zwei Möglichkeiten: in Betracht kommt einmal eine eigene Sachentscheidung, die das Revisionsgericht freilich nur ausnahmsweise trifft; in der Regel wird die Sache zur weiteren Verhandlung und Entscheidung an ein bestimmtes Gericht zurückverwiesen.

a) Schuldspruchberichtigung

Die den Schuldspruch betreffenden Berichtigungsfälle lassen sich in fünf Gruppen aufteilen: 1) das Revisionsgericht spricht anstelle des Schuldspruchs der Vorinstanz den Angeklagten ganz oder teilweise frei bzw. stellt das Verfahren gegen ihn ganz oder zum Teil ein; 2) es streicht eine irrig in Tateinheit angewendete Norm; 3) es wechselt eine rechtsfehlerhaft bejahte Vorschrift durch eine andere aus; 4) es fügt dem Schuldspruch des Untergerichts ein zusätzlich begangenes Delikt hinzu; 5) anstelle rechtsirriger Einstellung oder Freisprechung verurteilt es den Angeklagten selbst.[534] In allen Fällen ist Voraussetzung, daß weitere tatsächliche Feststellungen nicht möglich oder jedenfalls nicht zu erwarten sind. Soweit das Revisionsgericht selbst einen bestimmten Straftatbestand bejahen will (mithin in den Fällen der Gruppe 3 – 5), gelten für die Fragestellung die gleichen Grundsätze wie in der Tatsacheninstanz, entscheidet das Revisionsgericht hier doch stets darüber, ob der Angeklagte einen bestimmten Straftatbestand rechtswidrig und schuldhaft durch das im Urteil der Vorinstanz beschriebene Verhalten verwirklicht hat. In die zur Abstimmung zu stellende Frage ist allerdings nicht nur der zur Anwendung zu bringende Straftatbestand und das tatsächliche Verhalten des Angeklagten aufzunehmen, sondern darüber hinaus auch, ob ohne weitere tatsächliche

---

534 Ausführlich Baterau S. 56 ff. m.w.N.

Erörterungen entschieden werden kann. Soweit (Teil-)Freispruch oder (teilweise) Einstellung in Betracht kommt oder die Streichung einer vom Untergericht angewendeten Rechtsnorm in Rede steht, ist die Frage dahin zu formulieren, ob das Revisionsgericht, da weitere tatsächliche Erörterungen nicht in Betracht kommen, insoweit, als das Untergericht wegen ... verurteilt hat, freizusprechen bzw. einzustellen sei, bzw. ob der vom Untergericht bejahte Tatbestand in Wegfall komme. Ganz entsprechend ist abzustimmen, wenn das Urteil im Strafausspruch aufgehoben wurde und das Revisionsgericht die gesetzlich niedrigste Strafe verhängen will.

b) Zurückverweisung

Kommt eine eigene Sachentscheidung nicht in Betracht oder findet sich für eine solche nicht die gesetzlich erforderliche Mehrheit, so greift eo ipso der Regelfall der Zurückverweisung an die Vorinstanz Platz. Abzustimmen ist hier nur darüber, an welches Gericht zurückverwiesen werden soll. Soweit mehrere Gerichte in Betracht kommen, ist jeweils gesonderte Fragestellung erforderlich.

E. Reihenfolge der Fragen

I. In der Tatsacheninstanz

Maßgeblich für die richtige Entscheidung ist schließlich die richtige Anordnung der einzelnen Abstimmungsgegenstände. Bevor auf die Mehrheitsverhältnisse bei der Beantwortung der einzelnen Fragen eingegangen wird, ist es daher zunächst erforderlich, auf die Reihenfolge der einzelnen Fragen einzugehen.

Die ganz überwiegende Meinung in Rechtsprechung und Literatur begnügt sich mit der Feststellung, daß für die Anordnung der verschiedenen Abstimmungsgegenstände die Natur der Sache und die Logik maßgebend seien.[535] Das, was logisch zuerst festgestellt werden müsse, darüber müsse auch zuerst abgestimmt werden.[536] Weitergehende, für alle Fälle geltende, feste Regeln ließen sich nicht aufstellen, da die jeweils in Betracht kommenden Rechtssätze und damit auch ihr Verhältnis zueinander von den Besonderheiten des Einzelfalles abhingen.[537] Dem ist grundsätzlich zuzustimmen. Dennoch lassen sich

---

[535] Glaser Hdb. S. 271; Schwarze § 196 GVG S. 107; Kleinknecht § 194 GVG Rdn. 1; KK-Mayr § 194 GVG Rdn. 2; Schlüchter Rdn. 582 S. 623; Geyer S. 610 f.; KMR-Müller (6.) § 194 GVG Anm. 1 b a. E.; Kühne S. 327 ff. Rdn. 599 und 601; Peters Lb. S. 488; RGSt 33, 298 (299).

[536] Kern/Roxin § 47 C III 1 S. 258; Binding S. 171; ders. Abh. II S. 141 (146); Dohna S. 81 f.; Zacke S. 41 f.

[537] Peters Lb. S. 488; Eb. Schmidt III § 194 Rdn. 8; LR-Schäfer § 194 GVG Rdn. 5.

einige, wenn auch sehr allgemeine Grundsätze aufstellen, die jedenfalls in der weit überwiegenden Mehrzahl der Strafverfahren Geltung beanspruchen können. Die Reihenfolge der Fragen richtet sich dabei nach der Bedeutung, die der Antwort für die Fortführung des Verfahrens zukommt,[538] wird also in erster Linie von prozeßrechtlichen und materiell-rechtlichen Erwägungen beeinflußt.[539]

Regelmäßig wird zunächst über das (Nicht-)Vorliegen von Verfahrenshindernissen abzustimmen sein.[540] Fehlt es nämlich an einer Prozeßvoraussetzung, so ist eine den Prozeßgegenstand betreffende Sachentscheidung (von Ausnahmen abgesehen)[541] ausgeschlossen, vielmehr Einstellung des Verfahrens geboten. Dabei ist zunächst über dauernde, sodann über behebbare Verfahrenshindernisse zu entscheiden. Entsprechendes gilt, soweit eine Einstellung aufgrund des Opportunitätsprinzips in Betracht kommt: Da für eine Einstellung nach §§ 153 ff. StPO dann kein Raum ist, wenn ein Verfahrenshindernis vorliegt,[542] ist zunächst über das Fehlen der Prozeßvoraussetzung abzustimmen, bevor über die Einstellung nach §§ 153 ff. StPO entschieden wird. Bei Ungewißheit über das Eingreifen eines Prozeßhindernisses ist aber auch zulässig, zunächst über eine Einstellung nach § 153 StPO abzustimmen.

Die allgemeine Regel, daß über Prozeßvoraussetzungen zuerst abgestimmt werden muß, erleidet jedoch dann Ausnahmen, wenn Offizialdelikt und Antragsdelikt zusammentreffen. Hier ist die Abstimmung zunächst darauf zu richten, ob wegen des Offizialdelikts (z. B. gefährliche Körperverletzung, § 223 a StGB) zu verurteilen ist, da es nach Bejahung dieser Frage auf das Vorliegen eines Strafantrages nicht mehr ankommt. Erst wenn feststeht, daß der Angeklagte nicht schon wegen gefährlicher Körperverletzung zu verurteilen ist, erhebt sich die Frage, ob der für eine Verurteilung wegen einfacher Körperverletzung erforderliche Strafantrag (§ 232 StGB) gegeben ist. Ist die zweite Frage nach dem Vorliegen eines ordnungsgemäßen Strafantrages bejaht, so kann schließlich über das Antragsdelikt selbst (hier § 223 StGB) abgestimmt werden.[543] Auch in anderen Fällen kann es geboten sein, die Abstimmung über die jeweilige Prozeßvoraussetzung zurückzustellen und zunächst die materiell-rechtliche Entscheidung zu fällen.[544] So wird zwar in

---

538 Koeniger S. 433; LR-Schäfer § 194 GVG Rdn. 5.

539 Eb. Schmidt III § 194 Rdn. 8.

540 RGSt 41, 152 (153); Peters Lb. S. 488; Koeniger S. 433; Eb. Schmidt III § 194 Rdn. 8; LR-Schäfer § 194 GVG Rdn. 5; Rosenfeld S. 98; Gerland S. 285; Binding S. 171; ders. Abh. II S. 141 (146); Beling S. 247; Kern/Roxin § 47 C III S. 258; Geyer S. 610 f.

541 Hierzu: Eb. Schmidt II § 260 Rdn. 26 ff.; KK-Hürxthal § 260 Rdn. 50 f.; LR-Gollwitzer § 260 Rdn. 100 ff.

542 LR-Meyer-Goßner § 206 a Rdn. 45.

543 Eb. Schmidt III § 194 Rdn. 8; Beling S. 250 Fn. 2; Peters Lb. S. 488, der jedoch zunächst über das Antragsdelikt, dann erst über den Antrag abstimmen will.

aller Regel die Frage der Verjährung vor der Schuldfrage in Zusammenhang mit der formalen Prozeßfrage zu stellen sein; Ausnahmen sind hier aber dann möglich, wenn der Charakter des Delikts (§ 12 StGB) zweifelhaft ist und die Frage, ob Verjährung eingetreten ist, hiervon abhängt.

Wurde weder ein (dauerndes) Verfahrenshindernis angenommen noch gemäß §§ 153 ff. StPO das Verfahren eingestellt und ist damit der Weg zu einer Sachentscheidung frei, so hat das Gericht über die Schuldfrage zu entscheiden. Auch für die Reihenfolge bei der Abstimmung über den Prozeßgegenstand, die Tat im prozessualen Sinne (§ 264 StPO), lassen sich einige allgemeine Regeln aufstellen. Schwierigkeiten können sich hinsichtlich der Reihenfolge der verschiedenen Schuldspruchmöglichkeiten (nur) dann ergeben, wenn zwischen den verschiedenen Deliktstatbeständen ein innerer Zusammenhang oder ein bestimmtes Abhängigkeitsverhältnis besteht.[545] Daß hier über jede in Betracht kommende schuldhafte Verletzung eines Straftatbestandes gesondert abzustimmen ist, wurde bereits mehrfach betont. Die Anordnung der verschiedenen Abstimmungsgegenstände muß dabei in Anlehnung an das materiell-rechtliche Verhältnis der verschiedenen Tatbestände zueinander erfolgen.

Unproblematisch ist danach, daß in Fällen der Subsidiarität über die nur hilfsweise anwendbare Strafvorschrift zuletzt abgestimmt werden sollte, da sie nur für den Fall Geltung beansprucht, daß nicht schon eine andere Strafbestimmung eingreift.[546] Ob die Subsidiarität ausdrücklich angeordnet ist oder ob sie sich aus dem Sinnzusammenhang ergibt, ist dabei ohne Bedeutung. Geht man jeweils von einem solchen Verhältnis der Subsidiarität aus,[547] so ist zuerst über vorsätzliche, dann über fahrlässige Begehung abzustimmen[548] und nur wenn feststeht, daß keine Täterschaft gegeben ist, kann über Anstiftung und erst, wenn auch diese verneint wurde, über Beihilfe abgestimmt werden.[549] Soweit allerdings zweifelhaft ist, ob eine Vorschrift im Verhältnis zu einer anderen subsidiär ist, muß vor Abstimmung über die Anwendung der einzelnen Straftatbestände die Reihenfolge der Fragen durch Mehrheitsentscheid festgestellt werden (§ 194 II GVG).

---

544 Peters Lb. S. 488.

545 Beling S. 248; Bennecke/Beling S. 390 f.: stehen die Strafgesetze in einem aliud-Verhältnis, z. B. Diebstahl und Unterschlagung, so ist die Reihenfolge gleichgültig; Gerland S. 285.

546 Vgl. Wessels AT § 17 V 2 S. 185; Lackner vor § 52 Anm. VI 1 b.

547 Keine andere Reihenfolge der Fragen ergibt sich, wenn man davon ausgeht, daß die Begehungsformen jeweils im Verhältnis der Spezialität zueinander stehen; hierzu sogleich.

548 Eb. Schmidt III § 194 Rdn. 22; ausf. LR-Schäfer § 194 GVG Rdn. 12 m.w.N. zur Rspr.; vgl. auch RGR 4, 198 ff.

549 Eb. Schmidt III § 194 Rdn. 22.

Das materiell-rechtliche Verhältnis der verschiedenen Strafvorschriften zueinander ist auch ausschlaggebend für die Frage, in welcher Reihenfolge bei Vorliegen eines Qualifizierungs- oder Privilegierungstatbestandes abzustimmen ist.

Soweit eine qualifizierende Abwandlung bzw. ein strafschärfendes Sonderdelikt in Betracht kommt, ist von verschiedenen Autoren allerdings vorgeschlagen worden, daß die Totalabstimmung über die Schuldfrage sofort auf den „Mehr-Tatbestand" zu richten sei.[550] Stellt man allerdings auf das Plus-Minus-Verhältnis ab, so wird das materiell-rechtliche Verhältnis der Vorschriften zueinander außer acht gelassen. Maßgebend kann vielmehr nur sein, daß der *speziellere* Tatbestand begriffsnotwendig auch alle Merkmale des allgemeinen Delikts enthält,[551] bei Bejahung des spezielleren Tatbestandes daher eine Abstimmung über das Gattungsdelikt schon gar nicht erforderlich ist. „Stehen mehrere Strafgesetze in Gesetzeskonkurrenz, so ist das speziellere voranzustellen",[552] nicht aber das schwerere. Dieser Grundsatz gilt gleichermaßen für Qualifizierungstatbestände wie für den Ausgangstatbestand umfassende, strafschärfende Sonderdelikte. Nur wenn zunächst über den spezielleren Tatbestand, dann über das Gattungsdelikt abgestimmt wird, „läßt sich der Satz beschwerdelos durchführen, daß der überstimmte Votant sich auf den Standpunkt der Majorität stellen muß".[553] Der Richter, der bei der auf den Grundtatbestand gerichteten Schuldfrage überstimmt wurde, könnte nämlich den Qualifikationstatbestand nicht allein deshalb verneinen, weil er ein Merkmal des Gattungsdelikts nicht als gegeben ansieht. Der Grundsatz, daß über das speziellere Delikt zuerst abgestimmt werden muß, gilt aber auch dann, wenn ein Privilegierungstatbestand bzw. ein milderes Sonderdelikt in Betracht kommt. Für diese Fälle ist zwar – ausgehend von dem Plus-Minus-Verhältnis durchaus konsequent – Abstimmung zunächst über den Grundtatbestand, sodann erst über den Privilegierungstatbestand bzw. das mildere Sonderdelikt gefordert worden.[554] Bei Voranstellen des Gattungsdelikts ist allerdings nur eine eventuelle Antwort möglich: Verurteilung aus dem Grundtatbestand kann nämlich nur erfolgen, wenn feststeht, daß die Privilegierung nicht gegeben ist.[555] Die auf den Ausgangstatbestand gerichtete erste Frage des Vorsit-

[550] Eb. Schmidt III § 194 Rdn. 18; LR-Schäfer § 194 GVG Rdn. 10; Bennecke/Beling S. 390 Fn. 2; Beling S. 249 f.; v. Kries S. 446; Binding S. 171; ders. Abh. II S. 141 (146); Heinemann ZStW 15 (1895) S. 1 (89); vgl. auch § 294 II RStPO.

[551] Wessels AT § 17 V 1 S. 185; Lackner vor § 52 Anm. VI 1 a.

[552] So ausdrücklich auch Bennecke/Beling S. 390; wohl auch Heinemann ZStW 15 (1895), S. 1 (89 f.); Gerland S. 285.

[553] Binding S. 171; ders. Abh. II S. 141 (146).

[554] So etwa: Eb. Schmidt III § 194 Rdn. 19; Heinemann ZStW 15 (1895) S. 1 (89 f.); Beling S. 250; Oetker S. 125 ff., widersprüchlich daher Bennecke/Beling S. 390.

[555] So auch Eb. Schmidt III § 194 Rdn. 19; warum hinsichtlich des milderen (!) Tatbestandes eine eventuelle Antwort erforderlich sein soll (so Bennecke/Beling S. 390 Fn. 2), ist nicht ersichtlich.

zenden müßte daher unter Vorbehalt bejaht werden.[556] Da das speziellere Delikt aber bereits alle Merkmale des Grundtatbestandes umfaßt, bei Bejahung des Privilegierungstatbestandes daher eine Entscheidung über das allgemeine Delikt ausgeschlossen ist, muß auch hier das materiell-rechtliche Verhältnis ausschlaggebend sein, über den speziellen Tatbestand also zuerst abgestimmt werden. Bei Voranstellen des Gattungsdelikts ergäbe sich nach der h.M. ein für den Angeklagten günstigeres Ergebnis: zur Verneinung (!) der Privilegierung sei nämlich Zweidrittelmehrheit erforderlich.[557] Dies kann aber nicht darüber hinwegtäuschen, daß bei einem solchen Vorgehen in Wahrheit nur über einen einzelnen Tatumstand des Privilegierungstatbestandes abgestimmt,[558] insoweit also eine (nicht zu begründende) Ausnahme vom Grundsatz der Totalabstimmung gemacht würde.

Findet sich keine Mehrheit für die Anwendung eines bestimmten Straftatbestandes, so ist schließlich über die Wahlfeststellung zu entscheiden.

Ist auf diese Weise mehrheitlich festgestellt, welchen Straftatbestand der Angeklagte durch welche genau zu bezeichnende Handlung verwirklicht hat, bzw. welche Straftatbestände im Einzelfall bejaht sind, so ist anschließend über die benannten und sodann über die unbenannten Strafänderungsgründe sowie über die Konkurrenzen abzustimmen. Schließlich ist über die Hauptstrafe, die Nebenstrafe sowie über sonstige in Betracht kommende Rechtsfolgen der Tat zu entscheiden. Den Schlußpunkt bildet die Kosten- und Auslagenentscheidung.

Über sogenannte laufende Entscheidungen während des Strafverfahrens (insbesondere strafprozessuale Zwangsmaßnahmen, Beweisanträge, Vertagungsanträge) ist dann zu beraten und abzustimmen, wenn es nach dem Verfahrensstand und der Sachlage erforderlich ist.[559]

II. In der Revisionsinstanz

Für die Reihenfolge der in der Revisionsinstanz auftauchenden Fragen lassen sich ebenfalls nur einige sehr allgemeine Regeln aufstellen. Maßgeblich ist auch hier in der Regel, welche Bedeutung der jeweils zur Abstimmung zu stellenden Frage für die Fortführung des Verfahrens zukommt. Danach ist zunächst über die Zulässigkeit der Revision zu entscheiden, alsdann über mögliche Verfahrenshindernisse. Anschließend ist über die Aufhebung des

---

556 Abstimmung über die Privilegierung nach Verneinung (!) des Ausgangstatbestandes dürfte logisch ausgeschlossen sein; so aber Beling S. 250; wie hier wohl Eb. Schmidt III § 194 Rdn. 19.

557 Eb. Schmidt III § 194 Rdn. 19; Oetker S. 126 f.; RGSt 5, 404 (406).

558 So auch Oetker S. 182.

559 Eb. Schmidt III § 193 Rdn. 4.

Urteils zu entscheiden, soweit es mit der Sachrüge bzw. der Verfahrensrüge angegriffen wird. Dabei ist keineswegs erforderlich, zunächst über die einzelnen Verfahrensrügen, alsdann über die einzelnen Sachrügen abzustimmen. Maßgeblich ist vielmehr, welcher Angriff am ehesten Aussicht auf Erfolg verspricht, und welche die günstigste Folge bewirkt. Sind vom Beschwerdeführer mehrere Rügen erhoben worden, von denen eine mit einiger Sicherheit durchgreift, so kann das Revisionsgericht die anderen dahingestellt sein lassen. Erst wenn das Urteil ganz oder teilweise aufgehoben wurde, ist über die jeweils in Betracht kommende eigene Sachentscheidung abzustimmen und (wenn sich hierfür eine Mehrheit nicht gefunden hat) schließlich darüber, wohin zurückzuverweisen ist.

F. Die erforderlichen Mehrheiten

Das prozeßordnungsgemäße Zustandekommen kollegialrichterlicher Entscheidungen ist schließlich bedingt durch die Einhaltung der gesetzlich geforderten Mehrheiten. Daß eine mehrheitlich getragene Entscheidung stets zustandekommt, ist einmal sichergestellt durch die Abstimmungspflicht (§ 195 GVG), zum anderen dadurch, daß (straf-)richterliche Spruchkollegien durchweg mit einer ungeraden Anzahl von Richtern besetzt sind. Soweit ausnahmsweise eine gerade Anzahl von Richtern entscheidet (im erweiterten Schöffengericht) und bei Beantwortung von mit einfacher Mehrheit zu entscheidenden Fragen Stimmengleichheit entsteht, so gibt nach § 196 IV GVG die Stimme des Vorsitzenden den Ausschlag („Stichentscheid“).

„Das Gericht entscheidet, soweit das Gesetz nicht ein anderes bestimmt, mit der absoluten Mehrheit der Stimmen“, § 196 I GVG. Abweichend von diesem Grundsatz der einfachen Stimmenmehrheit (vgl. § 196 IV GVG) bestimmt die Sondervorschrift des § 263 I StPO: „Zu jeder dem Angeklagten nachteiligen Entscheidung über die Schuldfrage und die Rechtsfolgen der Tat ist eine Mehrheit von zwei Dritteln der Stimmen erforderlich.“[560] Für die in der Besetzung mit drei Richtern entscheidenden Spruchkollegien[561] ist die Ausnahmevorschrift des § 263 I StPO – soweit überhaupt anwendbar –[562]

---

560 Darüber hinaus gestatten § 349 II, IV StPO dem Revisionsgericht durch Beschluß zu entscheiden, wenn es die Revision „einstimmig“ für begründet bzw. offensichtlich unbegründet erachtet.

561 Schöffengericht, soweit nicht außerhalb der Hauptverhandlung entscheidend, §§ 29 I, 30 II GVG; Jugendschöffengericht, § 33 III JGG; kleine Strafkammer, soweit nicht außerhalb der Hauptverhandlung entscheidend, § 76 I, II GVG; große Strafkammer außerhalb der Hauptverhandlung, § 76 I GVG; Jugendkammer außerhalb der Hauptverhandlung, § 33 III JGG, 76 I GVG; Strafvollstreckungskammer, soweit sie in voller Besetzung entscheidet, § 78 b GVG; der nicht im ersten Rechtszug entscheidende Strafsenat beim OLG, § 122 I GVG; der erstinstanzlich zuständige Strafsenat beim OLG, soweit er nicht mit fünf Richtern entscheidet, § 122 I, II GVG.

562 Hierzu LR-Schäfer § 196 GVG Rdn. 2.

ohne praktische Bedeutung, da in diesen Spruchkollegien die Zweidrittelmehrheit mit der einfachen Mehrheit zusammenfällt. Beim erweiterten Schöffengericht (§ 29 II GVG) ist in den Fällen des § 263 I StPO eine Mehrheit von drei Stimmen erforderlich. Bei der großen Strafkammer sowie der Jugendkammer, die in der Hauptverhandlung mit fünf Richtern besetzt sind (§§ 33 III JGG, 76 II GVG), darf eine dem Angeklagten nachteilige Entscheidung der Schuld- und Rechtsfolgenfrage nur mit mindestens vier Stimmen erfolgen. Bei dem Strafsenat des OLG, soweit er in der Besetzung mit fünf (Berufs-)Richtern entscheidet, sowie beim Strafsenat des BGH bedeutet Zweidrittelmehrheit ebenfalls eine Mehrheit von wenigstens vier Stimmen.

Unterschiedliche Mehrheitserfordernisse bei Beantwortung der im Kollegium zur Abstimmung zu stellenden Fragen machen es notwendig, die Fälle zu klären, in denen eine dem Angeklagten nachteilige Entscheidung nur mit qualifizierter Mehrheit (Zweidrittel-Majorität) ergehen darf. In aller Regel bereitet die Stimmenzählung keine Schwierigkeiten: die Unterscheidung von Schuld- und Rechtsfolgenfrage ist für die Stimmenmehrheit nicht mehr von Bedeutung,[563] womit eine ganze Reihe von Zweifelsfragen ihre praktische Relevanz verloren haben.[564] Gleichwohl bleiben einige Streitfragen. Bisher nicht abschließend geklärt ist das in der Literatur ausführlich diskutierte Problem, ob und in welchen Fällen auch für das Revisionsgericht das Erfordernis der qualifizierten Mehrheit (§ 263 I StPO) gilt (näher dazu unter II).

Darüber hinaus gilt es zu klären, ob § 263 I StPO auch dann Geltung beansprucht, wenn doppelrelevante Tatsachen in die prozeßrechtliche Frage aufzunehmen sind, etwa der Tatzeitpunkt bei der Frage der Verjährung;[565] in der Literatur bisher nicht erörtert ist das Problem, ob eine qualifizierte Mehrheit in den Fällen erforderlich ist, in denen materiell-rechtliche Entscheidungen in einem prozessualen Gewand in Erscheinung treten, etwa bei Einstellungsentscheidungen nach §§ 153 a, e StPO (zu diesen beiden Fällen unter I), sofern es sich hierbei um eine „dem Angeklagten nachteilige Entscheidung“ handelt.

---

[563] § 262 I RStPO forderte ursprünglich nur für die nachteiligen Entscheidungen in der Schuldfrage eine Zweidrittelmehrheit; durch die Emminger-Verordnung vom 24.1.1924 wurde auch die „Straffrage“ dem Erfordernis der qualifizierten Mehrheit unterworfen; die Anordnung weiterer strafrechtlicher Unrechtsfolgen bedarf seit 1933 ebenfalls der Zweidrittelmajorität; vgl. Kern DJ 1938, S. 1386 ff.; LR-Gollwitzer § 263 vor Rdn. 1; Oetker/Nagler S. 50 f.

[564] Zur Abgrenzung von Schuld- und Straffrage vgl. etwa Stenglein § 262 Anm. 2.

[565] So wohl KMR-Paulus § 263 Rdn. 3 und § 244 Rdn. 358 ff.

I. Zweidrittelmehrheit in der Tatsacheninstanz

1. Schuld- und Rechtsfolgenfrage

Für jede dem Angeklagten nachteilige Entscheidung über die Schuldfrage und die Rechtsfolgen der Tat fordert § 263 I StPO eine Zweidrittelmehrheit. Die *Schuld*frage betrifft die Entscheidung über die tatbestandsmäßige, rechtswidrige und auch schuldhafte Verwirklichung eines bestimmten Straftatbestandes,[566] ist die Frage nach der Anwendbarkeit eines bestimmten (Qualifikations-/Privilegierungs-/Grund-)Tatbestandes im weiteren Sinne auf einen konkret zu umschreibenden Sachverhalt. Die mit Zweidrittelmehrheit zu beantwortende Schuldfrage umfaßt daher auch die objektiven Bedingungen der Strafbarkeit.[567] Wird die Frage nach dem „Ob" der Verurteilung aufgrund eines bestimmten Straftatbestandes von der qualifizierten Mehrheit bejaht, so steht zugleich mit der erforderlichen Zweidrittelmehrheit fest, daß zur Straflosigkeit führende Umstände nicht gegeben sind, also weder strafrechtliche (z. B. §§ 32, 34 StGB) bzw. außerstrafrechtliche (z. B. §§ 228, 904 BGB, § 127 I StPO) Rechtfertigungsgründe noch Schuldausschließungsgründe (z. B. §§ 20, 33, 35 StGB) vorliegen, auch obligatorische Strafaufhebungsgründe (z. B. §§ 24, 31 StGB) nicht eingreifen.[568] Mit Bejahung der Schuldfrage von zwei Dritteln der Stimmen ist mit der qualifizierten Mehrheit zugleich über das Nichtvorliegen von die Strafbarkeit ausschließenden (besonderen) Umständen iSd § 263 II StPO (z. B. §§ 139 III, IV, 173 III, 218 III 2, 258 VI, 310 StGB) entschieden.[569] Eine wahldeutige Verurteilung kann schließlich nur erfolgen, wenn zwei Drittel der Kollegiumsmitglieder sich für diese Alternativentscheidung aussprechen.[570]

§ 263 I StPO fordert eine Zweidrittelmehrheit außerdem für alle dem Angeklagten nachteiligen Entscheidungen über *Rechtsfolgen* der Tat, insbesondere für alle im Zusammenhang mit der Straffrage zu fällenden nachteiligen Entscheidungen. Für die Annahme eines besonders schweren Falles (durch Regelbeispiele benannt, z. B. § 243 I StGB, oder unbenannt, etwa § 212 II StGB) ist daher eine qualifizierte Mehrheit erforderlich. Eine dem Angeklagten nachteilige Entscheidung liegt schließlich vor, wenn benannte

---

566 KMR-Paulus § 263 Rdn. 7; LR-Gollwitzer § 263 Rdn. 5; Eb. Schmidt II § 263 Rdn. 3; Peters Lb. S. 486.

567 Über ihr Vorliegen ist daher nicht getrennt mit einfacher Stimmenmehrheit abzustimmen; so aber: KMR-Paulus § 263 Rdn. 3; Eb. Schmidt II § 263 Rdn. 7; LR-Gollwitzer § 263 Rdn. 15.

568 Soweit die h. M. (vgl. etwa KK-Hürxthal § 263 Rdn. 4; KMR-Paulus § 263 Rdn. 7; LR-Gollwitzer § 263 Rdn. 7) diese allgemeinen Merkmale zu den „besonderen Umständen" im Sinne des § 263 II StPO rechnet, ist dies im Ergebnis unschädlich.

569 Mißverständlich Peters Lb. S. 487, der insoweit eine (getrennte?) negative Abstimmung vorschlägt.

570 Zutreffend OLG Hamm JMBl NRW 1964, S. 7.

oder unbenannte Strafmilderungsgründe, insbesondere ein minder schwerer Fall,[571] verneint werden sollen, eine Strafaussetzung zur Bewährung (§ 56 StGB) versagt werden soll, das Gericht von der Möglichkeit einer Strafmilderung oder eines Absehens von Strafe (z. B. §§ 60, 233 StGB) oder einer Straffreierklärung (§ 199 StGB) keinen Gebrauch machen will; in diesen Fällen ist ebenfalls eine Zweidrittelmehrheit erforderlich.[572] Nebenstrafe (§ 44 StGB) und Nebenfolgen (§ 45 StGB) dürfen nur verhängt werden, wenn zwei Drittel der Kollegiumsmitglieder sich dafür aussprechen. Gleiches gilt endlich für die Anordnung von Maßregeln der Besserung und Sicherung (§§ 61 ff. StGB). Auflagen und Weisungen nach §§ 56 b, c StGB sind nur möglich, soweit sich eine qualifizierte Mehrheit für eine bestimmte der dort genannten Maßnahmen ausspricht. Ist dies nicht der Fall, so können Auflagen und Weisungen nicht erteilt werden. Zweidrittelmehrheit ist schließlich erforderlich für die gegen Täter oder Teilnehmer gerichtete Verfalls- bzw. Einziehungsanordnung (§§ 73 I, 74 II 1 StGB); soweit sie gegen einen Tatunbeteiligten erlassen werden soll (§§ 73 III, 74 II Nr. 2, III, 74 a StGB), genügt allerdings einfache Mehrheit im Sinne des § 196 I GVG, da es sich nicht um eine „dem Angeklagten" nachteilige Rechtsfolgenentscheidung handelt. Diese von der Sache her kaum zu rechtfertigende Diskrepanz muß de lege lata hingenommen werden. Sucht man nämlich nach einem allgemeinen, hinter § 263 I StPO stehenden Prinzip, so ließe sich allenfalls sagen, daß jede *dem Angeklagten* nachteilige materiell-rechtliche Entscheidung einer qualifizierten Mehrheit bedarf.

2. Prozessuale Fragen mit doppelrelevanten Tatsachen

Soweit nicht nach § 263 I StPO eine qualifizierte Mehrheit erforderlich ist, d. h. bei den sonstigen im Prozeß zu entscheidenden Fragen bleibt es bei der Regel des § 196 I GVG: Für die Anwendbarkeit eines (vollständigen) Rechtssatzes auf einen bestimmten Sachverhalt genügt einfache Stimmenmehrheit (beim erweiterten Schöffengericht Stimmengleichheit mit der Stimme des Vorsitzenden, § 196 IV GVG). Einfache Mehrheit genügt daher insbesondere für die Bejahung der Verfahrensvoraussetzungen bzw. Verneinung von Prozeßhindernissen, für alle laufenden Entscheidungen und Verfahrensfragen (z. B. Ablehnung eines Richters; alle sachleitenden Anordnungen des Vorsitzenden, soweit sie vom Kollegium bestätigt werden, § 238 II StPO; Ablehnung eines Beweisantrags, § 244 VI StPO),[573] für die Kosten- und Auslagenentscheidung (§§ 464 ff. StPO), für die im Adhäsionsverfahren zu treffenden Entscheidungen einschließlich der Zuerkennung vermögensrechtlicher An-

---

571 Beispiele bei Dreher/Trödle § 12 Rdn. 9 u. 11.

572 Dies folgt direkt aus § 263 I StPO; vgl. auch Peters Lb. S. 487; Koeniger S. 436; Kleinknecht § 263 Rdn. 3; LR-Gollwitzer § 263 Rdn. 12.

573 Koeniger S. 435; Beling S. 243; LR-Gollwitzer § 263 Rdn. 14.

sprüche gegen den Angeklagten.[574] Ebenso wird auch über strafprozessuale Zwangsmaßnahmen gemäß § 196 I GVG mit der absoluten (einfachen) Mehrheit der Stimmen entschieden. Bereits diese Beispiele belegen, daß nicht jede dem Angeklagten nachteilige Entscheidung innerhalb des Strafverfahrens mit der qualifizierten Mehrheit von zwei Dritteln der Stimmen getroffen werden muß, vielmehr nur dem Angeklagten nachteilige Entscheidungen auf dem Gebiet des materiellen Rechts eine Zweidrittelmehrheit voraussetzen.

Der Grundsatz, daß über alle prozessualen Fragen (und alle Fragen außerhalb von Schuld- und Rechtsfolgenfrage) stets mit einfacher Stimmenmehrheit zu entscheiden ist, soll freilich nicht uneingeschränkt gelten: für doppelrelevante, d. h. materiell- und prozeßrechtlich bedeutsame Tatsachen soll § 263 I StPO gelten, mithin Zweidrittelmehrheit erforderlich sein.[575] Wird nach der hier vertretenen Ansicht nicht über das Vorliegen bestimmter Tatsachen abgestimmt, so könnte der hinter dieser Forderung stehende Gedanke doch dahingehend formuliert werden, daß (möglicherweise) prozessuale Fragen auch dann mit Zweidrittelmehrheit zu entscheiden sind, wenn die in die Frage aufzunehmenden Tatsachen (beispielsweise der Tatzeitpunkt) gleichermaßen für die prozeßrechtliche Entscheidung (Verjährung) wie für die materiellrechtliche Entscheidung (Zeitpunkt der Tatbegehung) bedeutsam sind. Für eine solche Ausdehnung des Anwendungsbereichs von § 263 I StPO könnte sprechen, daß das Tatgericht diese Umstände in der Regel strengbeweislich festzustellen hat.[576] Soweit es lediglich um die Frage der Fortführung des Verfahrens überhaupt geht, soll jedoch nach überwiegender Ansicht zunächst eine Feststellung im Freibeweisverfahren genügen; erst wenn sie sich als sachurteilsrelevant erweisen, soll eine Feststellung im Strengbeweisverfahren erfolgen, dessen Ergebnis den Vorrang habe.[577] Ist der Anwendungsbereich des Strengbeweisverfahrens (zunehmend) umstritten, so ist es nicht möglich, unter Berufung hierauf den Anwendungsbereich des § 263 I StPO auszudehnen. Darüber hinaus hat der Gesetzgeber die Frage der Verjährung ausdrücklich aus dem Anwendungsbereich der qualifizierten Mehrheit herausgenommen (§ 263 III StPO) und damit für einen „klassischen Fall“ doppelrelevanter Tatsachen einfache Mehrheit genügen lassen. Entsprechend ist heute auch unbestritten, daß über die Frage der Verjährung mit absoluter Stimmenmehrheit zu entscheiden ist.[578] Die mit der einfachen Mehrheit (incident) getroffenen Feststellungen über die tatsächlichen Grundlagen der Verfahrensvoraus-

[574] Vgl. KMR-Paulus § 263 Rdn. 3; LR-Gollwitzer § 263 Rdn. 15 ff.; Eb. Schmidt II 263 Rdn. 14.

[575] KMR-Paulus § 263 Rdn. 3 und § 244 Rdn. 358 ff.

[576] Vgl. KMR-Paulus § 244 Rdn. 359.

[577] Vgl. etwa Kleinknecht § 244 Rdn. 19; LR-Gollwitzer § 244 Rdn. 3 m.w.N.; kritisch hierzu Schlüchter Rdn. 474 S. 491 ff. m.w.N.

[578] Vgl. etwa Koeniger S. 435; Eb. Schmidt II § 263 Rdn. 10, 14; LR-Gollwitzer § 263 Rdn. 14; so auch KMR-Paulus § 263 Rdn. 3.

setzungen dürfen allerdings nicht den Feststellungen widersprechen, die im Rahmen der Schuldfrage getroffen worden sind.[579] Ergibt sich daher beispielsweise bei Beantwortung der Schuldfrage ein früherer als der ursprünglich angenommene Tatzeitpunkt, so ist notwendigerweise erneut über die Frage der Verjährung abzustimmen. Von der Sache her ist daher ebenfalls eine Ausdehnung des Anwendungsbereichs von § 263 I StPO nicht geboten. Über prozessuale Fragen ist daher auch dann mit einfacher Stimmenmehrheit (§ 196 I GVG) zu entscheiden, wenn doppelrelevante Tatsachen bei der prozeßrechtlichen Entscheidung eine Rolle spielen.

3. Prozessuale Entscheidungen mit materiell-rechtlicher Funktion

Weniger eindeutig liegen die Dinge in den Fällen, in denen (dem Angeklagten nachteilige) materiell-rechtliche Entscheidungen in einem prozessualen Gewand in Erscheinung treten. So bestimmt etwa § 153 a StPO, daß das Verfahren in der Tatsacheninstanz vorläufig eingestellt werden kann und zugleich dem Angeklagten Auflagen und Weisungen erteilt werden können. Die in § 153 a StPO genannten Auflagen und Weisungen haben erkennbar (und gewollt) strafähnlichen Sanktionscharakter,[580] sind den Auflagen und Weisungen in § 56 b II, c II Nr. 5 StGB nachgebildete Straftatfolgen bei geringer Schuld.[581] Da es – ebenso wie bei der Verurteilung aus einem Privilegierungstatbestand – nicht darauf ankommt, ob die konkrete Entscheidung weniger günstig oder günstiger ist im Vergleich zu anderen möglichen Rechtsfolgenanordnungen, ist auch unerheblich, daß die Einstellung nach § 153 a StPO regelmäßig im Vergleich zur Verurteilung eine für den Betroffenen vorteilhaftere Entscheidung sein wird. Entscheidend für die Annahme einer dem Angeklagten „nachteiligen" Entscheidung (§ 263 I StPO) im Falle der Entscheidung nach § 153 a StPO ist, daß die Einstellung gegen Auflagen und Weisungen erfolgt.[582]

Ist daher für die Einstellung des Verfahrens und für die Erteilung der Auflagen und Weisungen nach § 153 a StPO ebenso eine Mehrheit von Zweidrittel der Stimmen erforderlich, wie für die gleichen Auflagen nach § 56 b II StGB, oder genügt hier wie für sonstige prozessuale Fragen einfache Stimmenmehr-

---

[579] LR-Gollwitzer § 263 Rdn. 14; für den Tatzeitpunkt so bereits RGSt 15, 107 (108), da das Gericht sich nicht in Widerspruch zu dem Spruch der Geschworenen setzen dürfe.

[580] Vgl. BT Drks 7/550 S. 298.

[581] Zur materiellen Funktion von § 153 a StPO vgl. Dencker JZ 1973, S. 144 (149 f.); a. A. LR-Meyer-Goßner § 153 a Rdn. 7; zum Erfordernis des erhöhten Verdachts Schlüchter Rdn. 406.4 S. 401.

[582] Daß es sich um eine nachteilige Entscheidung handelt, wird durch die Zustimmung nicht ausgeschlossen.

heit? Ähnliche Fragen ergeben sich bei der Einstellung aufgrund tätiger Reue bei Staatsschutzdelikten nach § 153 e StPO. Dem materiell-rechtlichen Absehen von Strafe bei tätiger Reue (etwa nach §§ 129 VI, 129 a V StGB) parallel läuft die Einstellung bei tätiger Reue gem. § 153 e StPO durch den erstinstanzlich zuständigen Senat beim OLG in jeder Lage des Hauptverfahrens.[583] Bedarf daher die Verneinung der Einstellung nach § 153 e StPO der qualifizierten Mehrheit ebenso wie die Ablehnung der Strafmilderung nach § 129 VI StGB, oder ist für den Einstellungsbeschluß einfache Mehrheit ausreichend?[584]

Für die Lösung des hier angesprochenen Problems gibt die Entstehungsgeschichte des heutigen § 263 I StPO nichts her. War ursprünglich nur die Bejahung der Schuldfrage an eine Zweidrittelmehrheit geknüpft, „um die Verurteilung eines Unschuldigen tunlichst zu vermeiden",[585] so wurde das Erfordernis der qualifizierten Mehrheit später auf die Rechtsfolgen der Tat ausgedehnt, ohne daß ein hierfür maßgeblicher Grund erkennbar ist. Die heutige Fassung des § 263 I StPO geht auf Art. 21 EGStGB 1974 zurück und bezweckte lediglich eine sprachliche Anpassung und Vereinheitlichung.[586] Die Stellung des § 263 I StPO im Abschnitt über die Hauptverhandlung hindert eine Anwendung nicht. Auch der Wortlaut der Vorschrift steht nicht entgegen: Der Begriff „Rechtsfolgen der Tat" ist dem StGB entnommen, ohne freilich auf solche Sanktionen beschränkt zu sein, die aufgrund §§ 38 ff. StGB angeordnet werden. Der Begriff umfaßt vielmehr alle Rechtsfolgen der Tat, seien sie nun im StGB selbst oder in anderen Gesetzen vorgesehen. So gilt § 263 I StPO unstreitig etwa auch für Straftatfolgen nach dem JGG, bei Verhängung einer Geldbuße nach dem OWiG. Auch dies spricht dafür, daß § 263 I StPO für alle dem Angeklagten nachteiligen Entscheidungen mit materieller Funktion gelten soll. Ebenso ist die Anwendung des § 263 I StPO hier von der Sache her geboten: Zwar läßt sich nicht sagen, daß alle wichtigen Entscheidungen einer qualifizierten Mehrheit bedürfen[587] oder wegen der Unschuldsvermutung (Art. 6 II MRK) für alle strafrechtlichen Eingriffe eine erhöhte Mehrheit erforderlich sei.[588] Das Erfordernis der qualifizierten Mehr-

---

[583] Zur Parallele der materiell-rechtlichen und der prozessualen Entscheidung Peters Lb. S. 11; Dreher/Tröndle § 129 a Rdn. 12 m.w.N.; (auch) aus Gründen der Übersichtlichkeit wurde hier eine verfahrensrechtliche statt einer materiell-rechtlichen Regelung gewählt – so LR-Meyer-Goßner § 153 e Rdn. 2.

[584] Der Sache nach gehört in diesen Zusammenhang auch § 153 b StPO; da eine Einstellung nur bis zum Beginn der Hauptverhandlung möglich ist, einfache und qualifizierte Mehrheit zusammenfallen, ist die Frage hier ohne praktische Relevanz.

[585] Bennecke/Beling S. 393; die qualifizierte Mehrheit setzte sich gegen die Forderung nach Einstimmigkeit durch – vgl. Hahn StPO Bd. I S. 202 ff. und Bd. II S. 1154 ff.

[586] Vgl. BT Drks. 7/550 S. 302 f. (Entwurf EGStGB).

[587] Dieser Gesichtspunkt klingt an bei Beling ZStW 37 (1916) S. 365 (375) und Brox FS für Geb. Müller S. 1 (11).

heit dient jedoch dem Schutz des Angeklagten vor ihn belastenden materiell-rechtlichen Entscheidungen und vor nachteiligen Entscheidungen bezüglich materiell-rechtlicher Folgen und Sanktionen.[589] Dieser Gedanke aber greift gleichermaßen bei materiell-rechtlichen Entscheidungen wie bei prozeßrechtlichen Entscheidungen mit materiell-rechtlicher Funktion, die einen materiell-rechtlichen Rechtsfolgenausspruch darstellen.

Daraus folgt für die obigen Beispielsfälle: Auflagen und Weisungen nach § 153 a StPO, die Straftatfolgen darstellen, dürfen nur mit der in § 263 I StPO vorgesehenen qualifizierten Mehrheit erteilt werden; insbesondere auch die Höhe des zu zahlenden Geldbetrages bestimmt sich danach, für welches Quantum wenigstens zwei Drittel der Stimmen eintreten. Die Einstellung nach § 153 e StPO bei tätiger Reue ersetzt das Absehen von Strafe nach materiellem Recht, ist eine Rechtsfolgenanordnung in prozessualer Form. Für ihre Verneinung ist daher ebenso wie für das Nichtabsehen von Strafe Zweidrittelmehrheit erforderlich. Da auch der Vorschrift des § 153 StPO materiell-rechtliche Funktion zukommt, es ebenfalls nicht darauf ankommt, ob der immerhin mögliche Freispruch im weiteren Verfahrensverlauf eine vorteilhaftere Entscheidung ist, bedarf die Ablehnung des Absehens von Verfolgung wegen Geringfügigkeit gleichfalls der Zweidrittelmehrheit.

II. Qualifizierte Mehrheiten in der Revisionsinstanz

In der Literatur mehrfach erörtert worden ist das Problem, inwieweit § 263 I StPO auch in der Revisionsinstanz Anwendung finden kann. Nachdem zunächst die Meinung vorherrschend war, daß das Revisionsgericht stets mit einfacher Mehrheit entscheide,[590] kann heute als comunis opinio gelten, daß das Revisionsgericht dann mit Zweidrittelmehrheit entscheiden muß, wenn es nach § 354 I StPO in der Sache selbst zum Nachteil des Angeklagten entscheidet, im übrigen aber einfache Mehrheit genügt.[591]

Einer Anwendung des § 263 I StPO stehen nicht schon Wortlaut und Stellung entgegen, da der Beschuldigte auch in der Revisionsinstanz „Angeklag-

---

[588] Die Unschuldsvermutung begrenzt gerade auch strafprozessuale Zwangsmaßnahmen.

[589] Zum Schutzgedanken Hahn StPO Bd. I, S. 202; Bd. II S. 1154 ff.; (wohl zeitbedingt zurückhaltend) Kern DJ 1938, S. 1386 (1388); vgl. auch Brox FS Geb. Müller S. 1 (12).

[590] So etwa RGSt 39, 291 (293 f.); v. Hippel S. 356 u. 600; Gerland S. 287 u. 428; so auch heute noch Koeniger S. 434.

[591] KMR-Paulus § 263 Rdn. 5; LR-Meyer § 351 Rdn. 11; LR-Schäfer § 196 Rdn. 2; Eb. Schmidt II § 263 Rdn. 11; Kleinknecht § 352 Rdn. 5 und § 263 Rdn. 1; Kühne S. 330; Kern/Roxin § 54 J IV S. 311; Baterau S. 52; weitergehend nur Peters Lb. S. 660 f. und Beling GA 67 (1919) S. 141 (159 ff.).

ter" ist und auch vor dem Revisionsgericht eine Hauptverhandlung stattfindet, die in §§ 350 f. StPO nur zum Teil abweichend von §§ 226 ff. StPO geregelt ist, mag auch eine dem § 332 StPO vergleichbare Verweisungsvorschrift im Revisionsrecht fehlen. Maßgeblich muß vielmehr auch hier die Erwägung sein, daß das Erfordernis der qualifizierten Mehrheiten dem Schutz des Angeklagten bei nachteiligen materiell-rechtlichen Entscheidungen und ihn belastenden materiell-rechtlichen Folgenentscheidungen dient.[592]

Es ist, worauf Baterau und Peters[593] hingewiesen haben, in der Tat nicht einsichtig, warum eine qualifizierte Mehrheit in der großen Strafkammer/dem Senat des Oberlandesgerichts als Tatsacheninstanz, nicht aber in der Revisionsinstanz erforderlich sein soll.

Die Ansicht, daß dem Revisionsgericht allein die Beantwortung von abstrakten Rechtsfragen obliege,[594] kann heute als überwunden gelten; durchgesetzt hat sich vielmehr die Auffassung, daß revisionsrichterliches Entscheiden immer auch auf den Einzelfall bezogene Rechtsanwendung ist.[595]

Auf die Sachrüge hin erfolgt stets auch eine rechtliche Beurteilung der Sache,[596] ist die Entscheidung Beantwortung der Schuld- und Rechtsfolgenfrage selbst.[597] Ist dem aber so, so muß nach dem oben aufgestellten Prinzip stets dann mit Zweidrittelmehrheit entschieden werden, wenn das Revisionsgericht eine dem Angeklagten nachteilige materiell-rechtliche Entscheidung fällt. Die Beschränkung der qualifizierten Mehrheiten auf eigene Sachentscheidungen nach § 354 I StPO zu Lasten des Angeklagten ist daher nicht möglich. Auch in den übrigen Fällen nachteiliger materiell-rechtlicher Entscheidungen ist nach der hier vertretenen Ansicht eine Mehrheit von zwei Dritteln der Stimmen erforderlich. Daß bereits bei Erlaß der angefochtenen Entscheidung der Schutz des § 263 StPO gewirkt hat, ist demgegenüber unerheblich, hindert hier ebensowenig die Anwendung des § 263 StPO, wie in der Berufungsinstanz.

Für das Revisionsverfahren ergeben sich daraus folgende Konsequenzen, soweit die Sachrüge erhoben wurde:[598] Die Antwort auf die zur Abstimmung zu stellende Frage, ob das Urteil der Vorinstanz aufzuheben sei, soweit der Angeklagte eines bestimmten Straftatbestandes für schuldig befunden wurde,

---

[592] Vgl. oben Teil 2 F I 3 bei Fn. 589; dies klingt auch an bei Baterau S. 52.

[593] Baterau S. 52; Peters Lb. S. 660.

[594] Darauf stellten ab v. Kries S. 451 ff.; Gerland S. 287 u. 428; Hippel S. 356 u. 600; treffend hiergegen schon Beling GA 67 (1919) S. 141 (159 ff.).

[595] Peters Lb. S. 660; Baterau S. 52; nachdrücklich bereits Beling GA 67 (1919) S. 141 (159 ff.).

[596] Hahn StPO Bd. I S. 250; LR-Meyer vor § 333 Rdn. 1 ff. m.w.N.

[597] Beling GA 67 (1919) S. 141 (164 ff.); Peters Lb. S. 660.

[598] Bei Fragen der Zulässigkeit des Rechtsmittels, nach dem Gegebensein der Verfahrensvoraussetzungen sowie über Verfahrensrügen ist stets mit einfacher Mehrheit zu entscheiden.

stellt stets eine materiell-rechtliche Entscheidung dar, die – soweit dem Angeklagten nachteilig – nur mit zwei Drittel der Stimmen (§ 263 I StPO) getroffen werden darf. Soweit der Angeklagte verurteilt wurde, ist für diese Bestätigung des Schuldspruchs und ebenso der Rechtsfolgenanordnung der Vorinstanz eine qualifizierte Mehrheit erforderlich, d. h. die Revision kann nur mit Zweidrittelmajorität als unbegründet verworfen werden.[599] Wurde hingegen in der Vorinstanz ein Straftatbestand nicht bejaht, so genügt für die insoweit erfolgende Aufhebung einfache Mehrheit, da damit lediglich eine Sachentscheidung offengehalten wird, eine positive Beantwortung der Schuld- bzw. Rechtsfolgenfrage indes noch nicht erfolgt.[600] Die Entscheidung des Revisionsgerichts besagt hier lediglich, daß die Verneinung der Schuld- bzw. Straffrage rechtsirrig war; inwieweit ein Schuldspruch möglich ist, ist damit durchaus offen. Soweit nach Aufhebung des vorinstanzlichen Urteils eine eigene Sachentscheidung im Sinne des § 354 I StPO in Rede steht, bedarf jede dem Angeklagten nachteilige Schuldspruchberichtigung der qualifizierten Mehrheit. Insbesondere ist Zweidrittelmehrheit auch dann erforderlich, wenn ein geringerer, milderer Straftatbestand bejaht oder wenn das Strafminimum verhängt werden soll. Einfache Mehrheit genügt daher bei einer Sachentscheidung des Revisionsgerichts gemäß § 354 I StPO nur für Freispruch und Einstellung sowie für Streichung eines ideal-konkurrierenden Delikts.

---

599 Wie hier Beling GA 67 (1919) S. 141 (164 ff.); Peters Lb. S. 660 f.

600 So aber wohl Beling GA 67 (1919) S. 141 (164); unklar Peters Lb. S. 660 f.

Dritter Teil

Rechtsschutzmöglichkeiten bei fehlerhafter Abstimmung und Beratungsheimnis

Von der richtigen Art der Fragestellung und Abstimmung beziehungsweise von der Einhaltung der nach §§ 263 StPO, 196 GVG erforderlichen Mehrheiten hängt das ordnungsgemäße Zustandekommen der Entscheidung ab. Abstimmungsfehler und Nichteinhaltung der Vorschriften über die Mehrheitserfordernisse stellen nach § 337 StPO revisible Verfahrensfehler dar.[1] Nun finden aber Beratung und Abstimmung im Kollegialgericht, der „verfahrensmäßige Höhepunkt" kollegialer Rechtsfindung,[2] unter Ausschluß der Öffentlichkeit statt: bei Beratung und Abstimmung darf nur ein eng begrenzter Personenkreis „zugegen" sein, § 193 GVG.[3] Gilt darüber hinaus hinsichtlich dieser Vorgänge das Beratungs- und Abstimmungsgeheimnis (§§ 43, 45 I 2 DRiG) und darf der Betroffene daher auch aus den Urteilsgründen nichts über das „Wie" des Zustandekommens der Entscheidung erfahren, so kann er die Revision nicht den Erfordernissen des § 344 II 2 StPO entsprechend begründen, vermag er doch die den Verfahrensmangel begründenden Tatsachen nicht anzugeben.[4] Rechtsschutz gegen fehlerhafte Abstimmung (-sergebnisse) wäre zwar theoretisch gegeben, praktisch aber nicht realisierbar.

Zum Schluß der Untersuchung stellt sich daher die Frage, ob – und wenn ja in welchen Fällen – der Betroffene von der Art der Fragestellung/Abstimmung und den Mehrheitsverhältnissen aus den Urteilsgründen erfahren darf, insbesondere ob als „Vorstufe zum offenen dissent"[5] Art der Abstimmung, Reihen-

---

[1] Die Revision in schwurgerichtlichen Fällen wurde fast durchweg erfolgreich auf diese Verfahrensfehler gestützt; vgl.: Kern, Geschichte, S. 117 f.; Seidlmayer S. 115 m. ausf. Nachw. zur Rspr. sowie Feddersen S. 125.

Unbestritten stellen die Vorschriften über Beratung und Abstimmung revisible Verfahrensnormen dar; ausf. v. Coelln S. 70 ff.; Semar S. 31 f.; Vollkommer JR 1968, S. 241 (243 f.); a. A. wohl nur RGSt 61, 217 (219), wo aber § 337 StPO nicht erörtert wird.

[2] Scheuerle ZZP 68 (1955), S. 317 (328); Spendel ZStW 65 (1953) S. 401 (406); „Prozeß im Prozeß".

[3] Zum Ort von Beratung und Abstimmung vgl. oben Teil 1 II.

[4] Daß die bloße Behauptung, bei der Abstimmung sei gesetzwidrig verfahren worden, nicht ausreicht, ist unbestritten; vgl.: RGSt 61, 217 (221); BGH VRS 48, 362 (364); OLG Celle MDR 1958, S. 182 sowie OLG Koblenz MDR 1974, S. 421 f.; LR-Schäfer § 43 DRiG Rdn. 23; KK-Hürxthal § 263 Rdn. 9; KMR-Paulus § 263 Rdn. 12; Kohlhaas NJW 1953, S. 401 (403).

folge der Fragen und Stimmenverhältnis ohne namentliche Nennung der einzelnen Votanten[6] in den Urteilsgründen dargelegt werden können, um eine rechtliche Nachprüfung dieses Verfahrensabschnitts zu ermöglichen.

I. Bisherige Lösungsversuche

1. Inhalt und Umfang des Beratungsgeheimnisses

Nach §§ 43, 45 I 2 DRiG haben Berufs- wie Laienrichter[7] über den „Hergang bei der Beratung und Abstimmung“ (auch nach Beendigung ihres Dienstverhältnisses) zu schweigen. Rechtsprechung[8] und Literatur[9] haben Beratung und Abstimmung stets als „innere Angelegenheit des Gerichts“ bezeichnet. Alle Vorgänge, die sich inhaltlich auf die Entscheidungsfindung beziehen, unterfallen danach dem Beratungsgeheimnis.[10] Nicht erfaßt werden soll lediglich der „äußere Hergang der Abstimmung“.[11] Inhalt des Beratungsgeheimnisses ist nach h. M. somit, daß weder in den Urteilsgründen noch in sonstiger Weise angegeben werden darf, ob bei dem „verfahrensmäßigen Höhepunkt“ der Entscheidungsfindung in einer bestimmten Sache überhaupt Meinungsverschiedenheiten bestanden haben, welcher Art diese gegebenenfalls waren, mit welcher Stimmenmehrheit (und) über welche Fragen entschieden worden ist[12] und – insbesondere – welcher Richter dabei in welchem Sinne votiert hat.

---

5 Vollkommer JR 1968, S. 241 (243); sachliche Argumente lassen sich aus dieser Qualifikation indes nicht herleiten; vgl. zum Sondervotum des überstimmten Richters die Gutachten zum 47. DJT sowie Heyde S. 115 ff.; Kissel § 193 Rdn. 5; LR-Schäfer § 43 DRiG Rdn. 5 ff.; Vollkommer JR 1968, S. 241 ff.; Pfizer ZZP 15 (1891), S. 365 (382 ff.) sowie bereits bei Hahn GVG Bd. I S. 361 ff. u. II S. 978 ff.

6 Dies betonen Gerland FG f. Ri. Schmidt S. 201 (207); Beling S. 253 f.; die – hier nicht erörterte – Frage, ob der Richter insoweit als Zeuge vernommen werden kann, wird überwiegend verneint: RGSt 26, 202 ff.; 36, 371 (373); 61, 217 (218); RG GA 64, 553; zu Straf- oder Disziplinarverfahren bzw. Richteranklage und Beweiserhebung über das Abstimmungsverfahren vgl. Kissel § 193 Rdn. 13 ff.; LR-Schäfer § 43 DRiG Rdn. 20 ff.; Heyde S. 162 ff.; zu eng: KK-Mayr § 193 GVG Rdn. 7.

7 Da § 198 GVG eine Schweigepflicht nur für Laienrichter normierte, war die Rechtsgrundlage für die berufsrichterliche Schweigepflicht umstr.; vgl. Heyde S. 130 ff.; v. Coelln S. 8 ff.; Semar S. 15 ff.; zur Geschichte allg. Hülle DRiZ 1986, S. 384 ff.

8 RGR 2, 70; RG GA 56 (1909), S. 212; BayOblG JW 1929, S. 1062 f.; BGH bei Holtz MDR 1976, S. 989.

9 Ascher DRiZ 1929, S. 89 (90); v. Kries S. 454; Küper S. 316; Semar S. 30, 34; Birkmeyer S. 271.

10 Etwa das Abstimmungsverhältnis; vgl. RGR 1, 250; 2, 70; Gerland FG für Ri. Schmidt S. 201 (215); Jauernig § 7 IV S. 22; Kleinknecht § 43 DRiG Rdn. 2; Semar S. 14.

11 Werber DRiZ 1911 Sp. 130; Semar S. 13 f.

12 BGH bei Holtz MDR 1976, S. 989; Feisenberger § 194 Anm. 3; LR-Schäfer § 43 DRiG Rdn. 17.

2. Ausnahmen vom Grundsatz der Schweigepflicht

Daß der Grundsatz der Geheimhaltungspflicht keine absolute Geltung beansprucht, sondern „unter besonderen Umständen“ Ausnahmen erleiden kann, ist auch in Rechtsprechung[13] und Literatur[14] schon früh anerkannt worden. Eine Offenbarungsbefugnis in den Urteilsgründen[15] wurde zum einen auf den Grundsatz der Pflichtenkollision, zum anderen auf den Grundsatz der Wahrheitspflicht der Urteilsbegründung gestützt.

Darüber hinaus hat das Beratungsgeheimnis aber auch eine Reihe gesetzlicher Einschränkungen erfahren: einmal, soweit der offene Dissent ausdrücklich zugelassen[16] bzw. die Angabe des Stimmenverhältnisses gestattet ist,[17] zum anderen aber (mittelbar) soweit einstimmige Entscheidungen des Kollegiums verlangt werden – auch hier ist dem Betroffenen das Stimmenverhältnis bekannt.[18]

a) Pflichtenkollision

Zur Frage der Geheimhaltung der Abstimmungsvorgänge hatte das RG zunächst lediglich festgestellt, daß seitens der Strafkammer eine *Verpflichtung* zur Offenbarung des Stimmenverhältnisses nicht bestehe.[19] In einer späteren Entscheidung hatte es dann die Frage noch offengelassen, ob der Grundsatz des Beratungsgeheimnisses Ausnahmen erleiden könne, „ob er namentlich bei höheren Interessen der Rechtsverfolgung oder Rechtsverteidigung weichen müsse“.[20] Erst fast 50 Jahre nach Bekanntmachung der RStPO stellt das RG –

---

[13] Grundlegend: RGSt 60, 295 f.; BayObLG JW 1929, S. 1062 f.; zuletzt: BGH MDR 1976, S. 989; vgl. auch OGHSt 1, 217 (222 f.).

[14] Beling JW 1926, S. 2579 (2580); ders. S. 253 f.; Salinger ZZP 30 (1902), S. 504 (512 f.).

[15] Das RG differenzierte zwischen Offenlegung in den Gründen (RGSt 60, 295 f.) und Mitteilung über Beratung und Abstimmung in sonstiger Weise: RGSt 61, 217 (219); RG GA 56 (1909) S. 212: „Wenn der Verteidiger keinen Anstand nimmt, eine ihm trotz (Beratungsheimnis) von einem Geschworenen gemachte Mitteilung über einen Hergang bei der Beratung (und Abstimmung) zur Stütze der Revision zu verwenden, so ist darauf nicht einzugehen.“ Diese Differenzierung ist zu Recht auf Ablehnung gestoßen, vgl. etwa LR-Schäfer § 43 DRiG Rdn. 23; Kohlhaas NJW 1953, S. 401 (403); Mannheim JW 1929, S. 1062 (1063); Eb. Schmidt II § 263 Rdn. 15.

[16] § 30 II 1 BVerfGG, §§ 8 VI 3, 7 b 4 a S. 2 GO VerfGH (Bayern); w. Nachw.: Zweigert Gutachten S. 1 (14 f.) und Rupp S. 531 (533).

[17] § 30 II 2 BVerfGG; §§ 33 III, 38 BayVerfGHG; § 38 III, 42 Rhld. Pfälz. VerfGHG.

[18] § 349 II, IV StPO; §§ 24, 51 BVerfGG; § 32 VI 1 BVerfGG; § 93 a III BVerfGG; §§ 131 IV 2, 135 V 2 VwGO, Art. 2 § 1 I 1, 5 I 1 EntlG.; außerdem im Fall der Stimmengleichheit: § 15 II 4 BVerfGG.

[19] RGR 1, 250; 2, 70; die Wiedergabe des Stimmenverhältnisses wurde in einer Reihe späterer Entscheidungen jedenfalls nicht beanstandet, vgl. RGR 3, 797; 4, 198; 4, 782 f.; RGSt 2, 379 f.; 8, 218 ff.; vgl. auch OLG Hamm JMBl NRW 1964, S. 7.

diesen Gedanken aufgreifend – den allgemeinen Grundsatz auf, daß die richterliche Schweigepflicht „ihre Grenze an der höheren Pflicht (hat), ein gesetzwidriges Verfahren zu offenbaren“,[21] um dessen Besserung zu ermöglichen. Auch die Literatur[22] hat die Befugnis bzw. Verpflichtung, die Art der Abstimmung, die Reihenfolge der gestellten Fragen sowie das Stimmenverhältnis in den Urteilsgründen darzulegen, wiederholt – und zunehmend in Anlehnung an § 34 StGB[23] – auf den Gedanken der Pflichten- und Interessenkollision bzw. der Güterabwägung gestützt. Nach denselben Grundsätzen könne es sogar zulässig und geboten sein, zur Begründung der gerichtlichen Entscheidung (ohne namentliche Nennung der Richterpersönlichkeit!) auch die Gründe anzugeben, aus denen die einzelnen Richter zu ihrer endgültigen Entscheidung gelangt sind.[24] Umstritten ist allerdings, ob das Interesse an der Gerechtigkeit und der Justizförmigkeit der Entscheidung stets Vorrang vor dem Geheimhaltungsinteresse hat[25] oder ob der Grundsatz der richterlichen Schweigepflicht nur dann zurücktreten muß, wenn „wichtige Interessen“ der Prozeßbeteiligten „auf dem Spiel stehen“,[26] Abstimmungsfehler nicht nur möglicherweise,[27] sondern „tatsächlich vorliegen“ oder ob schließlich „die Interessen der Rechtsverfolgung und Rechtsverteidigung, abgesehen höchstens von strafgerichtlichen Untersuchungen wegen Rechtsbeugung, niemals höher sein können“.[28] Dieser Grundsatz der Pflichtenkollision bestimmt auch heute noch wesentlich die Diskussion um Grenzen und Ausnahmen von der richterlichen Schweigepflicht.[29, 30]

---

[20] RGSt 26, 202 (205); dieser Gedanke wurde dann aufgegriffen von RGZ 89, 13 (16) für den Fall eines Regreßprozesses wegen gesetzwidrigem Haftbefehl, sowie von RAG 12, 163 (167 f.) bei Unterlassen nochmaliger Beratung.

[21] RGSt 60, 295 (296); ebenso: BayObLG JW 1929, S. 1062 (1063); unklar ist, ob auch der BGH in seiner neuesten Entscheidung (bei Holtz MDR 1976, S. 989) von diesem Grundsatz ausgeht.

[22] Beling JW 1926, S. 2579 (2580); Ascher DRiZ 1929, S. 89 (90); Breetzke DRiZ 1962, S. 5; Feisenberger § 194 Anm. 3; Fuchs, Die Justiz Bd. III S. 238 (242 f.); Henkel S. 254 (255); Grünhut, Eb. Schmidt FS, S. 620 (624); Kohlhaas NJW 1953, S. 401 (402); Kühne S. 326 Rdn. 597; Mannheim JW 1929, S. 1062; Sachse ZStW 49 (1929), S. 306 (309, 313); Salinger ZZP 30 (1902), S. 504 (512 f.); Kroschel-Doerner S. 79; Eb. Schmidt II § 263 Rdn. 15; offengelassen von LR-Schäfer § 43 DRiG Rdn. 19; einschränkend Spendel ZStW 65, (1953) S. 403 (413 ff.) und Schmidt-Räntsch JZ 1958, S. 329 (334); unklar Semar S. 35 f.

[23] Kleinknecht § 43 DRiG Rdn. 5; LR-Schäfer § 43 DRiG Rdn. 19; Heinitz, Eb. Schmidt FS S. 266 (277 f.); vgl. auch amtl. Begründung zu § 43 DRiG BT Drks. III/516 S. 47.

[24] BayObLG JW 1929, S. 1062 (1063); Albers in B/L/A/H § 43 DRiG Anm. 2; v. Kries S. 454 f.; Sachse ZStW 49 (1929), S. 306 (310, 313); Kroschel-Dörner S. 79.

[25] So wohl: Breetzke DRiZ 1962, S. 5 und Schmidt-Räntsch JZ 1958, S. 329 (334) sowie Eb. Schmidt II § 263 Rdn. 15.

[26] Kohlhaas NJW 1953, S. 401 (403); Mannheim JW 1929 S. 1062 (1063); Salinger ZZP 30 (1902), S. 504 (514).

[27] Kohlhaas NJW 1953, S. 401 (404); Salinger ZZP 30 (1902) S. 504 (514).

[28] So z. B.: Braun JW 1917, 132 (133).

Die Tragfähigkeit dieses Lösungsansatzes erscheint jedoch aus verschiedenen Gründen mehr als fraglich. Nur dann nämlich, wenn feststeht, wie weit die richterliche Schweigepflicht nach Wortlaut, Zweck und Entstehungsgeschichte des § 43 DRiG reicht, läßt sich feststellen, ob hinsichtlich der Bekanntgabe von Meinungsverschiedenheiten, Gegenstand, Fassung und Reihenfolge der Fragen oder des Abstimmungsergebnisses gegenläufige Interessen tatsächlich vorliegen. Gerade diese entscheidende Vorfrage wird aber in der Rechtsprechung überhaupt nicht, in der Literatur nur ansatzweise erörtert.[31]

Bedenken ergeben sich zudem hinsichtlich der inhaltlichen Ausgestaltung dieses Prinzips. Mit der Einführung des Kriteriums der „höheren Interessen" zur Begründung einer Offenbarungspflicht ist schon deswegen nicht viel gewonnen, weil damit noch völlig unbestimmt ist, anhand welcher Merkmale dies auszumachen ist, wann ein „höheres Interesse" überhaupt vorliegt[32] und in welchem Umfang dieses eine Offenlegung gebieten würde. Eine – anhand welcher Kriterien auch immer vorzunehmende – Interessenabwägung würde außerdem zu einer ungerechtfertigten Besserstellung des Kollegialrichters gegenüber dem Einzelrichter führen,[33] da letzterer sich nicht hinter eine Mehrheitsentscheidung zurückziehen kann. Die eigentlich problematischen (und sicherlich wesentlich häufigeren) Fälle werden bei diesem Lösungsansatz zudem gerade nicht erfaßt: das entscheidende Gericht bzw. der Urteilsverfasser wird nämlich regelmäßig von einem ordnungsgemäßen Abstimmungsverfahren ausgehen, mag dies auch objektiv fehlerhaft gewesen sein. Nur in Ausnahmefällen wird ein solcher Verfahrensmangel bei der schriftlichen Urteilsbegründung erkannt werden.[34] Ob der Betroffene überhaupt von einer gesetzwidrigen Fragestellung und Abstimmung erfährt, hängt damit von einem puren Zufall ab. Das „höhere Interesse der Rechtsverteidigung des Betroffenen", sein Recht auf Gesetzmäßigkeit des Verfahrensabschnittes „Beratung und Abstimmung" besteht aber unabhängig davon, ob der (mögliche) Fehler bei der Urteilsabfassung ausnahmsweise, zufällig erkannt wird oder nicht: in beiden Fällen ist gleicherweise eine Korrektur der Entscheidung erforderlich. Dem Interesse des Verurteilten auf Überprüfung des ordnungsgemäßen Zustandekommens der Entscheidung könnte dann aber nur dadurch Rech-

[29] Z.B.: Henkel S. 254 f.; Kleinknecht § 43 DRiG Rdn. 4 f.; Kühne S. 326 Rdn. 597; Kroschel-Dörner S. 79; KK-Hürxthal § 263 StPO Rdn. 9.

[30] Aus der Zivilprozeßliteratur vgl.: Zöller-Gummer § 195 GVG Anm. 1 a. E.; Stein-Jonas § 309 I 2 und § 383 V.

[31] Ausdr. nur bei Vollkommer JR 1968, S. 243 f.; ähnlich Gerland FG für Ri. Schmidt S. 201 (215 f.); Ansätze bei Beling S. 253 f. sowie v. Coelln S. 76.

[32] Braun JW 1917, S. 132 (133); Ascher DRiZ 1929, S. 89 (90); Schmidt-Räntsch JZ 1958, S. 329 (333).

[33] Eb. Schmidt I Rdn. 552; Schmidt-Räntsch JZ 1958, S. 329 (333).

[34] Hierauf weist zu Recht hin: Vollkommer JR 1968, S. 241 (244); zu einem solchen Fall etwa BGH VRS 48, 362 ff. = MDR 1975, S. 504 f. = BGHSt 26, 92 ff.

nung getragen werden, daß in jedem Falle Art der Abstimmung und Stimmenverhältnis mitzuteilen sind, auch in den Fällen, in denen das Gericht von einer ordnungsgemäßen Entscheidungsfindung ausgeht. Jede andere Lösung des „Konflikts“ müßte notwendig das Rechtsschutzinteresse des möglicherweise zu Unrecht Verurteilten leerlaufen lassen. Nur ergänzend sei darauf hingewiesen, daß es problematisch scheint, denjenigen Richtern, denen möglicherweise ein Abstimmungsfehler unterlaufen ist, die Entscheidung darüber anzuvertrauen, ob ein solcher (möglicherweise) vorliegt und ob sie diesen ihren eigenen möglichen Fehler aufdecken sollen.[35]

Das Prinzip der Güter- und Interessenabwägung ist danach nicht geeignet, die Fälle zu bestimmen, in denen eine Offenlegung von Abstimmungsmethode und Stimmenverhältnis zulässig oder erforderlich ist.

b) Wahrheitspflicht der Urteilsbegründung

Einen anderen Ansatzpunkt zur Begrenzung der richterlichen Schweigepflicht hat die Literatur[36] aus der Aufgabe und Pflicht des Gerichts hergeleitet, die Entscheidung öffentlich (§§ 169, 173 GVG) zu verkünden und zu begründen (§§ 267, 34 StPO): die bei der Abstimmung von der Mehrheit – oder der siegreichen Minderheit – vorgebrachten, entscheidungsrelevanten Gründe seien von vornherein von der richterlichen Schweigepflicht ausgenommen.[37] Das Beratungsgeheimnis verbiete aber das Stimmenverhältnis, die Art der Fragestellung sowie die von der Minderheit vorgebrachten Meinungen in die Urteilsgründe aufzunehmen.[38] Eine einheitliche und zugleich wahrheitsgemäße Begründung sei jedoch dann nicht möglich, wenn das Gericht für ein bestimmtes Ergebnis eintrete, keiner der Gründe für die einheitliche Entscheidung aber die Zustimmung der Mehrheit des Kollegiums finde.[39] Hier

---

[35] Vgl. bereits: v. Coelln S. 83 ff.; dies zeigt der Fall in BGH VRS 48, 362 ff.

[36] v. Kries S. 454 f.; Beling S. 253; Gerland FG für Ri. Schmidt S. 201 (214 ff.); v. Coelln S. 54 ff.; Semar S. 30 ff.; Spendel ZStW 65 (1953) S. 403 (405, 411 f.); Schmidt-Räntsch § 43 Rdn. 8; ders. JZ 1958, S. 329 (332); Baumann NJW 1957, S. 1017; Peters Lb. S. 489 f.; Rosenfeld S. 99; Heyde S. 168 Fn. 187; offengelassen von LR-Schäfer § 43 DRiG Rdn. 19.

[37] v. Coelln S. 55, 58 f.; Spendel ZStW 65 (1953), S. 403 (405); Gerland FG f. Ri. Schmidt, S. 201 (215 f.). Streitig ist, ob es sich hierbei um einen (besonderen) Fall einer Pflichtenkollision handelt (so: Semar S. 33 ff.; wohl auch Schmidt-Räntsch § 43 Rdn. 8; ders. JZ 1958, S. 329 (332) u. Baumann NJW 1957, S. 1017) oder ob es an einem Konflikt mit dem Beratungsgeheimnis überhaupt fehlt (so: v. Coelln S. 54 (76); Gerland a.a.O.; wohl auch Breetzke DRiZ 1962, S. 5; Heyde S. 168 Fn. 187).

[38] Semar S. 33 f.; Spendel ZStW 65 (1953), S. 403 (405); Gerland FG für Ri. Schmidt S. 201 (206 f.).

[39] Hier ist eine Reihe von Untergruppen denkbar: verschiedene Elemente der Schuldfrage werden von je anderen Richtern verneint (hierzu: Peters Lb. S. 489 f.; v. Coelln S. 56 ff.; RGSt 8, 218 ff.); für die Freisprechung ist ein rechtlich nicht haltbarer Grund ausschlaggebend (vgl. BayObLG JW 1929, S. 1062, wo ein Kollegiumsmit-

gebiete der Grundsatz der wahrheitsgemäßen und vollständigen Begründung, daß (auch) die „Einzelgründe“ und (erforderlichenfalls) das Stimmenverhältnis angegeben würden.[40, 41] Da die Anfechtungsrechte des Betroffenen und die Überprüfungsfunktion des Rechtsmittelgerichts vereitelt würden, wenn es zulässig wäre, zur Absicherung der Entscheidung andere als die bei der Abstimmung wirklich maßgebenden Erwägungen oder nur einen Teil von ihnen in den Urteilsgründen mitzuteilen,[42] sei es in diesen Fällen unumgänglich, den Prozeß der Entscheidungsfindung und die Mehrheiten (ohne namentliche Nennung des einzelnen Richters) wahrheitsgemäß und vollständig darzulegen. Gleiches soll gelten, wenn innerhalb des Kollegiums Meinungsverschiedenheiten über Gegenstand, Fassung und Reihenfolge der Fragen (§ 194 II GVG) bestünden und die Entscheidung von der Art der Fragestellung abhänge.[43] Aus demselben Grundsatz ergebe sich eine Mitteilungspflicht, wenn sich erst bei Urteilsabfassung Abstimmungsfehler herausstellten.[44]

Ob dieser Grundsatz geeignet ist, Umfang und Grenzen der richterlichen Schweigepflicht zu bestimmen, muß indes bezweifelt werden. Bedenken ergeben sich auch hier gegen den Ausgangspunkt der Lösung: die Frage, was nach §§ 267, 34 StPO Inhalt der Urteilsgründe sein muß. Ob die Darlegung von Fragestellung und Stimmenverhältnis in den Gründen zulässig ist, kann nur ausgehend von der primären Verbotsnorm (§ 43 DRiG) beantwortet werden. Erst wenn eine Mitteilungsbefugnis besteht, stellt sich die Frage, in welchem Umfang dies zu geschehen hat. Dies leuchte unmittelbar ein, wenn man unterstellt, daß § 43 DRiG die Darlegung von Abstimmungsmethode und Stimmenverhältnis überhaupt nicht erfaßt; der Umfang der Mitteilungspflicht müßte dann selbständig anhand der allgemeinen Vorschriften über die Urteilsbegründung bestimmt werden. Die Vorschriften über die Urteilsbegründung

---

glied für Freispruch votierte, weil er „einen Familienvater nicht wegen 20 Pfennig ins Zuchthaus bringe“, v. Coelln S. 63 ff.); ein Teil des Kollegiums gewinnt die Überzeugung von der Schuld aus Indizien, der andere aus Zeugenaussagen (hierzu: Spendel ZStW 65 (1953), S. 403 (411 f.); Schmidt-Räntsch § 43 Rdn. 8).

40 BayObLG GA Bd. 73 (1929), S. 130 (132 f.) = JW 1929, S. 1062 f.; Spendel ZStW 65 (1953), S. 403 (411 f.); Semar S. 35 f.; v. Coelln S. 59 ff.; Schmidt-Räntsch JZ 1958, S. 329 (332); Beling ZStW 37 (1916), S. 365 (383 f.); Peters Lb. S. 489 (490); offengelassen LR-Schäfer § 43 DRiG Rdn. 19; nach den Motiven (Hahn StPO Bd.I S. 210 f.) sollte das freisprechende Urteil über die Einzelbegründung schweigen.

41 Zur Urteilsbegründung des überstimmten Richters Jonas JW 1912, S. 439; Seibert MDR 1957, S. 597; Alsberg JW 1926, S. 2164 f. und JW 1930, S. 762 ff. u. S. 2521 f.; Sachse JW 1930, S. 2520 f.; Jung JW 1927, S. 363 ff.

42 Daß die schriftl. Urteilsgründe mit dem Abstimmungsergebnis übereinstimmen *müssen*, betonen BayObLG GA 73 (1929), S. 130 (132f.); LR-Gollwitzer § 267 Rdn. 7; KK-Hürxthal § 267 Rdn. 1; v. Coelln S. 59 ff.; Beling S. 326; v. Kries S. 454; Rosenfeld S. 99; die nur von Binding (§ 90 S. 177 und Abh. II S. 139, 149) vertretene Gegenansicht ist überholt.

43 Semar S. 34; v. Kries S. 455; Kühne Rdn. 595 ff.

44 Semar S. 34; Spendel ZStW 65 (1953) S. 403 (412 f.).

mögen daher (allenfalls) ein gesetzessystematisches Argument abzugeben[45] – richtiger Ausgangspunkt der hier interessierenden Frage kann aber allein § 43 DRiG sein.

Bedenken gegen eine Begrenzung der richterlichen Schweigepflicht anhand der Verkündungs- und Begründungspflicht ergeben sich aber auch aus folgendem: was über den eindeutigen Gesetzeswortlaut des § 267 StPO hinaus an tatsächlichen und rechtlichen Erwägungen in die Urteilsgründe aufzunehmen ist, ist alles andere als gesichert und wird – unter Hinweis auf die Überprüfungsfunktion – weitgehend in das Ermessen des Gerichts gestellt.[46] Diese Unsicherheit muß sich dann aber auch notwendigerweise auf die Bestimmung der Grenzen des Beratungsgeheimnisses auswirken: der (jeweilige) Urteilsverfasser würde die Reichweite der ihn treffenden Schweigepflicht selbst bestimmen. Nicht nur wäre – außerdem – das Recht des Betroffenen auf Überprüfung des ordnungsgemäßen Zustandekommens des Urteils davon abhängig, ob das entscheidende Gericht – was an sich schon problematisch ist –[47] im Einzelfall (!) eine Mitteilung für erforderlich hält, um eine Überprüfung zu ermöglichen. Das grundsätzliche Problem, ob der Betroffene von Abstimmungsmethode und Stimmenverhältnis überhaupt etwas erfahren darf, wird ausgehend von einer in ihrem Umfang keineswegs geklärten Vorschrift beurteilt und (von Fall zu Fall) davon abhängig gemacht, ob die Mitteilung zum Zweck der Überprüfung erforderlich ist. Eine solchermaßen auf Einzelfälle angelegte Lösung kann aber zur grundsätzlichen Klärung der Frage wenig beitragen. Führt man (umgekehrt) den Grundsatz *vollständiger* Urteilsbegründung konsequent zu Ende, so müßten Fragestellung und Abstimmungsverhältnis stets dargelegt werden,[48] wäre eine grundsätzliche Geheimhaltungspflicht insoweit nicht gegeben. Auch der Grundsatz wahrheitsgemäßer Urteilsbegründung ist danach nicht geeignet, Inhalt und Umfang des Beratungsgeheimnisses sicher zu bestimmen.

---

[45] In diesem Sinne könnten immerhin die Autoren verstanden werden, die den Begründungszwang als „Grenze" des Beratungsgeheimnisses ansehen, so etwa: Schmidt-Räntsch § 43 Rdn. 8; ders. JZ 1958, S. 329 (332); Gerland, FG für Ri. Schmidt S. 201 (215 f.); wohl auch Beling S. 253 f.

[46] Insbesondere besteht nach § 267 StPO keine *Verpflichtung* des Gerichts darzulegen, auf welchem Wege es zu der Entscheidung gelangt ist; KK-Hürxthal § 267 Rdn. 12; schon Stenglein § 262 Anm. 2 a. E. wies darauf hin, daß „die Gründe gesetzlich nicht gezwungen sind, die divergierenden Meinungen anzugeben."

[47] Dazu schon oben 3. Teil I 2 a a. E. Ist etwa eine Mitteilung „erforderlich", obwohl das Gericht (im Anschluß an Kissel § 194 Rdn. 6) die Auffassung vertritt, daß auf eine unrichtige Entscheidung über Meinungsverschiedenheiten i.S.d. § 194 II GVG ein Rechtsmittel nicht gestützt werden kann? Daß das Instanzgericht damit zugleich über die Revision entscheiden würde, wird hier besonders deutlich.

[48] Dies wird allerdings von den Vertretern der hier dargestellten Auffassung z.T. ausdrücklich verneint (etwa v. Kries S. 455) oder nur begrenzt auf das Stimmenverhältnis anerkannt (etwa Kissel § 193 Rdn. 10; Breetzke DRiZ 1962, S. 5).

II. Eigener Lösungsvorschlag

Wie bereits mehrfach angedeutet, kann Ausgangspunkt der Frage, ob der Betroffene etwas über das Zustandekommen der Entscheidung erfahren darf, nur die Verbotsnorm des § 43 DRiG[49] sein: hindert das dort normierte Beratungsgeheimnis eine Darlegung von Abstimmungsmethode und Stimmenverhältnis in den Urteilsgründen? Wird die prozeßordnungsgemäße Entscheidungsfindung von der Schweigepflicht über „Hergang bei Beratung und Abstimmung" überhaupt erfaßt? Nur wenn diese entscheidende Vorfrage verneint wird, kann in einem weiteren Schritt anhand der allgemeinen Vorschriften die Reichweite der Darlegungsbefugnis (-pflicht) untersucht werden.

1. Umfang der Schweigepflicht nach § 43 DRiG

Ob § 43 DRiG nach Wortlaut, Entstehungsgeschichte, Systematik, insbesondere aber nach Sinn und Zweck des Beratungsgeheimnisses,[50] Veröffentlichungen über die Art des Zustandekommens der Entscheidung sowie die Bekanntgabe des Abstimmungsergebnisses untersagt, ist somit die primär zu untersuchende Frage.

a) „Hergang bei Beratung und Abstimmung"

Der Wortlaut dieser Bestimmung läßt verschiedene Deutungen zu:[51] denkbar ist zunächst, daß „Hergang bei Beratung und Abstimmung" lediglich bedeutet, daß Stillschweigen darüber zu bewahren ist, welche Argumente der einzelne Richter bei der Entscheidungsfindung vorgebracht und wie er dann im einzelnen gestimmt hat (Beratungsgeheimnis in persönlicher Hinsicht);[52] nicht Fragestellung und Stimmenverhältnis selbst, d. h. nicht die Abstimmung als solche, sondern lediglich die damit in (unmittelbarem) Zusammenhang („bei") stehenden Äußerungen der einzelnen Richterpersönlichkeit wären danach von § 43 DRiG erfaßt. Der Wortlaut dieser Vorschrift könnte allerdings auch in einem umfassenderen Sinne verstanden werden, nämlich dahingehend, daß der gesamte Ablauf des Entscheidungsfindungsprozesses, insbesondere also Abstimmungsmethode und Mehrheitsverhältnisse, geheim zu

---

[49] Soweit im folgenden allein § 43 DRiG genannt wird, ist zugleich die Schweigepflicht der Laienrichter (§ 45 I 2 DRiG) mit gemeint.

[50] Im Ansatz ebenso: Vollkommer JR 1968, S. 241 (243 f.); zu dieser sog. klassischen Auslegungsmethode: Larenz S. 188 ff.

[51] Vollkommer JR 1968, S. 241 (243).

[52] Vollkommer a.a.O.; so wohl auch Heyde S. 151, der allerdings die Wortinterpretation von vornherein darauf beschränkt, ob das persönliche Votum des einzelnen Richters davon erfaßt wird.

halten sind (Beratungsgeheimnis in sachlicher Hinsicht).[53] Auch von einer solchen weiten, auf den ganzen Verlauf des Geschehens bezogenen, Wortinterpretation sind allerdings weder erfaßt das Ergebnis des Prozeßabschnittes „Beratung und Abstimmung“, d. h. die eigentliche Entscheidung selbst, noch die Frage, wer an dem Entscheidungsfindungsprozeß mitgewirkt hat (§ 192 GVG) oder hierbei zugegen war (§ 193 GVG). Bei diesem umfassenderen Begriffsverständnis wären aber möglicherweise auch mit dem Zustandekommen der Entscheidung nicht in einem inneren Zusammenhang stehende Vorgänge geheimhaltungspflichtig.[54]

Festzuhalten ist jedenfalls, daß dem Wortlaut des § 43 DRiG nicht eindeutig zu entnehmen ist, ob Art, Gegenstand, Fassung und Reihenfolge der gestellten Fragen beziehungsweise das Stimmenverhältnis bei der Entscheidung geheim zu halten sind.

b) Systematik

Daher ist zu prüfen, ob sich aus der Stellung der richterlichen Schweigepflicht innerhalb des DRiG und/oder aus dem Verhältnis zu anderen Vorschriften des materiellen oder formellen Rechts Anhaltspunkte für die hier gestellte Frage gewinnen lassen. Auch dieser Gesichtspunkt ist, sieht man von den Vorschriften über die Urteilsbegründung ab, bisher durchweg vernachlässigt worden, soweit es um die Mitteilung von Abstimmungsverhältnis und -verfahren geht.

aa) Stellung innerhalb des DRiG

Das „Beratungsgeheimnis“ ist zunächst nicht in dem Abschnitt über die Unabhängigkeit des Richters geregelt; § 43 DRiG ist vielmehr die letzte Vorschrift innerhalb des Fünften Abschnittes, in dem die „Besonderen Pflichten des Richters“ geregelt sind. Ob es schon deswegen gerechtfertigt ist, davon auszugehen, daß nur die „außergerichtliche Schweigepflicht“[55] geregelt werden sollte, erscheint allerdings fraglich. In diesem Abschnitt befinden sich nämlich gerade auch Vorschriften, die das „gerichtliche“ Verhalten der Richter betreffen.[56] Aus der Stellung des § 43 DRiG lassen sich daher keine Anhaltspunkte gewinnen.

---

[53] Vollkommer a.a.O.; wenn Vollkommer hier von „Abstimmungsergebnis“ spricht, meint er offensichtlich das Stimmenverhältnis.

[54] Anders etwa Werber DRiZ 1911, Sp. 130; Semar S. 13 f.; v. Coelln S. 3. Da es hier aber allein um das prozeßordnungsgemäße Zustandekommen geht, soll die Frage nicht weiter vertieft werden.

[55] So wohl Hartmann JW 1929, S. 236 Fn. 3.

[56] Vgl. etwa §§ 38, 39 DRiG.

bb) Lex imperfecta

Entscheidend gegen die Darlegung von Fragestellung und Stimmenverhältnis in den Urteilsgründen würde es aber sprechen, wenn diese Mitteilung strafrechtlich sanktioniert wäre. Bereits bei Einführung des § 198 GVG, dem Vorläufer des heutigen § 43 DRiG, wurde jedoch darauf hingewiesen, daß es sich um eine lex imperfecta handele, da der Bruch des Beratungsgeheimnisses nicht strafbewehrt sei.[57] Auch aus dem insoweit allenfalls in Betracht kommenden § 353 b StGB ergibt sich nichts Gegenteiliges: Entweder wird die Verletzung des § 43 DRiG von dieser Vorschrift gar nicht erfaßt – sei es, weil das Beratungsgeheimnis kein „Geheimnis" im Sinne des § 353 b I StGB ist, sei es, weil die richterliche Schweigepflicht nicht unter die von § 353 b I StGB allein sanktionierte Pflicht zur *Amts*verschwiegenheit fällt;[58] oder aber, wenn Dienstgeheimnis im Sinne des § 353 b I StGB auch das Beratungsgeheimnis im Sinne des § 43 DRiG ist,[59] wäre zunächst der Anknüpfungspunkt der Strafnorm, d. h. der Umfang der Schweigepflicht, (abschließend) zu bestimmen. Aus § 353 b StGB ergeben sich danach ebenfalls keine Anhaltspunkte dafür, daß die Mitteilung von Fragestellung und Abstimmungsergebnis untersagt ist.

cc) Verhältnis zu anderen Verfahrensvorschriften

Möglicherweise lassen jedoch andere Verfahrensbestimmungen Rückschlüsse auf die hier interessierende Frage zu. Auf das Verhältnis von richterlicher Schweigepflicht und Urteilsbegründung (§ 267 StPO) wurde bereits eingegangen. Schon in diesem Zusammenhang wurde darauf hingewiesen, daß – führte man die Pflicht zu ordnungsgemäßer, vollständiger, eine Nachprüfung ermöglichender Entscheidungsbegründung konsequent durch – Fragestellung, Abstimmungsergebnis und Meinungsverschiedenheiten im Kollegium stets mitgeteilt werden dürften. Aus den Vorschriften über die (vollständige) Urteilsbegründung läßt sich jedoch ebenfalls ein systematisches Argument nicht gewinnen, stellt sich doch hier (umgekehrt) die Frage, ob das Beratungs- und Abstimmungsgeheimnis im Sinne des § 43 DRiG nicht gerade der Urteilsbegründungspflicht und damit zugleich der Überprüfung durch das Revisionsgericht Grenzen setzt.[60] Auch aus § 267 StPO ergibt sich daher nichts für die

---

[57] Protokolle der Kommission 1. Lesung, Hahn, GVG, Bd. I, S. 365 f.

[58] So etwa OLG Düsseldorf NStZ 1981, S. 25 = DRiZ 1981, S. 68 = MDR 1981, S. 248 f.; Kissel § 193 Rdn. 20. Ebenso dürfte die Fragestellung auch nicht zur „äußeren Ordnung" der richterlichen Tätigkeit gehören (hierzu: Schmidt-Räntsch § 26 Rdn. 20 ff.). Disziplinarmaßnahmen dürften dann nicht in Betracht kommen.

[59] So LK-Träger § 353 b Rdn. 11.

[60] Die Autoren, die in der Urteilsbegründungspflicht eine „Grenze" der richterlichen Schweigepflicht sehen (vgl. die Nachweise oben, Teil I 2 b Fn. 36 f.), unterliegen daher einem Zirkelschluß; dies wird besonders deutlich bei Gerland FG für Ri. Schmidt

Frage, ob Abstimmungsverhältnis und -verfahren von der Verbotsnorm des § 43 DRiG erfaßt werden.

Allenfalls aus anderen, mit der Urteilsbegründung zusammenhängenden Verfahrensvorschriften könnte sich daher im Umkehrschluß ergeben, ob Fragestellung und Abstimmungsverhältnis mitgeteilt werden dürfen. Ein solches argumentum e contrario läßt sich allerdings nicht schon aus den Vorschriften herleiten, die ein offenes oder geheimes Sondervotum zulassen, geht es doch in diesen Fällen stets um die *namentliche* Kennzeichnung des überstimmten, in Ergebnis und/oder Begründung abweichenden Richters. Aus diesen Vorschriften ergibt sich im Umkehrschluß lediglich, daß bei anderen Kollegialentscheidungen nach außen nicht ersichtlich sein darf, welcher Richter in welchem Sinne abgestimmt (entschieden) hat. Aber auch aus den Vorschriften, die eine indirekte Mitteilung des Abstimmungsergebnisses gestatten, läßt sich nicht folgern, daß von diesen Ausnahmefällen abgesehen, das zahlenmäßige Stimmenverhältnis nicht bekannt werden dürfe: mit diesen Bestimmungen hat der Gesetzgeber nämlich nur (in der Regel erhöhte) Mehrheiten für bestimmte Fragen vorschreiben, nichts aber über die Bekanntgabe des Abstimmungsergebnisses aussagen wollen. Ein Umkehrschluß könnte sich daher nur aus § 30 II 2 BVerfGG ergeben, wonach der entscheidende Senat des Bundesverfassungsgerichts das Stimmenverhältnis in den Urteilsgründen angeben darf. Ob sich aus dieser Vorschrift ableiten läßt, daß bei allen anderen gerichtlichen Entscheidungen das zahlenmäßige Abstimmungsergebnis – und auch nur dieses – nicht bekannt werden darf, ist allerdings fraglich. Aus der amtlichen Begründung des § 30 II BVerfGG[61] sowie aus den diesbezüglichen Protokollen des Rechtsausschusses[62] ergibt sich nämlich, daß diese Bestimmung ausschließlich im Zusammenhang mit dem offenen Sondervotum gesehen wurde; eine gesonderte Begründung und Erörterung der alleinigen Angabe des Stimmenverhältnisses ist nicht ersichtlich. Insbesondere das Verhältnis zu § 43 DRiG kam nicht zur Sprache. § 30 II 2 BVerfGG insoweit als Ausnahmevorschrift zur richterlichen Schweigepflicht nach § 43 DRiG ansehen zu wollen, scheint daher nicht möglich. Selbst wenn man dies aber tun wollte, so ergäbe sich im Umkehrschluß nur, daß bei sonstigen gerichtlichen Entscheidungen das Abstimmungsergebnis nicht zahlenmäßig genau mitgeteilt werden darf; nichts stünde entgegen, Fragestellung und Meinungsverschiedenheiten in die Urteilsgründe aufzunehmen und ausdrücklich zu bekunden, daß die Vorschriften über die Mehrheitsverhältnisse eingehalten wurden, wie dies von § 307 II RStPO vorgesehen war.

S. 201 (215): „Findet das Wahrheitsprinzip seine Grenze am Beratungsgeheimnis oder findet umgekehrt das Beratungsgeheimnis seine Grenze am Wahrheitsprinzip?"

[61] BT-Drks. VI/388 S. 7 f.

[62] Vgl. Sten.-Prot. BT-RA VI/13. Sitzung S. 30 ff.; 23. Sitzung S. 38 ff.; vgl. auch Verh. BT VI/81. Sitzung S. 4596 ff.

Insgesamt enthalten die geltenden Verfahrensordnungen[63] danach keine Vorschriften, aus denen sich im Umkehrschluß ergeben würde, daß Fragestellung und Abstimmungsergebnis von dem Beratungs- und Abstimmungsgeheimnis im Sinne des § 43 DRiG erfaßt sind. Allenfalls aus § 30 II 2 BVerfGG ließe sich folgern, daß jedenfalls das Abstimmungsergebnis zahlenmäßig nicht bekannt werden darf. Die Frage, ob die Darstellung von Abstimmungsverfahren und -verhältnis in den Urteilsgründen aufgrund der richterlichen Schweigepflicht untersagt ist, ist daher auch nach einer systematischen Interpretation zunächst noch offen.

Ergänzend sei hier aber auf § 7 GO VerfGH (Bayern)[64] hingewiesen: nach lit. a dieser Vorschrift erfolgen die Beratungen des bayrischen Verfassungsgerichtshofs „ohne schriftliche Aufzeichnung über den Gang der Beratung, über die Abstimmung der *einzelnen Mitglieder* und die von *ihnen* geltend gemachten Gründe" und nach lit. f derselben Vorschrift sind die Mitglieder des Verfassungsgerichtshofs verpflichtet, „über den Gang bei Beratung und Abstimmung Stillschweigen zu wahren". Bezieht man die – mit § 43 DRiG wortgleiche – Schweigepflicht auf lit. a derselben Vorschrift,[65] so gilt das Beratungsgeheimnis nur in persönlicher Hinsicht, nicht aber hinsichtlich Fragestellung und Stimmenverhältnis. Als untergesetzliche Rechtsnorm eines anderen Normgebers kann § 7 lit. a, f GO VerfGH (Bayern) aber nicht zur Inhaltsbestimmung des § 43 DRiG herangezogen werden, mag sich daraus auch eine gewisse Indizwirkung ergeben, daß eine Schweigepflicht nur hinsichtlich des Abstimmungsverhaltens der einzelnen Richter besteht.

c) *Entstehungsgeschichte*

Zu untersuchen ist daher, ob die Entstehungsgeschichte des § 43 DRiG Anhaltspunkte für die hier interessierende Frage zu liefern vermag.[66]

---

63 Denkbar wäre allerdings noch auf § 307 II 2 RStPO zurückzugreifen, der die ziffernmäßige Angabe des Abstimmungsergebnisses untersagte und durch dessen Aufhebung der Umfang des Beratungsgeheimnisses nicht geändert werden sollte. Im Rahmen einer systematischen Interpretation auf nicht mehr existierende Normen abzustellen erscheint indes fraglich. Das Ergebnis wäre im übrigen kein anderes als bei einem Umkehrschluß aus § 30 II 2 BVerfGG, so daß nichts entgegenstünde, die Einhaltung des Mehrheitserfordernisses zu bekunden.

64 GO des VerfGH für den Freistaat Bayern vom 15. 07. 1963 (GVBl. S. 151).

65 Damit könnte allerdings auch lediglich auf § 43 DRiG hingewiesen sein. Die Frage kann hier indes auf sich beruhen.

66 Entwurf § 163.

aa) Beratung zu § 198 GVG

Bei den Beratungen von § 198 GVG,[67] dem – sich allerdings nur auf Laienrichter beziehenden – fast wortgleichen Vorläufer des heutigen § 43 DRiG, wurde die Vorschrift einmal damit begründet, daß nicht jede bei der Beratung begangene Ungeschicklichkeit sofort öffentlich verbreitet werden sollte.[68] Insbesondere aber wurde hervorgehoben, daß ohne diese Vorschrift „jeder Schöffe und Geschworene in der Lage sei, nicht bloß seine eigene Abstimmung, sondern auch die seiner Kollegen in die Öffentlichkeit zu bringen".[69] Sodann wurde darauf hingewiesen, daß der Geschworene sich wegen seiner Abstimmung nicht zu rechtfertigen brauche, sondern auf die Frage, „wie er gestimmt habe", erwidern müsse, kraft Gesetzes dürfe er dies nicht sagen.[70] In diesen Äußerungen kommt das personale Moment des Beratungsgeheimnisses besonders deutlich zum Ausdruck: der Öffentlichkeit sollte nicht bekannt werden, wie der einzelne Richter bei der Entscheidung gestimmt hat, um ihn nicht „empfindlichen Schädigungen, scharfen Kritiken, ja der Rache des Angeklagten" auszusetzen.[71] Für die hier zu untersuchende Frage verlangt darüber hinaus der Gesichtspunkt besondere Beachtung, daß im Geschworenengericht die Fragestellung selbst Bestandteil der öffentlichen Hauptverhandlung war, dem Angeklagten auf Verlangen eine Abschrift des Fragebogens auszuhändigen war und er erheblichen Einfluß auf die Fragestellung hatte.[72] Auch die Einhaltung der Vorschriften über die erforderlichen Mehrheitsverhältnisse war zu bekunden.[73] Der Gesetzgeber des § 198 GVG wollte also mit Schaffung dieser Vorschrift offensichtlich nur verhindern, daß bekannt würde, wie der einzelne Geschworene gestimmt hatte und welche Gründe für ihn bei seiner Stimmabgabe (Entscheidung) maßgeblich waren (Beratungsgeheimnis in persönlicher Hinsicht).

Die Frage, ob die Berufsrichter über Abstimmungsmethode und Stimmenverhältnis zu schweigen hatten oder ob auch für sie nur die Pflicht bestand, das Votum der einzelnen Richterpersönlichkeit geheim zu halten, hat der Gesetzgeber offensichtlich gar nicht gesehen. Allein in den Motiven[74] findet

---

[67] Zur Geschichte des Beratungsgeheimnisses allg. Hülle DRiZ 1986, S. 384 ff.

[68] So (beiläufig) Abg. Gneist, Hahn GVG Bd. I S. 366.

[69] Abg. Grimm, Hahn GVG Bd. I S. 366.

[70] Abg. Klotz, Hahn GVG Bd. I S. 366.

[71] Abg. Schwarze, Hahn GVG Bd. I S. 844.

[72] Vgl. im einzelnen §§ 290 III, 291 I RStPO. Der Antrag auf Stellung einer Hilfs- oder Nebenfrage konnte nur aus Rechtsgründen abgelehnt werden, § 296 RStPO. Zur Fragestellung im Geschworenengericht vgl. die Kommentierungen von: Schwarze u. Stenglein zu §§ 290 ff. RStPO sowie Feddersen S. 125 ff. u. Oetker S. 117 ff. u. 328 ff.

[73] „Bei jeder dem Angeklagten nachteiligen Entscheidung ist anzugeben, daß dieselbe mit mehr als sieben Stimmen, bei Verneinung mildernder Umstände, daß dieselbe mit mehr als sechs Stimmen gefaßt worden ist. Im übrigen darf das Stimmenverhältnis nicht ausgedrückt werden". (§ 307 II RStPO).

sich der Hinweis, daß „es einer solchen Bestimmung (scil. § 198 GVG) nicht bedarf, da die Richter schon kraft ihrer amtlichen Stellung zur Amtsverschwiegenheit verpflichtet sind". Im übrigen wurde die Frage nicht erörtert, sondern allein um das Sondervotum gestritten.[75]

bb) Beratung von § 43 DRiG

Erst anläßlich der Schaffung des DRiG's wurde die Frage nach Inhalt und Umfang des Beratungsgeheimnisses wieder an den Gesetzgeber herangetragen. Nach der Begründung des Regierungsentwurfes zu § 43 DRiG[76] sollte die Vorschrift lediglich den bis dahin geltenden Rechtszustand festschreiben, nicht aber eine neue Richterpflicht normieren.[77] Die Geheimhaltungspflicht sollte nach den in Rechtsprechung und Lehre entwickelten Grundsätzen des übergesetzlichen Notstandes durchbrochen werden dürfen.[78] Da die insoweit auch sehr kurze amtliche Begründung in diesem Zusammenhang allein auf die Zulassung des offenen Sondervotums einging, liegt die Vermutung nahe, daß durch § 43 DRiG nur ausgeschlossen werden sollte, daß nach außen bekannt würde, welcher Richter in welchem Sinne seine Stimme abgegeben hat.

In der 110. Sitzung des Rechtsausschusses des Deutschen Bundestages wurde die hier zu erörternde Frage angeschnitten: So wies der Abg. Arndt darauf hin, daß sich immanente Grenzen des Abstimmungsgeheimnisses aus den Vorschriften über Reihenfolge der Stimmabgabe, erforderliche Mehrheiten und ordnungsgemäße Abstimmungsmethode ergäben, deren Einhaltung revisionsrichterlich nachprüfbar sein müsse.[79] Es wurde weiter als Widerspruch innerhalb der Rechtsordnung bezeichnet, daß zwar die Verletzung der Vorschriften über das Verfahren bei Beratung und Abstimmung legaler Revisionsgrund sei, diesbezüglich aber das Abstimmungsgeheimnis gelten solle.[80] Aus diesem Grunde wurde eine entsprechende gesetzliche Einschränkung des Abstimmungsgeheimnisses gefordert: Abstimmungsverhältnis und -verfahren sollten in den Urteilsgründen mitgeteilt werden dürfen;[81] zu diesem Zweck sei (außerdem) ein Abstimmungsprotokoll einzuführen.[82] Nachdem aber insbe-

[74] Hahn GVG Bd. I S. 181.

[75] Vgl. insbesondere Hahn GVG Bd. I S. 361 ff.

[76] Entwurf § 42.

[77] BT Drks. III/516 S. 47; zur Rechtsgrundlage vor Inkrafttreten des DRiG vgl. oben I 1 Fn. 7.

[78] BT Drks. III/516 S. 47; Wiedow § 43 Anm. 1.

[79] Sten.-Prot. BT-RA III/110. Sitzung S. 25 f., 27.

[80] Abg. Schwarzhaupt, Sten.-Prot. BT-RA III/110. Sitzung S. 30; zustimmend Abg. Kanka, ebenda S. 32.

[81] Abg. Schwarzhaupt a.a.O. S. 31; Abg. Kanka a.a.O.

[82] Abg. Schlee, Sten.-Prot. BT-RA III/110. Sitzung S. 27; hiergegen insbes. Schmidt-Räntsch, ebenda S. 31, da auch das Abstimmungsprotokoll fehlerhaft sein könne, eine perfekte, alle Fehler ausschließende Regelung aber nie gefunden werden könne.

sondere von Schmidt-Räntsch darauf hingewiesen worden war, daß es bereits nach geltendem Recht zu einer ordnungsgemäßen Begründung gehöre, Meinungsverschiedenheiten, unterschiedliche Begründungen und Fehler beim Abstimmungsverfahren in den Urteilsgründen darzulegen,[83] wurde dieser Gesichtspunkt von den Mitgliedern des Rechtsausschusses nicht weiter verfolgt. Im Vordergrund der weiteren Beratungen stand vielmehr allein das (offene/anonyme) Sondervotum. Dabei wurde wiederholt deutlich hervorgehoben, daß durch § 43 DRiG das „dissenting vote" ausgeschlossen werden solle.[84] Entsprechend nahm dann auch der dem Bundestag zugeleitete schriftliche Bericht des Rechtsausschusses lediglich zum offenen Sondervotum Stellung[85], und bei der 3. Beratung des Gesetzentwurfs wies allein der Abg. Arndt darauf hin, daß man dem Richter gestatten sollte, mit seiner Persönlichkeit für das Urteil einzustehen.[86] Der Bundestag selbst hat sich also mit der Frage, ob Abstimmungsverfahren und Stimmenverhältnis in den Urteilsgründen dargelegt werden dürfen, gar nicht befaßt, bei den Erörterungen zu § 43 DRiG vielmehr allein – und auch dies nur am Rande – das Sondervotum behandelt.

Insgesamt läßt sich daher feststellen, daß bei den Beratungen des § 43 DRiG das Beratungsgeheimnis in persönlicher Hinsicht die Auseinandersetzung bestimmte, der Rechtsausschuß des Bundestages im übrigen davon ausging, daß – jedenfalls in bestimmten Fällen – Abstimmungsverhältnis und -verfahren veröffentlicht werden dürften. Mit der Normierung des Beratungsgeheimnisses bezweckte der Gesetzgeber somit in erster Linie zu verhindern, daß dritte Personen erfahren, welcher Richter bei der Entscheidung in welchem Sinne gestimmt hat. Die – in der bisherigen Diskussion vernachlässigte – historische Interpretation spricht daher deutlich für eine enge Auslegung des § 43 DRiG: nicht Gegenstand, Fassung und Reihenfolge der gestellten Fragen sowie das (abstrakte) Stimmenverhältnis sind geheimhaltungspflichtig; dem Richter ist es vielmehr allein untersagt, über Äußerungen oder Abstimmungsverhalten der einzelnen Kollegiumsmitglieder bei Entscheidung eines konkreten Falles etwas verlauten zu lassen.[87]

---

83 Vgl. Schmidt-Räntsch, Sten.-Prot. BT-RA III/110. Sitzung S. 30 f.; Abg. Roemer ebenda S. 28, der (auch) auf den Aufsatz von Schmidt-Räntsch JZ 1958, S. 329 ff. hinweist; zu den Bedenken gegen diese Auffassung vgl. oben Teil 3 I 2 e.

84 Vors. Hoogen, Sten.-Prot. BT-RA III/110. Sitzung S. 28.

85 BT Drks. III/2785 S. 15.

86 Verh. BT III/162. Sitzung S. 9737.

87 Auch anläßlich der Beratungen des § 30 II 2 BVerfGG (Angabe des Stimmenverhältnisses in den Urteilsgründen) hat sich der Bundestag allein mit der Frage des Sondervotums befaßt, vgl. hierzu: Amtliche Begründung BT Drks. VI/388 S. 7 f.; Sten.-Prot. BT-RA 13. Sitzung S. 30 ff. u. 23. Sitzung S. 38 ff. sowie Verh. BT VI/181. Sitzung S. 4596 f.

d) *Sinn und Zweck des „Beratungsgeheimnisses"*

Ergab somit die historische Interpretation, daß der Gesetzgeber nur beabsichtigte zu verhindern, daß Dritten bekannt wird, wie der einzelne Richter gestimmt hat, so ist weiter zu prüfen, ob sich dieses Ergebnis bei einer an Sinn und Zweck des § 43 DRiG orientierten Auslegung bestätigt.[88]

Sinn und Zweck der richterlichen Schweigepflicht werden in einem Zweifachen erblickt: Als Motiv für das Beratungs- und Abstimmungsgeheimnis ist schon bei Schaffung des § 198 GVG,[89] sodann aber auch in Rechtsprechung[90] und Literatur[91] der Schutz der „Unabhängigkeit des Richters" genannt worden. Das Beratungsgeheimnis sei das „Palladium richterlicher Unabhängigkeit".[92] Schon das Bewußtsein der bloßen Möglichkeit, über Beratung und Abstimmung dritten Personen Rede und Antwort stehen zu müssen, könne geeignet sein, die Unbefangenheit des Urteils und damit die Unabhängigkeit des Richterspruches zu gefährden;[93] der Grundsatz der Unabhängigkeit des Richters würde dann einen wesentlichen Teil seines Wertes verlieren.[94] Als weiteres Motiv für die Pflicht zur Wahrung des Beratungsgeheimnisses wird die „Einheit des Richterkollegiums" nach außen und aus ihr folgend das Ansehen und die Autorität des Richterspruches genannt.[95] Im Interesse der „Autorität der Gerichte" sei es „unumgänglich nötig, daß der Spruch der Mehrheit als Spruch des ganzen Gerichts angesehen und die Solidarität des Kollegiums (auch nach innen) gewahrt werde".[96] Um der Rechtssicherheit und der Rechtsfrieden stiftenden Funktion des Urteils willen müsse eine Wertung der

[88] Zur Bedeutung der teleologischen Auslegung: Larenz S. 209 ff.

[89] Vgl. Hahn, GVG, Bd. I S. 365 ff.

[90] RGSt 26, 202 (204); RGZ 89, 13 (16); OGHSt 1, 217 (222).

[91] Ascher DRiZ 1929, S. 89 (90); Albers in: B/L/A/H § 43 DRiG Anm. 1; Braun JW 1917, S. 132 f.; Henke S. 254; Grünhut, Eb. Schmidt FS S. 620 (621 ff.); Kissel § 193 Rdn. 7; LR-Schäfer § 43 DRiG Rdn. 3; Mannheim JW 1929, S. 1062 f.; KMR-Paulus § 263 Rdn. 12; Salinger ZZP 30 (1902), S. 504 (511); Spendel ZStW 65 (1953), S. 403 (407 f.); Vollkommer JR 1968, S. 241 (243); Jonas JW 1912, S. 439; einschränkend (nur „Stärkung"): Schmidt-Räntsch JZ 1958, S. 329 (330 f.).

[92] So im Anschluß an die Formulierung des Abg. Grimm (Hahn GVG Bd. I S. 366): RGSt 26, 202 (204); LR-Schäfer § 43 DRiG Rdn. 3; Salinger ZZP 30 (1902), S. 504 (511); Jonas JW 1912, S. 439.

[93] RGSt 26, 202 (204); 61, 217 (221); Salinger ZZP 30 (1902), S. 504 (511).

[94] Henkel S. 254 f.; Braun JW 1917, S. 132 („... nicht wieder gut zu machende Bresche ...").

[95] OGHSt 1, 217 (222); Henkel S. 254; Kern/Wolf S. 109; Kleinknecht § 43 DRiG Rdn. 1; LR-Schäfer § 43 DRiG Rdn. 4 u. 13; v. Kries S. 454 f.; KMR-Paulus § 263 Rdn. 12; Spendel ZStW 65 (1953), S. 403 (407); Bergerfurth DRiZ 1962, S. 124 (125); Grünhut, Eb. Schmidt FS, S. 620 (623); einschränkend: Schmidt-Räntsch JZ 1958, S. 329 (331) u. Kühne S. 325 Rdn. 596; ablehnend Vollkommer JR 1968, S. 241 (243) u. Kohlhaas NJW 1953, S. 401 f.; zum Zusammmenhang zwischen Abstimmungsgeheimnis u. der „anonymen Institution des Kollegiums" Küper S. 314 ff. m.w.N.

[96] Spendel ZStW 65 (1953), S. 403 (407); LR-Schäfer § 43 DRiG Rdn. 4.

Urteile je nach Zahl der sie tragenden Stimmen vermieden werden.[97] Zudem werde es dem Verurteilten erhebliche psychologische Schwierigkeiten bereiten, einen Strafausspruch zu akzeptieren, wenn er wüßte, daß die Entscheidung auf des Messers Schneide gestanden habe.[98]

Beide zur Legitimation des Beratungs- und Abstimmungsgeheimnisses vorgetragenen Ansichten sind auf heftige Kritik gestoßen.[99] Auch im Rahmen einer an Sinn und Zweck des § 43 DRiG orientierten Auslegung sind sie auf ihre Berechtigung hin zu prüfen.

aa) „Autorität des Richterspruches"

Die heute überwiegend zur Rechtfertigung des Abstimmungsgeheimnisses gegebene Begründung der „Einheit des Kollegiums" und die daraus folgende(?) „Autorität des Richterspruches" ist einer Reihe von Bedenken ausgesetzt, soweit hieraus gefolgert wird, daß Fragestellung und Abstimmungsergebnis geheim zu halten sind. Sieht man hierin – was zunächst unterstellt sei – den Zweck des § 43 DRiG, so stünde jedenfalls nichts im Wege, die Fragen, wie sie vom Vorsitzenden zur Abstimmung gestellt und vom Kollegium gebilligt wurden, *stets* in den Urteilsgründen wiederzugeben, würde dadurch allein doch nicht bekannt, ob bei der Beantwortung überhaupt Meinungsverschiedenheiten bestanden haben. Die „Einheit des Kollegiums" nach außen wäre insoweit durchaus gewahrt. Die Ausführungen, die sich auf die Autorität des Richterspruches berufen, beziehen sich daher auch durchweg auf die Mitteilung des Abstimmungsergebnisses.[100] Nun gibt es aber eine Reihe von Vorschriften, nach denen direkt oder indirekt den Betroffenen das Stimmenverhältnis bekanntgegeben wird. Daraus läßt sich zwar noch nicht folgern, daß die genaue Angabe der Mehrheitsverhältnisse die Autorität der Entscheidung niemals beeinträchtigen könne,[101] handelt es sich doch zumeist – mit Aus-

---

[97] KMR-Paulus § 263 Rdn. 12; Bergerfurth DRiZ 1962, S. 124 (125); LR-Schäfer § 43 DRiG Rdn. 4 u. 17.

[98] Spendel ZStW 65 (1953), S. 403 (407); Schmidt-Räntsch JZ 1958, S. 329 (331 f.); LR-Schäfer § 43 DRiG Rdn. 4; Blau bei: Berz ZStW 90 (1978), S. 210 (219).

[99] Vgl. etwa Kohlhaas NJW 1953, S. 401 ff.; Kühne S. 325 Rdn. 596; Schmidt-Räntsch JZ 1958, S. 329 f.; Eb. Schmidt I Rdn. 553; vgl. die z.T. sehr polemischen Ausführungen von Pfizer, ZZP 15 (1891), S. 365 (383 f.): „Ich gestehe: diesen Grund (Unabhängigkeit) finde ich geradezu jämmerlich. Die geheime Abstimmung ist überall der Deckmantel der Niederträchtigkeit und der Feigheit und man stellt den deutschen Richtern ein trauriges Zeugnis aus, wenn man behauptet, das Geheimnis sei zur Wahrung ihrer Unabhängigkeit notwendig." Ähnlich schon Feuerbach S. 131 f.: „Eine Justiz, die sich zwar öffentlich auf ihren Thron niedersetzt und Anderen öffentlich vor ihr zu handeln erlaubt, aber, sobald es zur Hauptsache kommt, nämlich sobald sie selbst handeln soll, sich hinter einen Vorhang schleicht, um hier im Geheimen das ihrige zu treiben, solche Justiz scheint in der Tat mit sich selbst oder mit anderen einen ihrer Würde eben nicht anständigen Scherz zu treiben."

[100] So etwa: Kommissionsbericht S. 167 f.

nahme von § 15 II 4 und § 30 II 2 BVerfGG – um (einstimmig) zu fällende Entscheidungen. Jedenfalls aber kann die Einheit des Gerichts nicht schon dadurch gefährdet werden, daß das Kollegium die Einhaltung der Vorschriften über das erforderliche Stimmenverhältnis ausdrücklich bekundet, wie dies etwa in § 307 II 2 RStPO vorgeschrieben war.

Selbst wenn man daher mit der „Autorität des Richterspruches" das Abstimmungsgeheimnis rechtfertigen wollte, so würde dies nicht hindern, die gestellte(n) Frage(n) und „das Vorhandensein der gesetzlich erforderlichen Mehrheit ohne genaue ziffernmäßige Festlegung (und erst recht ohne Kennzeichnung der einzelnen Richterpersönlichkeit in ihrer Haltung)" bekanntzugeben.[102]

Ob aber die „Einheit des Kollegiums" überhaupt zur Legitimierung des Abstimmungsgeheimnisses geeignet ist, ist mehr als zweifelhaft. Ist dies nämlich nicht der Fall, so steht insoweit auch nichts entgegen, Meinungsverschiedenheiten und genaues Abstimmungsverhältnis in den Gründen anzugeben. Bereits wiederholt ist von anderer Seite darauf hingewiesen worden, daß der Autoritätsverlust bei „nur" mehrheitlich getragenen Entscheidungen durch einen Autoritätsgewinn bei Einstimmigkeit ausgeglichen würde, „insgesamt gesehen die Autorität des Richterspruches deshalb kaum untergraben werden dürfte",[103] eine Gewichtung der Urteile nach Zahl der sie tragenden Stimmen also nicht zu befürchten ist. Insbesondere aber kann heute doch kein ernsthafter Zweifel mehr bestehen, daß für die Überzeugungskraft und damit die „Autorität des Urteils" nicht das zahlenmäßige Abstimmungsergebnis, sondern die sachliche Begründung ausschlaggebend sein sollte.[104]

Dies wird übrigens auch durch einen Blick auf andere Rechtsordnungen bestätigt: daß etwa im anglo-amerikanischen Rechtskreis das genaue Stimmenverhältnis (sogar namentlich) bekannt gegeben wird, hat die „Autorität" jener Entscheidungen niemals gefährdet. Auch daß das Bundesverfassungsgericht gemäß § 30 II 2 BVerfGG das Mehrheitsverhältnis ziffernmäßig genau angeben darf, hat auf die „Autorität" seiner Entscheidungen keinen Einfluß gehabt.[105] Daß bei Angabe des Stimmenverhältnisses die Rechtssicherheit beeinträchtigt würde,[106] kann daher nicht anerkannt werden. Soweit bei Beantwortung der jeweiligen Fragen Meinungsverschiedenheiten im Kolle-

---

101 So aber wohl Kühne S. 325 Rdn. 596 unter Hinweis auf § 30 II BVerfGG (dissenting vote).

102 Beling S. 254.

103 Kommissionsbericht S. 168; Kohlhaas NJW 1953, S. 401 f.; ausf. Rupp S. 531 (539 ff.); Kühne S. 325 Rdn. 596, Pfizer ZZP 15 (1891) S. 365 (383); Zweigert Gutachten S. 1 (20 f.).

104 So nachdrücklich auch Rupp, S. 531 (541).

105 Vgl. hierzu Zierlein DÖV 1981, S. 83 (89 ff.); Kühne S. 325 Rdn. 596.

106 So aber LR-Schäfer, § 43 DRiG Rdn. 4; wie hier: Pakuscher JR 1968, 294 ff.

gium bestehen geblieben sind, könnte die „Autorität“ – was immer man hierunter auch verstehen soll –[107] zudem nur durch eine „vorgetäuschte Einstimmigkeit“ erlangt werden.[108] Die (möglicherweise sogar nur fingierte) „Einheit des Kollegiums“[109] und die daraus angeblich (!) folgende „Autorität“ gegen die Richtigkeit und Nachprüfbarkeit und damit gegen die materielle Gerechtigkeit der Entscheidung überhaupt ins Feld führen zu wollen, ist schon äußerst befremdlich. Dadurch, daß der Gesetzgeber auf Einstimmigkeit in allen Fragen verzichtet hat, hat er doch zugleich in Kauf genommen, daß die Entscheidung eben „nur“ von einer Mehrheit, nicht aber von allen Richtern des Kollegiums getragen wird. §§ 263 I StPO, 194 und 196 GVG anerkennen damit den Gedanken, daß Rechtsfindung eben kein rein logischer, Meinungsverschiedenheiten entzogener Erkenntnisvorgang ist. Auch der Verurteilte weiß doch (oder kann es jedenfalls wissen), daß möglicherweise „nur“ eine Mehrheit der Richter die Schuldfrage bejaht, die Strafaussetzung zur Bewährung verneint hat etc. Daß dem Betroffenen trotzdem Einstimmigkeit „vorgetäuscht“ und ihm so die Möglichkeit abgeschnitten werden soll, durch eine höhere Instanz nachprüfen zu lassen, ob (wenigstens) die Vorschriften über die erforderlichen Mehrheitsverhältnisse auch tatsächlich eingehalten wurden, bzw. ob hier – vom Gericht unerkannt – ein revisibler Verfahrensfehler unterlaufen ist, kann daher nicht gebilligt werden.[110]

Schwerer wiegt dagegen auf den ersten Blick schon das Argument, daß der Verurteilte erhebliche „psychologische Schwierigkeiten“ haben werde, einen Strafausspruch zu akzeptieren, wenn er wisse, daß die Verhängung der Strafe von nur einer Stimme abhing.[111] Mit der gleichen Berechtigung ließe sich allerdings fragen, ob der Verurteilte den Strafausspruch nicht sogar leichter akzeptieren wird, wenn er weiß, daß wenigstens ein Richter seiner Darstellung des Tatgeschehens gefolgt ist oder eine Rechtsfrage zu seinen Gunsten beantwortet hat.[112] Für den Betroffenen wird aber wohl nicht ausschlaggebend sein, wie viele Richter für oder gegen ihn gestimmt haben, sondern viel eher die Tatsache, daß er (seiner Auffassung nach zu Unrecht) verurteilt worden ist. Nicht nachdrücklich genug kann hier betont werden, daß in diesem Bereich im übrigen wenig mehr als unsichere Vermutungen angestellt werden können. Nur ergänzend soll auch darauf hingewiesen werden, daß es den Betroffenen kaum weniger Schwierigkeiten bereiten wird, eine Verurteilung zu akzeptieren,

---

[107] Was „Autorität“ des Richterspruches bedeutet, ist nirgends näher dargelegt. Zu Recht vermutet Scheuerle, ZZP 68 (1955) S. 317 (329), daher, daß hier mit einem „überholten Autoritätsbegriff“ gearbeitet wird; a. A. Bergerfurth DRiZ 1962, S. 124 f.

[108] Vollkommer JR 1968, S. 241 (243); Kohlhaas NJW 1953, S. 401 f.

[109] Auch Art. 97 I GG und § 25 DRiG gehen nicht von einer Institution „Gericht“ aus, sondern nehmen auf den einzelnen (Kollegial-)Richter Bezug.

[110] Vollkommer JR 1968, S. 241 (243 f.).

[111] Blau bei: Berz, ZStW 90 (1978), S. 210 (219); LR-Schäfer § 43 DRiG Rdn. 4.

[112] Ähnlich Rupp S. 531 (541).

wenn sein Fall in den verschiedenen Instanzen unterschiedlich beurteilt wird oder das Gericht, das seinen Fall zu beurteilen hat, von der Auffassung anderer Gerichte abweicht. Daß die Resozialisierungswirkung (gerade) bei Bekanntgabe des Abstimmungsergebnisses beeinträchtigt würde, ist daher kaum zu befürchten.

Nach alledem kann festgestellt werden, daß die „Einheit des Kollegiums und die aus ihr folgende(?) Autorität des Richterspruches" nicht als Sinn und Zweck der richterlichen Schweigepflicht nach § 43 DRiG angesehen werden kann. Dieser Gesichtspunkt hindert also nicht, Fragestellung, Abstimmungsergebnis und Meinungsverschiedenheit bei Beantwortung der Fragen innerhalb des Kollegiums in den Urteilsgründen offen darzulegen.[113]

bb) „Richterliche Unbefangenheit"

Soweit die Wahrung der „Unabhängigkeit des Richters" als Zweck des Beratungsgeheimnisses herangezogen wird,[114] gilt es zunächst zu betonen, daß damit nur einer der vielfältigen Aspekte dieses Verfassungsgrundsatzes (Art. 97 I GG)[115] angesprochen ist:[116] die „Unbefangenheit und Unparteilichkeit" bei der Urteilsfindung.[117] Der Richter soll sich bei Beratung und Abstimmung frei und nur nach seiner Überzeugung (innerhalb der Grenzen des geltenden Rechts[118]) äußern können, nicht gehemmt durch die Vorstellung, welche Resonanz *sein* Votum bei Außenstehenden haben könnte.[119] Das Beratungsgeheimnis solle dem Richter volle Unbefangenheit bei Kundgabe seiner Auffassung und Erwägungen und bei Abgabe seiner Stimme sichern,

---

[113] Im Kommissionsbericht (S. 168) wurde als ausschlaggebend für die Untersagung der Bekanntmachung des Abstimmungsergebnisses daher auch *nicht* der „Autoritätsverlust" angesehen, sondern die Tatsache, daß die Entscheidung verwirrend und unübersichtlich werde. Bei entsprechender Fassung der Gründe dürfte dies jedoch zu vermeiden sein.

[114] Ob es sich hier um „eines der ältesten und ohne Vertiefung stets wiederholten Argumente ..." handelt (so Zweigert, Gutachten, S. 1 (29)), erscheint allerdings fraglich. Kritisch zum Begriff der Unabhängigkeit und seiner Einsetzung als „Kampfbegriff" Simon S. 7 f.

[115] Ob die „Unbefangenheit" überhaupt von Art. 97 GG erfaßt wird (so wohl Eichenberger S. 250 ff.), ist fraglich. Über die Vorschriften des GG über das Richteramt sowie das Rechtsstaatsprinzip und das Unparteilichkeitspostulat ausf. Riedel S. 212 ff. u. 216 ff.

[116] Auf die Unschärfe u. Vielschichtigkeit des Begriffs „Unabhängigkeit" in diesem Zusammenhang hat bereits hingewiesen: v. Coelln, S. 11 f. Fn 4; kritisch zum (weitgehend überholten) Unabhängigkeitsbegriff Simon S. 7 ff., 21 ff., 41 ff.

[117] Kohlhaas NJW 1953, S. 401 (402); LR-Schäfer § 43 DRiG Rdn. 3; Salinger ZZP 30 (1902), S. 504 (513); Spendel ZStW 65 (1953), S. 403 (407 f.); Schmidt-Räntsch JZ 1958, S. 329 (331).

[118] Hierauf weisen zu Recht ausdrücklich hin: Grünhut, Eb. Schmidt FS S. 620, 624; Salinger ZZP 30 (1902), S. 504 (513).

[119] LR-Schäfer § 43 DRiG Rdn. 3; Schmidt-Räntsch JZ 1958, S. 329 (330 f.).

was nicht möglich sei, wenn seine zu Ungunsten[120] des Betroffenen ausgesprochene Meinung nachträglich publik würde.[121]

Bereits an dieser Stelle wird das personale Element des Beratungsgeheimnisses erneut deutlich: welche Argumente der einzelne Richter bei der Beratung vorgebracht und aus welchen Gründen er in einem bestimmten Sinne abgestimmt hat, soll dritten Personen nicht bekannt werden. Die so verstandene Unbefangenheit bei der Entscheidungsfindung ist allerdings nicht schon dadurch gefährdet, daß – ohne namentliche Nennung der einzelnen Richter – Fragestellung, Art der Abstimmung und Stimmenverhältnis in den Urteilsgründen dargelegt werden, läßt dies doch einen Schluß auf die Entscheidung eines bestimmten Votanten nicht zu.[122] Selbst wenn man also zur Motivierung des Beratungsgeheimnisses auf die „Unbefangenheit des Richters" abstellt, muß eine an diesem Zweck orientierte Auslegung des § 43 DRiG dazu führen, daß diese Vorschrift es nicht hindert, das Zustandekommen der Entscheidung, das Abstimmungsverhältnis und -verfahren mitzuteilen, soweit und solange nicht erkennbar ist, wie der einzelne Richter und aus welchem Grunde er so gestimmt hat.[123]

Ob die „richterliche Unbefangenheit" aber überhaupt als Zweck der richterlichen Schweigepflicht angesehen werden kann, erscheint aus verschiedenen Gründen sehr fraglich. Bei dieser Begründung für das Beratungs- und Abstimmungsgeheimnis trat nämlich von Anfang an ein Widerspruch hervor: auch dem Einzelrichter muß der Schutz der „Unabhängigkeit" zuteil werden.[124] Das Votum des Einzelrichters und seine hierfür gegebene Begründung ist aber (gerade auch namentlich) stets bekannt und er kann sich, obwohl er ebenso „unbefangen und unparteilich" urteilen muß, nicht auf das Beratungsgeheimnis berufen.[125] Wie wenig die „richterliche Unabhängigkeit" zur Begründung der richterlichen Schweigepflicht taugt, wird auch deutlich, wenn man den außerdeutschen Rechtskreis in die Betrachtungen einbezieht, wo gerade das offene Sondervotum als Ausdruck der Unabhängigkeit der richterlichen Entscheidung angesehen wird.[126] Zudem gibt es auch in den deutschen

---

[120] Oder auch zu Gunsten des Betroffenen geäußerte Auffassung!

[121] Spendel ZStW 65 (1953) S. 403 (407 f.).

[122] So auch Vollkommer JR 1968, S. 241 (243). Auch einigermaßen sichere Vermutungen lassen sich hier nicht aufstellen, da der Richter seine Meinung stets ändern kann; vgl. Schmidt-Räntsch JZ 1958, S. 329 (332 f.) und das von ihm in Fn. 47 erörterte Beispiel.

[123] Auf das personale Element stellt auch erkennbar ab: § 7 lit. a GO VerfGH (Bayern).

[124] Kern/Wolf S. 109.

[125] Gerland FG f. Ri. Schmidt, S. 201 (203); Kern/Wolf S. 109; Kohlhaas NJW 1953, S. 401 (402); Mannheim JW 1929, S. 1062 (1063); Scheuerle ZZP 68 (1955), S. 317 (331); Schmidt-Räntsch JZ 1958, S. 329 (330); Eb. Schmidt I Rdn. 553; Fuchs JW 1929 S. 26 (27); Rupp S. 531 (541).

Verfahrensordnungen eine Reihe von Bestimmungen, nach denen das Votum des einzelnen (Kollegial-)Richters direkt oder indirekt mitgeteilt werden darf oder muß,[127] ohne daß in diesen Fällen die Unbefangenheit des Richters angezweifelt würde. Ein weiterer Widerspruch tut sich auf, wenn zwar auf der einen Seite im Interesse der richterlichen Unabhängigkeit absolute Geheimhaltung des Votums verlangt wird, auf der anderen Seite aber wissenschaftliche Äußerungen eines Kollegialrichters die hinter dem Beratungsgeheimnis stehende Unbefangenheit auch dann nicht berühren sollen, wenn Rückschlüsse auf das Abstimmungsverhalten des einzelnen Richters gezogen werden können.[128]

Aus alledem ergibt sich aber nun, daß auch der einzelne Richter (eines Kollegiums), soweit seine Stimmabgabe nach geltendem Recht bekannt werden darf, öffentlicher Kritik und dienstlicher Beurteilung, die eine „Befangenheit" begründen könnten, ausgesetzt sein kann. Dann erscheint es aber in der Tat nicht angängig, den Sinn der richterlichen Schweigepflicht darin zu erblicken, daß der Kollegialrichter unbefangen sein (begründetes) Votum abgeben kann.[129] Dieses Ergebnis wird übrigens bestätigt durch die Stellung des § 43 DRiG außerhalb (!) der Vorschriften über die Unabhängigkeit des Richters.

Damit ist allerdings – und dieser Gesichtspunkt bedarf besonderer Hervorhebung – zunächst nur dargetan, daß die richterliche Unbefangenheit insoweit nicht zur Begründung des § 43 DRiG herangezogen werden kann, als es um die (entscheidungsrelevante) Begründung und das konkrete Abstimmungsverhalten des einzelnen Richters geht: Offen ist damit aber noch die Frage, ob die „Unbefangenheit" nicht Zweck der Schweigepflicht hinsichtlich der eigentlichen *Beratung*[130] sein kann.[131] Da es bei der vorliegenden Untersuchung nur darum geht, ob Fragestellung und Abstimmungsverhältnis offengelegt werden

---

[126] Grünhut, Eb. Schmidt FS S. 620 (621); ausf. rechtsvergleichende Darstellung b. Heyde S. 44 ff.; Nadelmann AÖR 86 (1961), S. 39 ff.; Scheuerle ZZP 68 (1955), S. 317 (338 ff.).

[127] Ob aus § 30 II BVerfGG folgt, daß der Gesetzgeber die Einzelvoten nicht mehr als „ihrem Wesen nach geheim" ansieht (so Erichsen JZ 1973, S. 244 (245)), erscheint allerdings fraglich.

[128] Vgl. etwa Kissel § 193 Rdn. 7 bzw. 11; LR-Schäfer § 43 DRiG Rdn. 3 bzw. 14.

[129] Auch der Kommissionsbericht (S. 168), der eine gesetzliche Untersagung der Mitteilung des Abstimmungsgeheimnisses vorschlägt, weist nur in einem Satz ergänzend auf das „Bedenken" der Unbefangenheit hin. Einen „notwendigen Zusammenhang" zwischen richterlicher Schweigepflicht und „Unabhängigkeit" verneint bereits Haberstumpf DRiZ 1910, Sp. 485.

[130] Zur scharfen Trennung von Beratung und Abstimmung vgl. Eb. Schmidt III § 194 Rdn. 4.

[131] So insbes. Feuerbach S. 125 ff.; wohl auch Kühne S. 325 Rdn. 596; Schmidt-Räntsch JZ 1958, S. 329 (331). Daß die Schweigepflicht bzgl. der „Beratung" unstreitig war, ergibt sich aus den Materialien zu § 43 DRiG, vgl. etwa Abg. Arndt Sten.-Prot. 110. Sitzung des Rechtsausschusses S. 25, der betont, daß auch hier Ausnahmen zugelassen werden müssen.

dürfen, sollen hier nur einige wenige Bemerkungen hinzufügt werden, die das „Beratungsgeheimnis" und nicht das „Abstimmungsgeheimnis" betreffen. Hier scheint es nun in der Tat gerechtfertigt davon auszugehen, daß ein freier, offener Gedankenaustausch, eine unbefangene Äußerung von Vorstellungen und Ansichten aller Kollegialmitglieder, eine umfassende Diskussion, in der alle nur denkbaren Argumente zur Sprache kommen, nur möglich ist, wenn die Beratung nicht öffentlich ist. Die damit verbundene Gewährleistung einer Prüfung des Falles unter allen erdenklichen Gesichtspunkten wäre freilich unvollkommen, müßte der einzelne Richter Sorge tragen, daß später bekannt würde, er habe sich bei der Entscheidungsfindung so und so geäußert;[132] nur wenn sichergestellt ist, daß der einzelne Richter nicht damit rechnen muß, nachträglich auf jedes gefallene Wort festgelegt zu werden,[133] wird er es auch wagen, „einen noch unausgebildeten Gedanken zur Prüfung hinzuwerfen, von seinen Amtsgenossen Belehrung anzunehmen, zuvor geäußerte Meinungen gegen die bessere Ansicht eines anderen aufzugeben oder zu berichtigen".[134] Insoweit kann daher die Unbefangenheit als Zweck der richterlichen Schweigepflicht bezüglich der Beratungsvorgänge angesehen werden.[135] Diese Begrenzung des § 43 DRiG wird übrigens auch durch die Überschrift („*Beratungs*geheimnis") bestätigt.

Zusammenfassend läßt sich somit feststellen, daß die „Unbefangenheit" des Richters zwar das „Beratungsgeheimnis", nicht aber das „Abstimmungsgeheimnis" zu legitimieren vermag.[136] Selbst wenn man aber annehmen wollte, daß (auch) eine unbefangene Abstimmung durch § 43 DRiG gewährleistet werden sollte, so hindert dies nicht, Gegenstand, Fassung, Art und Reihenfolge der Fragen sowie das Stimmenverhältnis und die unterschiedlichen Begründungen darzulegen, da hierdurch allein noch nicht erkennbar wird, wie der einzelne Richter gestimmt hat.

2. Konsequenzen

a) Darstellung von Abstimmungsverhältnis und -verfahren in den Urteilsgründen

Entsprechend ihrem Zweck, den Verfahrensbeteiligten eine sachgemäße Entscheidung über die Einlegung von Rechtsmitteln und dem Rechtsmittel-

---

132 Abg. Arndt Sten.-Prot. BT-RA III/110. Sitzung S. 25.

133 Schmidt-Räntsch JZ 1958, S. 329 (331).

134 Feuerbach S. 128.

135 Insoweit bestehen durchaus Parallelen zu den allein im forum internum des Einzelrichters angestellten Erwägungen; vgl. Feuerbach S. 126 f.; Zweigert Gutachten S. 1 (38).

136 Vgl. zum Zusammenhang von Unbefangenheit u. Offenlegung von Voten im Habilitationsverfahren: OVG Münster JZ 1973, S. 242 ff.

gericht die sachlich-rechtliche Nachprüfung der getroffenen Entscheidung zu ermöglichen, müssen die Urteilsgründe alle tatsächlichen und rechtlichen Erwägungen enthalten, die die Grundlage der Entscheidung bilden.[137] Schriftliche Urteilsgründe und bei Beratung und Abstimmung gewonnene Ergebnisse müssen dabei übereinstimmen[138] und wahrheitsgetreu und vollständig wiedergegeben werden.[139] Das schriftliche Urteil darf dabei nur die Gründe enthalten, die bei der Abstimmung ausschlaggebend waren, darf aber auch keine Gründe übergehen, die tatsächlich maßgebend waren.[140] Danach kann heute nicht mehr zweifelhaft sein, daß die (für die Revision allein interessierende) Entscheidungsbegründung ein wahrheitsgemäßes und vollständiges Protokoll dessen sein muß, „was sich ereignet hat",[141] „wie das Kollegium wirklich zu seiner Entscheidung gekommen ist".[142]

Aus diesen Grundsätzen hatten Literatur[143] und Rechtsprechung[144] – im Ergebnis zu Recht – abgeleitet, daß nicht nur erkannte Abstimmungsfehler in den Gründen darzulegen sind, sondern auch Meinungsverschiedenheiten in der Begründung bzw. der Beweiswürdigung[145] sowie die Art der Abstimmung, wenn die Entscheidung je nach Abstimmungsmethode unterschiedlich ausfällt. In diesen Fällen sei es außerdem gestattet, das Stimmenverhältnis anzugeben.

Aus der Beurkundungsfunktion, sowie aus der absoluten Wahrheitspflicht der schriftlichen Urteilsbegründung ergibt sich darüber hinaus aber auch, daß es nicht nur zulässig, sondern sogar geboten ist, den Entscheidungsfindungsprozeß insgesamt, *vollständig* darzustellen: würden nämlich lediglich der Tenor und die entscheidungsrelevanten Gründe dargestellt, so würde bei unerkannt fehlerhafter Fragestellung das Urteil durch die insoweit ja unvoll-

---

137 KMR-Paulus § 267 Rdn. 2; LR-Gollwitzer § 267 Rdn. 1; KK-Hürxthal § 267 Rdn. 1; v. Kries S. 454; Gerland FG für Ri. Schmidt S. 201 (208).

138 RG JW 1930, S. 558; BGHSt 12, 374 (376).

139 BGHSt 12, 374 (376); BGH VRS 48, 362 (363) = MDR 1975, S. 504 (505); Schäfer § 94 I S. 417.

140 Kroschel/Doerner S. 78; Gerland FG für Ri. Schmidt S. 201 (210 f.).

141 Gerland a.a.O. S. 204; Beling ZStW 37 (1916), S. 365 (384): „... schriftlich über das Geschehene zu berichten ...".

142 v. Kries S. 454, Bay.ObLG GA 73 (1929), S. 130 (132 f.); Rosenfeld S. 99: „objektives Referat, wie das Resultat zustandegekommen ist."

143 Breetzke DRiZ 1962, S. 5; Kohlhaas NJW 1953, S. 40 ff.; v. Kries S. 454 f.; Beling S. 253 f.; Peters Lb. S. 465 f.; Gerland FG für Ri. Schmidt S. 201 (214 ff.); Spendel ZStW 65 (1953), S. 403 (411 f.); LR-Schäfer § 43 DRiG Rdn. 19; Kleinknecht § 43 DRiG Rdn. 4.

144 BGH MDR 1976 S. 989; BayObLG GA 73 (1929), S. 130 (131 ff.) = JW 1929 S. 1062 (1063 f.); OLG Celle MDR 1958, S. 182.

145 Vgl. hierzu die Beispiele bei Sachse ZStW 49 (1929), S. 306 (314 f.); Schmidt-Räntsch JZ 1958 S. 329 (332) und Spendel ZStW 65 (1953) S. 403 (411 f.). Zur Verpflichtung, die Beweiswürdigung mitzuteilen allg. KK-Hürxthal § 267 Rdn. 12 m.ausf.-Nachw.

ständige schriftliche Begründung unangreifbar gemacht und damit den Prozeßbeteiligten die Möglichkeit genommen, diesen Verfahrensfehler erfolgreich zu rügen, obwohl das Urteil auf diesem Fehler beruht oder zumindest beruhen kann. Das gleiche gilt für den Fall unrichtiger Feststellung der Mehrheitsverhältnisse. Ist es (jedenfalls auch) Zweck der Urteilsgründe, bei der Entscheidungsfindung (möglicherweise) unterlaufene (Verfahrens-)Mängel dem Revisionsgericht und den Parteien sichtbar zu machen, so läßt es sich durch nichts rechtfertigen, daß gerade die Fragestellung als eigentlicher Bestandteil der Abstimmung hiervon ausgenommen sein soll. Soweit die bisher herrschende Meinung darauf abstellt, ob Meinungsverschiedenheiten über die Art der Abstimmung bestanden,[146] bleibt sie auf halbem Wege stehen: auch wenn diesbezüglich keine Differenzen im Kollegium vorhanden waren, kann die Entscheidung auf einer falschen Fragestellung[147] und/oder auf einer Nichtbeachtung der Vorschriften über die erforderlichen Mehrheiten beruhen. Daß zwar die (verschiedenen) Antworten der entscheidenden Kollegiumsmitglieder dargestellt werden dürfen, nicht aber die mindestens ebenso wichtige Tatsache, worauf denn überhaupt geantwortet wurde, dürfte sich daher schwerlich begründen lassen, haben doch die Diskussionen über die richtige Fragestellung im Geschworenengericht schon ganze Bücher gefüllt.[148]

Aus diesen Gründen ist es nicht nur bei Meinungsverschiedenheiten über die Art des Abstimmens, sondern *stets* geboten, daß „Art der Abstimmung, deren Reihenfolge und die Stimmenverhältnisse in die Urteilsgründe aufgenommen werden, damit das Revisionsgericht die Möglichkeit hat, das Abstimmungsverfahren nachzuprüfen und erforderlichenfalls eine auf einer fehlerhaften Abstimmung beruhende Entscheidung aufzuheben".[149] Nur dann lassen sich insoweit auch keine nachteiligen Folgen für den Verurteilten befürchten, ist das „erregende Moment des Prozesses" in rechtsstaatlich gebotener Weise verifizierbar.[150]

Bezieht sich die richterliche Schweigepflicht nach den obigen Ausführungen immer nur darauf, welcher Richter aus welchem Grunde in einem bestimmten Sinne abgestimmt hat, so verbietet § 43 DRiG nur, daß nach außen das Abstimmungsverhalten *eines bestimmten Votanten* erkennbar wird. Insoweit –

---

[146] So etwa BGH bei Holtz MDR 1976, S. 989; Kleinknecht § 43 DRiG Rdn. 4; LR-Schäfer § 43 DRiG Rdn. 18 m.w.N.

[147] Nicht „Meinungsverschiedenheiten über die Art der Abstimmung", sondern die Fragestellung schlechthin kann für die Entscheidung „präjudizierlich" sein.

[148] Vgl. hierzu nur: Oetker S. 117 ff.; Meyer S. 109 ff.; Dalcke S. 15 ff.; Heinemann ZStW 15 (1895) S. 1 ff.

[149] BGH bei Holtz MDR 1976, S. 989.

[150] Scheuerle ZZP 68 (1955), S. 317 (328, 332), der zu Recht auch darauf hinweist, daß es wenig einsehbar ist, daß zwar die Tatsache, daß der Angeklagte in der Hauptverhandlung das letzte Wort hatte, sich aus dem Protokoll ergeben muß, die Vorgänge, bei denen es im wahrsten Sinne des Wortes um das Ganze geht, aber nicht überprüfbar sein sollen.

aber auch nur insoweit – kann die Verpflichtung zu vollständiger und wahrheitsgemäßer Urteilsbegründung eingeschränkt sein. Im übrigen ist der Entscheidungsfindungsprozeß stets vollständig darzustellen; hierzu gehören auch die vom Vorsitzenden gestellten (und vom Kollegium gebilligten) Fragen, das Stimmenverhältnis bei Beantwortung dieser Fragen sowie die (unterschiedlichen) Begründungen und/oder Beweiswürdigungen.

Hiergegen läßt sich auch nicht einwenden, daß die Urteilsbegründung dann aufgrund der Mehrheit der Einzelentscheidungen verwirrend und unübersichtlich würde.[151] Denn unabhängig von der Tatsache, daß in einem Urteil durchweg verschiedene zu begründende Einzelentscheidungen enthalten sein können, darüber hinaus aber auch der Prozeß der Entscheidungsfindung in bestimmten Fällen offengelegt werden darf, ohne daß der Einwand der „Unübersichtlichkeit" erhoben würde, läßt sich diese doch durch eine entsprechende Fassung der Gründe vermeiden.[152] So könnte etwa der jeweilige Urteilsabschnitt eingeleitet werden: „die Frage, ob ... wurde einstimmig/mit ... Stimmen aus folgenden Gründen bejaht/verneint". Zu berücksichtigen ist schließlich, daß unterschiedliche Mehrheiten und/oder verschiedene Begründungen ohnehin nur bei tatsächlich oder rechtlich schwierigen Entscheidungen auftauchen werden, gerade in diesen Fällen aber eine Überprüfung des prozeßordnungsgemäßen Zustandekommens der Entscheidung dringend geboten ist.

Abstimmungsverfahren und -verhältnis können und müssen daher stets in den Urteilsgründen dargelegt werden, es sei denn, es handelt sich um ein abgekürztes Urteil gemäß § 267 IV, V StPO; bei fehlerhafter Fragestellung oder sonstigen Mängeln der Abstimmungsvorgänge kann denn die Revision auch den Vorschriften des § 344 II 2 StPO entsprechend begründet werden.

b) Meinungsverschiedenheiten über die Urteilsbegründung

Aus der referierenden Natur der Urteilsgründe sowie aus dem Grundsatz, daß die (schriftliche) Urteilsbegründung die bei Beratung und Abstimmung gewonnenen Ergebnisse wahrheitsgetreu und vollständig wiedergeben muß, ergeben sich nun eine Reihe wichtiger Konsequenzen. Fest steht damit, daß eine nachträgliche Berichtigung des bei der Urteilsfindung Beschlossenen nicht mehr möglich, eine Ergänzung der als lückenhaft erkannten Abstimmung absolut ausgeschlossen ist.[153] Auch wenn der Urteilsverfasser daher fest-

---

[151] So Kommissionsbericht S. 168, der diesen Gesichtspunkt als „ausschlaggebend" ansieht.

[152] Allg. zur Forderung nach klarer und übersichtlicher Urteilsbegründung: Schlüchter Rdn. 586 S. 631 ff.; LR-Gollwitzer § 267 Rdn. 4; KK-Hürxthal § 267 Rdn. 3.

[153] Jung JW 1927, S. 363 (364); Gerland FG für Ri. Schmidt S. 201 (210 f.); Kroschel/Doerner S. 79; LR-Gollwitzer § 267 Rdn. 7; Beling ZStW 37 (1916) S. 365 (383 ff.); RG JW 1928, S. 2270.

stellt, daß bei der Abstimmung Erwägungen übersehen wurden, die die Entscheidung rechtfertigen würden, darf er diese in die schriftlichen Gründe nicht aufnehmen, würde doch eine vom Kollegium so nicht getroffene Entscheidung dokumentiert.[154] Das gleiche gilt, wenn von einem Teil des Kollegiums rechtlich nicht haltbare Gründe angegeben wurden – auch diese dürfen vom Urteilsverfasser weder ausgelassen noch korrigiert werden.[155] Die einmal getroffene und verkündete (!)[156] Entscheidung kann aber auch nicht durch erneute Beratung und Abstimmung des gesamten Kollegiums vervollständigt oder von Fehlern geheilt werden. Der gesamte Urteilsfindungsprozeß ist vielmehr so, wie er sich tatsächlich abgespielt hat, vom Urteilsverfasser zu dokumentieren.[157]

Schwierigkeiten können sich aber ergeben, wenn nachträglich Zweifel auftauchen, ob die Urteilsgründe Fragestellung und Abstimmungsergebnis korrekt und vollständig wiedergeben.[158] Praktisch wird dies, wenn auch selten, so vor allem bei den mit mehr als einem Berufsrichter besetzten Kollegialgerichten, da alle Berufsrichter durch ihre Unterschrift diese Übereinstimmung bekunden müssen, der Vorsitzende des Schöffengerichts insoweit regelmäßig nicht kontrolliert wird.

Hier stellt sich nun einmal die Frage, *wer* darüber entscheidet, ob die schriftlichen Gründe mit den tatsächlich ausschlaggebend gewesenen Gründen des Kollegiums übereinstimmen.[159] Die ganz h. M. geht (was hier nicht weiter vertieft werden soll) davon aus, daß die insoweit auftauchenden Fragen nur von den Berufsrichtern in einer Beratung geklärt und durch Abstimmung mehrheitlich entschieden werden.[160]

Neben dieser Kompetenzfrage ist aber weiterhin zu untersuchen, ob auch Meinungsverschiedenheiten hinsichtlich der Übereinstimmung von Abstim-

---

[154] Gerland FG f. Ri. Schmidt S. 201 (210 f.); KK-Hürxthal § 267 Rdn. 1; LR-Gollwitzer § 267 Rdn. 7; Sachse GA 70 (1926) S. 161 (165 ff.); Beling S. 253 f.; Rosenfeld S. 99.

[155] Jung JW 1927, S. 363 (364); Kroschel/Doerner S. 79; Sachse GA 70 (1926), S. 161 (168 f.) ders. JW 1930, S. 2520 f.; BayObLG JW 1929, S. 1062 f. = GA 73 (1929), S. 130 f., anders wohl nur Alsberg JW 1930, S. 762 ff.

[156] Gerland FG für Ri. Schmidt S. 201 (212) Fn. 34; KK-Mayr § 194 Rdn. 5.

[157] Zum Erfordernis der Übereinstimmung der Entscheidungsgründe mit dem Beratungsergebnis: BGHSt 31, 212 = MDR 1983, S. 421; OLG Düsseldorf MDR 1985, S. 868.

[158] Zu einem solchen Fall: BGH VRS 48, 362 ff. = MDR 1975, S. 504 f.; grundlegend hierzu: Sachse GA 70 (1926), S. 161 ff.

[159] Eine Abstimmung auch hierüber wird abgelehnt von Gerland FG f. Ri. Schmidt S. 201 (212 f.); die Frage, ob die Urteilsbegründung vollständig und wahrheitsgetreu den Verlauf der Beratung und Abstimmung wiedergibt, ist aber zu trennen von der Frage, ob die tatsächlich (zweifelsfrei) maßgebenden Gründe bei der Abstimmung nachträglich korrigiert werden dürfen.

[160] BGH VRS 48, 362 (363) = MDR 1975, S. 504 (505); Sachs DRiZ 1925, Sp. 154 f.; Sachse GA 70 (1926) S. 161 (162 f.); KMR-Müller § 275 Rdn. 9.

mungsergebnis und -verfahren bzw. schriftlichen Urteilsgründen in diesen dargelegt werden müssen. Haben die Urteilsgründe die Aufgabe, den Entscheidungsfindungsprozeß vollständig und wahrheitsgemäß zu dokumentieren, so läßt sich eine Mitteilungspflicht hinsichtlich dieser (nachträglichen) Zweifel wohl nicht aus der Beurkundungs- und Protokollfunktion ableiten,[161] handelt es sich doch um eine der Beratung und Abstimmung nachfolgende Entscheidung. Eine Darlegungspflicht wäre aber wohl dann anzunehmen, wenn auf den Umstand, daß schriftliche und tatsächliche Gründe (nur) nach Ansicht der Mehrheit des Kollegiums übereinstimmen, die Revision gestützt werden könnte. Da Entscheidungsgründe vorliegen, kann nicht schon der absolute Revisionsgrund der fehlenden Gründe (§ 338 Nr. 7 StPO) eingreifen.[162] Die Revision kann aber wohl auch nicht auf § 337 StPO gestützt werden: die Entscheidung kann nämlich nicht darauf beruhen, daß ihre Entstehung (nach Ansicht der Minderheit) falsch dargestellt wird, sondern allenfalls darauf, daß das Abstimmungsverfahren selbst fehlerhaft war.[163] Auch den aus §§ 271 ff. StPO entwickelten Grundsatz, daß Meinungsverschiedenheiten über die Richtigkeit des Sitzungsprotokolls sich aus diesem selbst ergeben müssen,[164] auf die hier erörterte Konstellation zu übertragen, erscheint nicht hilfreich.[165] Bei Angabe der Meinungsverschiedenheiten im Sitzungsprotokoll wird nämlich allein die Beweiskraft des § 274 StPO beseitigt; der tatsächliche Verfahrensablauf ist dann im Wege der freien Beweiswürdigung festzustellen.[166] Eine solche weitere Aufklärung scheint aber aussichtslos, wenn das gesamte Kollegium über die richtige Darstellung des Entscheidungsfindungsprozesses abgestimmt und eine Mehrheit die Übereinstimmung bejaht hat. Nach alledem ist über die Frage, ob tatsächliches Zustandekommen der Entscheidung und schriftliche Gründe übereinstimmen, vom gesamten Kollegium zu entscheiden. Diese Meinungsverschiedenheiten müssen nicht – können allerdings – in der Urteilsbegründung wiedergegeben werden.

---

[161] So aber Gerland FG für Ri. Schmidt S. 201 (213).

[162] So: Sachse GA 70 (1926) S. 161 (165); Gerland FG für Ri. Schmidt, S. 201 (214).

[163] Zur entspr. Lage bei der sog. „Protokollrüge“: KK-Engelhardt § 271 Rdn. 27; KMR-Müller § 271 Rdn. 34; LR-Gollwitzer § 271 Rdn. 71; Kern/Roxin § 50 V S. 270 f.

[164] KK-Engelhardt § 271 Rdn. 7, 17; LR-Gollwitzer § 271 Rdn. 18, 47 ff.; KMR-Müller § 271 Rdn. 12.

[165] So aber: Gerland FG für Ri. Schmidt S. 201 (214).

[166] Kern/Roxin § 50 III 3 S. 270; KK-Engelhardt § 271 Rdn. 7, 17; LR-Gollwitzer § 274 Rdn. 4, jew. mit ausf. Nachw. zur Rspr.

Literaturverzeichnis

Alsberg, Max: Anmerkung zu RG U. v. 24. 10. 1930, in: JW 1930, S. 762 ff.

— Entgegnungen: Die Urteilsbegründung des von den Schöffen überstimmten Berufsrichters, in: JW 1930, S. 2521 f.

— Die Urteilsbegründung des überstimmten Richters, in: JW 1926, S. 2164 f.

Altvater: Schuldfragen in Kapitalfällen, in: DJZ 1906, Sp. 70.

Arndt, Adolf: Umwelt und Recht, I. Hilfsbeamte im Gericht (Art. 92, 103 GG), in: NJW 1963, S. 848.

Ascher, Bernhard: Die Schweigepflicht der Richter, in: DRiZ 1929, S. 89 f.

von Bar: Zur Lehre von der Abstimmung in den Richterkollegien, in: KVJR 1868, S. 467 ff.

— Zur Lehre von den alternativen Fragen im schwurgerichtlichen Verfahren, in: GA 15 (1867), S. 569 ff.

— Recht und Beweis im Geschworenengericht, Hannover 1865.

Baterau: Die Schuldspruchberichtigung, Göttingen 1971.

Baumann, Jürgen: Wahrheit der Urteilsgründe, in: NJW 1957, S. 1017 f.

Baumbach, Adolf/*Lauterbach,* Wolfgang/*Albers,* Jan/*Hartmann,* Peter: Zivilprozeßordnung mit Gerichtsverfassungsgesetz und anderen Nebengesetzen, 44. Aufl., München 1986 (zit.: Bearbeiter in B/L/A/H).

Beling, Heinz: Anmerkung zu RG U. v. 29. 6. 1926 (= RGSt 60, 295 f.), in: JW 1926, S. 2579 ff.

— Bindings Lehre von der Abstimmung im Strafgericht, in: ZStW 37 (1916), S. 265 ff.

— Zur Lehre von der strafgerichtlichen Abstimmung, in: ZStW 42 (1921), S. 599 ff.

— Deutsches Reichsstrafprozeßrecht mit Einschluß des Strafgerichtsverfassungsrechts, Berlin/Leipzig 1928.

— Rechtsfrage und revisionsinstanzliche Abstimmung im Strafprozeß, in: GA 67 (1919), S. 141 ff.

Bennecke, Hans/*Beling,* Ernst von: Lehrbuch des Deutschen Reichs-Strafprozeßrechts, Breslau 1900 (zit.: Bennecke/Beling)

Benz, Ulrike: Zur Rolle des Laienrichters im Strafprozeß, Lübeck 1982.

Bergerfurth, Bruno: Zur Anonymität des Kollegialgerichts, in: DRiZ 1962, S. 124 f.

Berz, Ulrich: Tagungsbericht. Die Diskussionsbeiträge der Strafrechtslehrertagung 1977 in Gießen, in: ZStW 90 (1978), S. 210 ff.

Binding, Karl: Grundriß des Deutschen Strafprozeßrechts, 5. Aufl., Leipzig 1904.

— Die Beschlußfassung im Kollegialgericht, in: Strafrechtliche und Strafprozessuale Abhandlungen Bd. II.: Strafprozeßrecht, München/Leipzig 1915, S. 139 ff. (zit.: Binding, Abh. II, S.).

Birkmeyer, Karl: Deutsches Strafprozeßrecht mit ausführlicher Bezugnahme auf die preußischen und bayerischen Ausführungsbestimmungen, Berlin 1898.

Bischoff: Inwieweit haben die Geschworenen das positive Strafgesetz in Betracht zu ziehen?, in: GA 42 (1894), S. 349 ff.

Bolgiano, Carl: Über den Abstimmungsmodus im Richterkollegium nach dem Deutschen Gerichtsverfassungsgesetze, in: AcP 78 (1892), S. 145 ff.

— Zur Lehre von der Urtheilsfällung, in: ZZP 15 (1891), S. 387 ff.

Braun: Richterhaftung und Beratungsgeheimnis, in: JW 1917, S. 132 ff.

Breetzke, Ernst: Abstimmung, Spruch, Gründe, in: DRiZ 1962, S. 5 ff.

Brox, Hans: Rechtsprobleme der Abstimmungen beim Bundesverfassungsgericht, in: Festschrift für Gebhard Müller zum 70. Geburtstag, Tübingen 1970, S. 1 ff.

Brunner, Rudolf: Jugendgerichtsgesetz, Kommentar, 6. Aufl., Berlin/New York 1981.

Bülow, Freiherr von: Die Civilprozeßordnung und ihre Nebengesetze, Hannover 1879.

Burkhardt, Björn: Der „Rücktritt“ als Rechtsfolgenbestimmung. Strafrechtliche Abhandlungen Neue Folge Bd. 23, Berlin 1975 (zugleich Jur. Diss. Bielefeld 1973).

Casper, Gerhard/*Zeisel,* Hans (Hrsg.): Der Laienrichter im Strafprozeß, vier empirische Studien zur Rechtsvergleichung, Heidelberg, Karlsruhe 1979.

von *Coelln,* Carl Günther: Das Beratungsgeheimnis - Sein Gegenstand und seine Wirkungen mit Berücksichtigung der Abstimmungsmethode, Berlin 1931 (prozeßrechtliche Abhandlungen Bd. VI).

Croissant, Claus: Vorbereitete Urteile im Revisions-Strafverfahren und rechtliches Gehör, in: NJW 1963, S. 1711 ff.

Dagtoglou, Prodromos: Kollegialorgane und Kollegialakte der Verwaltung, Stuttgart 1960.

Dalcke, A.: Fragestellung und Verdikt im schwurgerichtlichen Verfahren, 2. Aufl., Berlin 1898.

Dallinger, Wilhelm/*Lackner,* Karl: Jugendgerichtsgesetz mit ergänzenden Vorschriften, 2. Aufl., München/Berlin 1965.

Dencker, Friedrich: Die Bagatelldelikte im Entwurf eines EGStGB, in: JZ 1973, S. 144 ff.

— Belehrung des Angeklagten über sein Schweigerecht und Vernehmung zur Person, - Anmerkung zu BGH MDR 1974, S. 765 ff., in: MDR 1975, S. 359 ff.

— Zur Zulässigkeit staatlich gesteuerter Deliktsbeteiligung, in: Festschrift für Hanns Dünnebier, S. 447, Berlin/New York 1982.

Dohna, Alexander Graf zu: Das Strafprozeßrecht, 3. Aufl., Berlin 1929.

Dreher, Eduard/*Tröndle,* Herbert: Strafgesetzbuch und Nebengesetze, Kommentar, 41. Aufl., München 1983.

Eichenberger, Kurt: Die richterliche Unabhängigkeit als staatsrechtliches Problem, Berlin 1960.

Eisenberg, Ulrich: Jugendgerichtsgesetz mit Erläuterungen, München 1982.

Elsener, Ferdinand: Zur Geschichte des Majoritätsprinzips (Pars major und Pars sanior), insbesondere nach schweizerischen Quellen, in: Zeitschrift für Rechtsgeschichte 1956, S. 73 ff.

Engelmann, A.: Der Civilprozeß. Geschichte und System, Breslau 1889.

Erichsen, Hans Uwe: Anmerkungen zu OVG Münster, B. v. 12. 9. 1972, in: JZ 1973, S. 244 f.

Esser, Josef: Vorverständnis und Methodenwahl in der Rechtsfindung, Frankfurt am Main 1970.

Eyermann, Erich/*Fröhler,* Ludwig: Verwaltungsgerichtsordnung, Kommentar, 8. Aufl., München 1980.

Feddersen, J.: Das Schwurgericht – Unter besonderer Berücksichtigung der Rechtsprechung des Reichsgerichts, Berlin 1907.

Feisenberger, Albert: Strafprozeßordnung und Gerichtsverfassungsgesetz unter besonderer Berücksichtigung der Rechtsprechung, Berlin/Leipzig 1926.

Feuerbach, Anselm Ritter von: Betrachtungen über die Öffentlichkeit und Mündlichkeit der Gerechtigkeitspflege, Gießen 1821.

Fuchs, Ernst: Besprechung von: „Stellung und Aufgaben des Richters im Spiegel der Zeit“ von Dr. Paul Gülland, in: JW 1929, S. 26 f.

— Strafrechtsscholastik und neues Strafgesetzbuch, in: Die Justiz 1927/28, Bd. III, S. 238 ff.

Gerland, Heinrich: Einige Bemerkungen zur Lehre von der schriftlichen Urteilsbegründung, in: Festschrift für Richard Schmidt zu seinem 70. Geburtstag 19. 1. 1932, Bd. I: Straf- und Prozeßrecht, S. 201 ff., Neudruck der Ausgabe Leipzig 1932, Aalen 1979.

— Der deutsche Strafprozeß, Eine systematische Darstellung, Mannheim/Berlin/Leipzig 1927.

Geyer, August: Lehrbuch des gemeinen deutschen Strafprozeßrechts, Leipzig 1880.

Gierke, Otto von: Über die Geschichte des Majoritätsprinzips, in: Schmollers Jahrbuch für Gesetzgebung, Verwaltung und Volkswirtschaft im Deutschen Reiche, 39. Jhg. 2. Heft 1915, S. 7 ff.

Glaser, Julius: Handbuch des Strafprozesses, Bd. 2, Leipzig 1885 (zit.: Glaser Hdb. S.).

— Schwurgerichtliche Erörterungen, 2. Aufl., Wien 1875 (zit.: Glaser, Erörterungen).

Gössel, Karl-Heinz: Strafverfahrensrecht Bd. I, Stuttgart/Berlin/Köln/Mainz 1977.

Gribbohm, Günter: Richterliches Wollen und Urteilsfindung, in: MDR 1966, S. 975 ff.

Grünhut, Max: Das Minderheitenvotum, in: Festschrift für Eberhard Schmidt zum 70. Geburtstag 1961, Göttingen 1961, S. 620 ff.

Grünwald, Gerald: Bedeutung und Begründung des Satzes „nulla poena sine lege", in: ZStW 76 (1964), S. 1 ff.

— Probleme der Gegenüberstellung zum Zwecke der Wiedererkennung, in: JZ 1981, S. 423 ff.

Gusy, Cristoph: Der Vorrang des Gesetzes, in: JuS 1983, S. 189 ff.

Haberstumpf: Geheime Beratung und Zeugnispflicht, in: DRiZ 1910, Sp. 485.

Hahn, Carl: Die gesammten Materialien zu dem Gerichtsverfassungsgesetz und dem Einführungsgesetz zu demselben vom 27. Januar 1877, 1. und 2. Abtheilung, 2. Aufl. Berlin 1883 (zit.: Hahn, GVG, Bd. , S.)

— Die gesammten Materialien zur Strafprozeßordnung und dem Einführungsgesetz zu demselben vom 1. 2. 1877, 2. Aufl., 1. Abtheilung 1885, 2. Abtheilung 1886 (zit.: Hahn, StPO, Bd. , S.).

Hanack, Ernst-Walter: Die Rechtsprechung des Bundesgerichtshofs zum Strafverfahrensrecht, Band 11 – 22 der Amtlichen Sammlung, in: JZ 1972, S. 313 ff.

Hartmann: Die Schweigepflicht der Richter, in: JW 1929, S. 236 ff.

Hassemer, Winfried: Die Formalisierung der Strafzumessungsentscheidung, in: ZStW 90 (1978) S. 64 ff.

Hattenhauer, Hans/*Kaltefleiter,* Werner: Mehrheitsprinzip, Konsens und Verfassung, Heidelberg 1986.

Haymann, Franz: Die Mehrheitsentscheidung. Ihr Sinn und ihre Schranken, in: Festgabe für Rudolf Stammler zum 70. Geburtstag, Berlin/Leipzig 1926, S. 395 ff.

Heilfron, Ed./*Pick,* Georg: Lehrbuch des Zivilprozeßrechts, 1. Bd., 3. Aufl., Mannheim/Berlin/Leipzig 1921.

Heinemann, Hugo: Die Abstimmung in Strafgerichten, Abstimmung nach Gründen oder dem Gesamtergebnis? in: ZStW 15 (1895), S. 1 ff.

— Zur Lehre von der Abstimmung in den Strafgerichten, in: ZStW 15 (1895), S. 217 ff.

Heinitz, Ernst: Zur Entwicklung der Lehre von der materiellen Rechtswidrigkeit, in: Festschrift für Eberhard Schmidt zum 70. Geburtstag 1961, Göttingen 1961, S. 266 f.

Heinsheimer, Karl: Ist in bürgerlichen Rechtsstreitigkeiten das Kollegialprinzip zugunsten des Einzelrichtertums einzuschränken? – Gutachten für den 29. DJT Karlsruhe 1908, in: Verhandlungen des 29. DJT, Bd. 4, S. 304 ff.

Hellweg, A.: Der Reichs-Strafprozeß, 4. Aufl., Berlin 1890.

Hellwig, Konrad: System des deutschen Zivilprozeßrechts, 1. Teil, Leipzig 1912.

Hendel, Dieter: Einzelrichter – oder Kollegialsystem, in: Tatsachenforschung in der Justiz, hrsg. v. Rolf Bender, S. 105, Tübingen 1972.

— Hypothesen der Kleingruppenforschung zum Thema „Einzelrichter oder Kollegium", in: JZ 1973, S. 412 ff.

Henkel, Heinrich: Strafverfahrensrecht – Ein Lehrbuch, 2. Aufl., Stuttgart/Berlin/Köln/Mainz 1968.

Herzog, Felix: Rechtsstaatliche Begrenzungen der Verbrechensbekämpfung, in: NStZ 1985, S. 153 ff.

Heun, Werner: Das Mehrheitsprinzip in der Demokratie, Grundlagen, Struktur, Begrenzungen, Berlin 1983 (Schriften zum Öffentlichen Recht Bd. 440).

Heyde, Wolfgang: Das Minderheitsvotum des überstimmten Richters, Diss. Bonn 1964.

Hippel, Robert von: Der deutsche Strafprozeß – Lehrbuch, Marburg 1941.

Hruschka, Joachim: Zur Logik und Dogmatik von Verurteilungen aufgrund mehrdeutiger Beweisergebnisse im Strafprozeß, in: JZ 1970, S. 637 ff.

Hücking, W.: Zur Fragestellung bei dem Schwurgericht. Erörterungen aus der Praxis, in: GA 34 (1886), S. 216 ff., GA 35 (1887), S. 169 ff., GA 38 (1900), S. 401 ff.

Hülle, Werner: Geschichtliches vom Beratungsgeheimnis, in: DRiZ 1986, S. 384 ff.

Jahn: Die Abstimmung, insbesondere bei den Steuergerichten, in: ZStW 53 (1934), S. 490 ff.

Jauernig, Othmar: Zivilprozeßrecht, 18. Aufl., München 1977.

Jonas: Das Schöffengericht in seiner Mehrheit, in: JW 1912, S. 439.

Jung, Heinz: Die Urteilsbegründung des überstimmten Strafrichters, in: JW 1927, S. 363 ff.

Karlsruher Kommentar zur Strafprozeßordnung und zum Gerichtsverfassungsgesetz, hrsg. von Gerd Pfeiffer, München 1982 (zit.: KK-Bearbeiter).

Kern, Eduard: Die qualifizierten Mehrheiten im Strafverfahren, in: DJ 1938, S. 1386 ff.

— Geschichte des Gerichtsverfassungsrechts, München/Berlin 1954 (zit.: Kern, Geschichte, S.).

Kern, Eduard/*Roxin,* Claus: Strafverfahrensrecht, 16. Aufl., München 1980 (zit.: Kern/Roxin).

Kern, Eduard/*Wolf,* Manfred: Gerichtsverfassungsrecht, 5. Aufl., München 1975 (zit.: Kern).

Kissel, Otto Rudolf: Der dreistufige Aufbau der ordentlichen Gerichtsbarkeit, Frankfurt 1972 (zit.: Kissel, Aufbau S.).

— Gerichtsverfassungsgesetz – Kommentar, München 1981 (zit.: Kissel).

Klein, Hans H.: Richterrecht und Gesetzesrecht, in: DRiZ 1972, S. 333 ff.

Kleinfeller, Georg: Lehrbuch des Deutschen Zivilprozeßrechts, 3. Aufl., Berlin 1925.

Kleinknecht, Theodor: Strafprozeßordnung. Mit GVG und Nebengesetzen. 35. Aufl., München 1981.

Knoth: Vorsitzender und Beisitzer im erweiterten Schöffengericht, in: DRiZ 1925, Sp. 333.

Koch, Horst Heinrich/*Steinmetz,* Hans-Peter: Gegen Einzelrichter im Verwaltungsprozeß, in: DÖV 1981, S. 50 ff.

Koeniger, Hans: Die Hauptverhandlung in Strafsachen, Köln/Berlin/Bonn/München 1966.

Kohlhaas, Das Beratungsgeheimnis, in: NJW 1953, S. 401 ff.

Kohlrausch, Eduard: Strafprozeßordnung und Gerichtsverfassungsgesetz, 22. Aufl., Berlin/Leipzig 1930.

Kommissionsbericht: Bericht der Kommission für Gerichtsverfassungsrecht und Rechtspflegerrecht, hrsg. vom Bundesministerium der Justiz, Bonn 1975 (zit.: Kommissionsbericht S.).

Kopp, Ferdinand O.: Verwaltungsgerichtsordnung, 5. Aufl., München 1981.

Krey, Volker: Studien zum Gesetzesvorbehalt im Strafrecht, Berlin 1977.

Kries, August von : Lehrbuch des deutschen Strafprozeßrechts, Freiburg i.B. 1892.

Kroschel, Theodor/*Doerner,* Karl: Die Urteile in Strafsachen, 23. Aufl., München 1978.

Krüger, Ralf: Verfassungsrechtliche Grundlagen polizeilicher V-Mann-Arbeit, in: NJW 1982, S. 855 ff.

Kühne, Hans-Heiner: Strafprozeßlehre. Eine Einführung, Kehl a.R./Straßburg 1978,

Kühne, Rudolf: Die Rechtsstellung der Beisitzer im Kollegialgericht, in: DRiZ 1960, S. 390 ff.

Küper, Wilfried: Die Richteridee der Strafprozeßordnung und ihre geschichtlichen Grundlagen (Münstersche Beiträge zur Rechts- und Staatswissenschaft Heft 11), Berlin 1967.

Lackner, Karl: Strafgesetzbuch mit Erläuterungen, 14. Aufl., München 1981.

Lang: Über die Abstimmung in Kollegien, in: ZZP 26 (1899), S. 63 ff.

Larenz, Karl: Methodenlehre der Rechtswissenschaft (um den historischen Teil verkürzte Studienausgabe von: Larenz, Methodenlehre der Rechtswissenschaft, 5. Aufl.), Berlin/Heidelberg/New York/Tokio 1983.

Leipziger Kommentar: Strafgesetzbuch. Leipziger Kommentar, 10. Aufl., 28. Lieferung, Berlin/New York 1982 (zit.: LK-Bearbeiter).

Lilienthal, Karl von: Strafprozeßrecht, Berlin 1923.

Löwe, Eduard/*Rosenberg,* Werner: Die Strafprozeßordnung und das Gerichtsverfassungsgesetz mit Nebengesetzen, 23. Aufl., München 1976-1978 (zit.: LR-Bearbeiter).

Lucas, Hermann/*Dürr,* Alfred: Anleitung zur strafrechtlichen Praxis, 1. Teil: Das formelle Strafrecht, 5. Aufl., Berlin 1931.

Luhmann, Niklas: Rechtssoziologie, 2. Aufl., Opladen 1983.

Mannheim: Anmerkung zu BayObLG U. v. 24. 10. 1927, in: JW 1929, S. 1062 ff.

Martens, Joachim: Einführung in die Praxis des Verwaltungsprozesses, in: JuS 1973, S. 222 ff.

— Die Praxis des Verwaltungsprozesses, München 1975.

Maunz, Theodor/*Schmidt-Bleibtreu,* Bruno/*Klein,* Franz/*Ulsamer,* Gerland: Bundesverfassungsgerichtsgesetz, Kommentar, Loseblatt (Stand: Sept. 1979), München (zit.: Maunz).

Meerscheidt-Hüllessem, Eduard von: Die Fragestellung im Schwurgericht, Berlin 1913.

Merten, Detlef: Die Bindung des Richters an Gesetz und Verfassung, in: DVBl 1975, S. 677 ff.

Meyer, Hugo: That- und Rechtsfrage im Geschworenengericht, Berlin 1860.

Meurer, Dieter: Systematische Strafrechtsanwendung, in: JuS 1986 (Lernbogen 1/1986), S. L 1 ff.

Montenbruck, Axel: Wahlfeststellung und Werttypus in Strafrecht und Strafprozeßrecht, Kiel 1976.

Müller, Hermann/ *Sax,* Walter: Kommentar zur Strafprozeßordnung und zum Gerichtsverfassungsgesetz, 6. Aufl., Darmstadt 1966 (zit.: KMR-Bearbeiter (6.) § ... Rdn ...).

— KMR-Kommentar zur Strafprozeßordnung, 7. Aufl., Loseblattsammlung (Stand 1980), Darmstadt (zit.: KMR-Bearbeiter).

Nadelmann, Kurt H.: Das Minderheitsvotum im Kollegialgericht – Bekanntgabe oder Geheimhaltung?, in: AöR 86 (1961), S. 39 ff.

Oetker, Friedrich: Literarische Anzeigen: Binding, Grundriß des deutschen Strafprozeßrechts, 5. Aufl., in: GS 65 (1905), S. 431 ff.

— Die gesetzlichen Merkmale in Haupt- und Nebenfrage, in: GS 64 (1904), S. 55 ff.

— Die Schuldfrage in Kapitalfällen, in: DJZ 1905, Sp. 1083 ff.

— Das Verfahren vor den Schwur- und den Schöffengerichten (Des Handbuchs des Strafprozesses von Julius Glaser dritter Band), Leipzig 1907.

Oetker, Friedrich/*Nagler,* J.: Die neue deutsche Strafgerichtsverfassung, Stuttgart 1924.

Oppenhoff: Preußische Gesetze über das mündliche und öffentliche Verfahren in Strafsachen, Berlin 1860.

Ortloff, Hermann: Beweisregeln und Entscheidungsgründe im Strafprozeß, Teil II/8, in: GA 9 (1861), S. 13 ff.

Ostern, Adolf: Die Alternativität bei strafprozessualen Willenserklärungen. Strafrechtliche Abhandlungen Alte Folge Bd. 44, Breslau 1902.

Pakuscher, Ernst Karl: Wider den Zwang zum Einheitsurteil. Ein Beitrag zum 47. DJT, in: JR 1968, S. 294 ff.

Papsthart, Alexander: Über die Form der Beratung im Kollegialgericht, in: DRiZ 1971, S. 18 ff.

Pawlowski, Hans-Martin: Methodenlehre für Juristen, Heidelberg/Karlsruhe 1981.

Peters, Karl: Strafprozeß – Ein Lehrbuch, 4. Aufl., Heidelberg 1985 (zit.: Peters LB.), 3. Aufl. Karlsruhe 1981 (zit.: Peters LB (3.) S.).

Pfizer, G.: Abstimmung und Revision, in: ZZP 15 (1891), S. 365 ff.

Pinger, Wilfried: Der Spruchkörper der Eingangsgerichte im dreistufigen Gerichtsaufbau, in: ZRP 1973, S. 182 ff.

Planck, Julius Wilhelm: Lehrbuch des Deutschen Civilprozeßrechts, Erster Band: Allgemeiner Theil, Nördlingen, 1887.

Redeker, Konrad/*von Oertzen,* Hans-Joachim: Verwaltungsgerichtsordnung – Kommentar, 7. Aufl., Stuttgart/Berlin/Köln/Mainz 1981.

Riedel, Joachim: Das Postulat der Unparteilichkeit des Richters – Befangenheit und Parteilichkeit im deutschen Verfassungs- und Verfahrensrecht, Berlin 1980.

Roellecke, Gerd: Die Bindung des Richters an Gesetz und Verfassung, in: VVDStRL Bd. 34 (1976), S. 7 ff.

Rosenberg, Leo/*Schwab,* Karl Heinz: Zivilprozeßrecht, 12. Aufl., München 1977 (zit.: Rosenberg/Schwab).

Rosenfeld, Heinrich: Der Reichsstrafprozeß – Ein Lehrbuch. 3. Aufl., Berlin 1909.

Rubo, Traugott: Über Beantwortung alternativer Fragen, in: GA 14 (1866), S. 377 ff.

Rupp, Hans Heinrich: Die Bindung des Richters an das Gesetz, in: NJW 1973, S. 1769 ff.

Rupp, Hans Georg: Zur Frage der Dissenting Opinion, in: Die moderne Demokratie und ihr Recht, Festschrift für Gerhard Leibholz zum 65. Geburtstag, 2. Band: Staats- und Verfassungsrecht, Tübingen 1966, S. 531 ff.

Sachs: Vorsitzender und Beisitzer im erweiterten Schöffengericht, in: DRiZ 1925, Sp. 154 f.

Sachse: Die Abstimmung über die Schuldfrage im Strafgericht, in: ZStW 49 (1929), S. 306 ff.

— Richterliche Meinungsverschiedenheiten über die Fassung der Urteilsgründe, in: GA 70 (1926), S. 161 ff.

— Die Urteilsbegründung des von den Schöffen überstimmten Berufsrichters, in: JW 1930, S. 2520 f.

Salinger: Über die Wahrung des Beratungsgeheimnisses, in: ZZP 30 (1902), S. 504 ff.

Sarstedt, Walter: Die Revision in Strafsachen, 4. Aufl., Essen 1962.

Seibert, Claus: Der überstimmte Richter, in: MDR 1957, S. 597.

Seidlmayer, Hubert: Das schwurgerichtliche Verfahren im Lichte des Reichs-Gerichts, Sammlung der auf das schwurgerichtliche Verfahren bezüglichen Entscheidungen des Reichs-Gerichts, Berlin 1903.

Semar, Ludwig: Das richterliche Beratungsgeheimnis, Diss. Freiburg 1934.

Simon, Dieter: Die Unabhängigkeit des Richters, Darmstadt 1975.

Spendel, Günter: Das richterliche Beratungsgeheimnis und seine Grenzen im Strafprozeß, in: ZStW 65 (1953), S. 403 ff.

Sulanke, Hans-Erhard: Die Entscheidung bei Zweifeln über das Vorhandensein von Prozeßvoraussetzungen und Prozeßhindernissen im Strafverfahren, Berlin 1974.

Schäfer, Gerhard: Die Praxis des Strafverfahrens, 2. Aufl., Stuttgart/Köln/Berlin/Mainz 1980.

Scheuerle, Wilhelm A.: Richterliches Beratungsgeheimnis und richterliche Meinungsfreiheit, in: ZZP 68 (1955), S. 317 ff.

Scheuner, Ulrich: Das Mehrheitsprinzip in der Demokratie, Opladen 1973.

Schlüchter, Ellen: Das Strafverfahren. 2. Aufl., Köln/Berlin/Bonn/München 1983.

Schmidt, Eberhardt: Lehrkommentar zur Strafprozeßordnung und zum Gerichtsverfassungsgesetz, Teil I, 2. Aufl., Göttingen 1964; Teil II, Göttingen 1957; Teil III, Göttingen 1960.

Schmidt, Richard: Lehrbuch des Deutschen Zivilprozeßrechts, 2. Aufl., Leipzig 1906.

Schmidt-Räntsch, Günter: Gegenstand, Sinn und Grenzen des Beratungsgeheimnisses, in: JZ 1958, S. 329 ff.

— Deutsches Richtergesetz – Kommentar, 2. Aufl., München 1973.

Schönke, Adolf/*Schröder,* Horst: Strafgesetzbuch, Kommentar, 21. Aufl., München 1982.

Schreiber, Hans Ludwig: Verfahrensrecht und Verfahrenswirklichkeit, in: ZStW 88 (1976), S. 117 ff.

Schwarze, Friedrich Oskar von: Commentar zu der Deutschen Strafprozeßordnung und zu den auf diese bezüglichen Bestimmungen des Gerichtsverfassungsgesetzes, Leipzig 1878.

Strack, Christian: Die Bindung des Richters an Gesetz und Verfassung, in: VVDStRL Bd. 34 (1976), S. 43 ff.

Stein-Jonas: Kommentar zur Zivilprozeßordnung, 2. Band, 19. Aufl., Tübingen 1972.

Stenglein, M.: Bemerkungen zur Revision der deutschen StPO, in: GS Bd. 34 (1882), S. 161 ff.

— Die Fragestellung an die Geschworenen, in: GS Bd. 44 (1891), S. 401 ff.

— Strafprozeßordnung für das Deutsche Reich vom 1. 2. 1877 nebst Gerichtsverfassungsgesetz vom 27. 1. 1877, 3. Aufl., München 1898.

Stock, Ulrich: Zur Strafprozeßerneuerung, Leipzig 1935.

Stratenwerth, Günter: Strafrecht Allgemeiner Teil 1, Die Straftat, 3. Aufl., Köln/Berlin/Bonn/München 1981.

Stree, Walter: In dubio pro reo, Tübingen 1962.

Struckmann, J./*Koch,* R.: Die Zivilprozeßordnung für das deutsche Reich, Kommentar, 9. Aufl., Berlin 1910.

Thomas, Heinz/*Putzo,* Hans: Zivilprozeßordnung mit Gerichtsverfassungsgesetz und Einführungsgesetz, 11. Aufl., München 1981.

Tippelskirch: Über alternative Fragen und thatsächliche Feststellungen im Strafverfahren, in: GA 15 (1867), S. 449 ff. und 505 ff.

Vollkommer, Max: Empfiehlt es sich die Bekanntgabe der abweichenden Meinung des überstimmten Richters (dissenting opinion) in den deutschen Verfahrensordnungen zuzulassen, in: JR 1968, S. 241 ff.

Wacke, A.: Das Rechtssprichwort des Monats „Der Jüngste stimmt zuerst", in: JA 1981, S. 176.

Weimar, Robert: Psychologische Strukturen richterlicher Entscheidung, Basel/Stuttgart 1969.

Werber, J.: Geheime Beratung und Zeugnispflicht, in: DRiZ 1911, S. 130.

Wessels, Johannes: Strafrecht Allgemeiner Teil, Die Straftat und ihr Aufbau, 11. Aufl., Heidelberg/Karlsruhe 1981.

Wieacker, Franz: Über strengere und unstrengere Verfahren der Rechtsfindung, in: Im Dienst an Recht und Staat, Festschrift für Werner Weber zum 70. Geburtstag, Berlin 1974, S. 421 ff.

Wieczorek, Bernhard: Zivilprozeßordnung und Nebengesetze, Band 5: EGZPO, GVG, EGGVG 2. Aufl., Berlin/New York 1980.

Wiedow, Alexander: Deutsches Richtergesetz, Kommentar, Neuwied/Berlin 1961.

Wittern, Karl: Abstimmung in Strafkammern und Fragestellung in Schwurgerichten in den Fällen des § 46 Nr. 1 und 2 StGB, Diss. Erlangen 1899.

Wolff, Hans J.: Organschaft und juristische Person, Bd. I: Juristische Person und Staatsperson, Berlin 1933; Bd. II: Theorie der Vertretung, Berlin 1934.

Wolff, Hans J./*Bachof,* Otto: Verwaltungsrecht, Ein Studienbuch, Bd. 2: Organisations- und Dienstrecht, 4. Aufl., München 1976; Bd. 3: Ordnungs-, Leistungs- und Verwaltungsverfahrensrecht, 4. Aufl., München 1978 (zit.: Wolff/Bachof II/III).

Wolter, Jürgen: Grundfälle zu „in dubio pro reo" und Wahlfeststellung, in: JuS 1983, S. 363 ff.

Zachariae, Heinrich Albert: Handbuch des deutschen Strafprozesses, 2. Band, Göttingen 1868 (zit.: Zachariae Hdb. S.).

Zacke, A.: Über Beschlussfassungen in Versammlungen und Richterkollegien, Leipzig 1867.

Zeiler, Alois: Ein neuer Lösungsversuch zur Frage der Abstimmung im Ratsgericht, in: ZStW 41 (1920), S. 528 ff.

— Unbestimmtheit der Rechtsanwendung, salomonische Entscheidung und Mehrheitsregel, in: DRiZ 1915, S. 152 ff.

Zierlein, Karl-Georg: Erfahrungen mit dem Sondervotum beim Bundesverfassungsgericht, in: DÖV 1981, S. 83 ff.

Zippelius, Reinhold: Einführung in die juristische Methodenlehre, 3. Aufl., München 1980.

Zöller, Richard: Zivilprozeßordnung mit Gerichtsverfassungsgesetz und den Einführungsgesetzen, 14. Aufl., Köln 1984 (zit.: Zöller – Bearbeiter).

Zweigert, Konrad: Empfiehlt sich, die Bekanntgabe der abweichenden Meinung des überstimmten Richters (Dissenting Opinion) in den deutschen Verfahrensordnungen zuzulassen?, Gutachten D für den 47. DJT, München 1968 (zit.: Zweigert Gutachten S.).

FSC
www.fsc.org
MIX
Papier | Fördert
gute Waldnutzung
FSC® C083411

Kolibri 360 GmbH
Ferdinand-Jühlke-Straße 7
99095 Erfurt, Deutschland
produktsicherheit@kolibri360.de

Druck:
CPI Druckdienstleistungen GmbH
im Auftrag der
Kolibri 360 GmbH
Ferdinand-Jühlke-Str. 7
99095 Erfurt